Basistraining Vektorgrafik

Von Glitschka

Basistraining Vektorgrafik

Der kreative Pfad zu besseren Grafiken

dpunkt.verlag

Lektorat: Barbara Lauer, Bonn
Fachlektorat: Monika Gause, Hamburg
Übersetzung und Satz: Thomas Kraetschmer, Wien
Copy-Editing: Alexander Reischert, Köln
Herstellung: Frank Heidt
Umschlaggestaltung: Helmut Kraus, www.exclam.de
Druck und Bindung: Stürtz GmbH, Würzburg

Bibliografische Information der Deutschen Nationalbibliothek
Die Deutsche Nationalbibliothek verzeichnet diese Publikation in der Deutschen Nationalbibliografie; detaillierte bibliografische Daten sind im Internet über http://dnb.d-nb.de abrufbar.

ISBN 978-3-86490-182-9

1. Auflage 2014

Title of American original: Vector Basic Training
Published by New Riders
ISBN: 978-0-321-74959-8

5 4 3 2 1 0

Für meine wunderbaren Töchter Savannah und Alyssa. Ihr beide inspiriert mich auf solch einzigartige und manchmal lustige Art und Weise. Ich liebe es, wenn Ihr mich zum Lachen bringt, und die Entwicklung Eurer Kreativität zu begleiten, erfüllt mein Herz mit Freude. Ich liebe Euch beide so sehr und freue mich darauf, Euch zu schönen jungen Frauen heranwachsen zu sehen.

– Pa

Vorwort des Übersetzers

Thomas Kraetschmer,
Foto von Barbara Luef

Was gibt es Schöneres als einen spannenden Workshop zu einem illustrativen Thema durchzuarbeiten? Nun, jetzt darf ich sagen: ein ganzes Buch von einem Designer zu übersetzen, dessen Arbeit man selbst bewundert!

Vom ersten Tag an, als ich für Adobe Videotrainings zu Illustrator aufzeichnete und dabei mit grafischen Werken Von Glitschkas umgehen durfte, war ich von seiner Arbeit fasziniert. Oft muss ich über den darin enthaltenen grafischen Witz schmunzeln. Nicht selten staune ich darüber, wie in seinen Vektorgrafiken mit einfachen Mitteln beeindruckende Details entstehen. Und so mancher Trick in diesem Buch hat mir selbst schon Stunden mühsamer Arbeit erspart. So freut es mich, neben zahlreichen Videotrainings nun auch in Form des vorliegenden Buches Von Glitschka eine deutsche Stimme leihen zu dürfen.

Bei der Übersetzung habe ich mich bemüht, das Layout des englischen Originals möglichst beizubehalten, da der Text sehr von den Abbildungen lebt und umgekehrt. Für die Beschreibung der Funktionen habe ich mich entschieden, mit der aktuellen Version von Adobe Illustrator CC zu arbeiten. Praktisch alle Workshops und Erklärungen können aber auch mit älteren Versionen des Programms und auch mit anderen Vektorgrafikanwendungen problemlos umgesetzt werden.

An dieser Stelle möchte ich dem gesamten Team vom dpunkt.verlag danken – allen voran meiner geduldigen Lektorin Barbara Lauer. Darüber hinaus danke ich meiner Familie und meinen Freunden für Ihr Verständnis für den nicht unerheblichen Zeitaufwand bei der Arbeit an diesem Buch. Und schließlich danke ich der Firma Adobe dafür, dass im Schatten der großen Brüder Photoshop und InDesign (und vieler anderer Familienmitglieder) unser geschätzter Illustrator stets heranwächst und über die Jahre mein geheimer Favorit bleiben konnte.

Thomas Kraetschmer ist diplomierter Medientechniker und Adobe Certified Expert. Seit 2004 arbeitet er als selbständiger Grafiker unter dem Label »hocsigno media design« in Wien. Als Autor zahlreicher Videotrainings für Software von Apple und Adobe gelingt es ihm immer wieder, technische Themen ebenso kompetent wie verständlich und unterhaltsam zu vermitteln. Darüber hinaus verfasst er Bücher und arbeitet in den Bereichen Videoregie, Bildbearbeitung, Webdesign und Entwicklung, Desktop Publishing, Panoramafotografie und Softwareschulungen in Seminaren.

Über den Autor

Von Glitschka ist der Inhaber der Glitschka Studios und arbeitet seit über 23 Jahren im Kommunikationsdesign. Seine Arbeit spiegelt eine symbiotische Beziehung zwischen Design und Illustration wider. Diese Dualität von Fähigkeiten in seinem kreativen Arsenal inspirierte ihn dazu, den Titel »Illustrativer Designer« zu prägen.

Von Glitschka,
Foto von Tim Adams

Im Jahr 2002 gründete Glitschka die »Glitschka Studios«, ein vielseitiges Kreativunternehmen. Sein Studio, das eine große Bandbreite an illustrativen Designprojekten umsetzt, gilt als verlässlicher Partner für Werbeagenturen, kleinere bis mittlere Designunternehmen sowie firmeninterne Marketing-Abteilungen.

Seine detaillierten Grafiken wurden mit zahlreichen Auszeichnungen im Bereich Design und Illustration geehrt und sind in vielen Publikationen erschienen – wie *Communication Arts, Print, HOW, Society of Illustrators*-Jahrbüchern, *Graphis, American illustration*-Büchern, sowie *LogoLounge II, III, IV, V* und *VI*.

Glitschka trat als Sprecher innerhalb der USA bereits auf der HOW Design Conference, Adobe MAX Conference, The Illustrative Conference (ICON), AIGA-Veranstaltungen, ADFED-Gruppen, in Design-Schulen, unternehmensinternen Designabteilungen sowie Marketing-Gruppen auf.

Seine Mischung aus Humor, Inspiration, großartigem Design und einer soliden kreativen Methodik fließt in seine Präsentationen ein und sorgt stets für großes Interesse.

Glitschka arbeitet von seinem Home Office im Pazifischen Nordwesten der USA (Land von Bigfoot) und ist meistens auf Twitter anzutreffen, wo er ein ungesundes Ausmaß an Zeit mit launigen Scherzen und Sarkasmus verbringt. Folgen Sie ihm unter *@vonster* oder besuchen Sie seine Webseite unter *http://www.vonglitschka.com*.

Inhalt

ON/OFF
CREATIVE FUEL
GOOD
CHEAP
FAST

Einleitung

Basistraining Vektorgrafik

Die häufigste Frage, die mir von anderen Kreativen gestellt wird, lautet: »Wieso sehen deine Vektorgrafiken bloß so toll aus?« Das Interesse bezieht sich dabei meist nicht auf ein bestimmtes Designprojekt oder eine Illustration, sondern eher auf den Weg, wie ich meine Grafiken so präzise mit Vektorpfaden umsetze.

Viele Designer – egal ob Studiende oder erfahrene Profis – haben mit dem Zeichnen präziser Vektorgrafiken ihre liebe Mühe. Und auch ich selbst habe schon intensiv damit zu kämpfen gehabt. Wenn ich zuweilen auf Dateien alter Designprojekte aus meinem Archiv zugreifen muss und diese erstmals wieder öffne, erschaudere ich und frage mich dann: »Warum habe ich das nur so aufgebaut? Das hätte man wirklich viel besser machen können.«

Der Punkt ist: Wir können uns alle immer noch verbessern.

Mein Buch *Basistraining Vektorgrafik* dokumentiert meinen eigenen kreativen Prozess und Zugang zum Erstellen von Vektorgrafiken. Die Methoden, die ich in diesem Buch (mit Ausnahme des Plugins in Kapitel 2) behandle, sind allesamt anwendungsunabhängig. Sie benötigen also keine spezifische Software, weil sich diese Methoden mit jedem vektorbasierten Programm Ihrer Wahl umsetzen lassen. Zur Demonstration nutze ich Adobe Illustrator, das Zeichenprogramm *meiner* Wahl.

Dieses Buch ist folglich auch kein typisch Software-orientiertes technisches Handbuch oder eine Anleitung für die Nutzung der neuesten Funktionen oder Effekte. Es setzt voraus, dass Sie ein allgemeines Verständnis für Vektorgrafikprogramme mitbringen und nun Ihre Fähigkeiten verbessern wollen, um präzisere Grafiken zu erstellen.

Mein kreativer Prozess folgt einem systematischen Ansatz. Möglicherweise stimmen Sie nicht allem zu, was ich zu sagen habe. Doch über die Ergebnisse, die Sie im Verlauf der Zeit erzielen werden, wenn Sie die vorgestellten Methoden anwenden, lässt sich nicht streiten.

Warum Designer zeichnen sollten

Ja, dieses Buch handelt von Methoden zum Erstellen von Vektorgrafiken, aber die kreative Grundlage bilden reine Zeichenkenntnisse. Das werde ich in diesem Buch wiederholt betonen, weil ich es für den kreativen Prozess als extrem wichtig erachte.

Wir haben uns alle einmal im Zeichnen versucht, als wir noch Kinder waren: frisch und fröhlich mit Armen und Beinen, die ziemlich verrückt aus den Köpfen unserer ersten plumpen Selbstporträts herausragten. Viele von Ihnen haben weitergezeichnet, als sie heranwuchsen, und diese kreative Leidenschaft ist vielleicht einer der Hauptgründe dafür, dass Sie heute ein Designer sind.

Allerdings haben einige von Ihnen das Zeichnen inzwischen auch aufgegeben und sich in jenen Typ Designer verwandelt, der nicht zeichnen kann oder es jedenfalls überhaupt nicht mehr praktiziert. Und das ist nicht akzeptabel.

Würden Sie jeden Tag zeichnen, so würden Sie wohl kaum zu sich selbst sagen: »Ich wünschte, ich hätte nie wieder zu zeichnen begonnen. Nun bin ich ein schlechterer Designer geworden.« Ihr Können wird sich auf jeden Fall verbessern, wenn Sie das Zeichnen in Ihren Workflow einbauen. Der praktische Nutzen des Zeichnens wird ganz offensichtlich sein – und Ihnen zudem eine Menge Spaß machen.

Wenn ich hier vom »Zeichnen« spreche, dann meine ich damit nicht die Fähigkeiten eines voll ausgebildeten Illustrators. Zum Zeichnen in der Lage zu sein bedeutet, ein zunächst nur in Ihrem Kopf vorhandenes Konzept zu übertragen und visuell zum Ausdruck zu bringen. Je mehr Sie zeichnen, desto besser gelingt es Ihnen, Ideen zu sammeln und auszudrücken sowie Ihr kreatives Potenzial zu erweitern. Kombinieren Sie dann Ihre verbesserten Zeichenfähigkeiten mit den Methoden der Vektorerstellung in diesem Buch, so werden Ihnen definitiv bessere Illustrationen mit größerer Präzision gelingen.

Wenn Sie diesen Weg erfolgreich gegangen sind, werden Sie jemand sein, den ich gerne als »Drawsigner« bezeichne (von to draw = zeichnen und Designer).

Digital gegen Analog

Auch wenn unsere Branche von digitalen Arbeitsgängen dominiert ist, so werden Ideen doch immer noch am besten in analoger Form entwickelt. Auch Sie sollten so vorgehen, dass Sie zunächst mit Skizzen auf Papier experimentieren, bevor Sie an den Computer wechseln. Das Missachten dieser Regel ist eine der Hauptursachen für Probleme beim Erstellen von vektorbasierten Illustrationen. Wenn Sie nicht detailgetreu auf Papier zeichnen können, dann gelingt Ihnen das auch nicht mit dem Computer.

Eine Vektorgrafik bereits zu erstellen, noch bevor Sie genau wissen, was Sie eigentlich zeichnen wollen, ist ein Akt designerischer Sinnlosigkeit. In diesem Buch zeige ich Ihnen, wie Sie sowohl analoge als auch digitale Methoden innerhalb Ihres kreativen Gesamtprozesses einsetzen. Sie werden lernen, wie Sie zwischen den beiden Welten hin- und herspringen, um effektiv und genau Vektorgrafiken zu realisieren.

Als Teil des kreativen Prozesses, den ich Ihnen in diesem Buch nahebringen möchte, ermuntere ich Sie, Ihre Ideen unter Einsatz von guten alten Hilfsmitteln wie Bleistift, Kugelschreiber und Papier als Skizzen festzuhalten. Nach Verfeinerung der Skizzen scannen wir diese ein, transferieren sie in ein Zeichenprogramm und beginnen erst dann unsere Vektorgrafik aufzubauen. Dafür gibt es einige in der Praxis bewährte Methoden, die ich im Verlauf dieses Buches vorstelle und die Ihnen die Sicherheit dafür vermitteln, wie man für jedes beliebige Design genau die richtige Anzahl von Punkten an genau den richtigen Orten positioniert. Das Ergebnis? Praktisch jedes Mal präzise Vektorgrafiken!

Der Prozess macht den Meister

Sie kennen das Sprichwort: »Übung macht den Meister.« Ich würde allerdings einwenden, dass beim Vektorzeichnen der Prozess als solcher gleich von Beginn an präzise ausgeführt werden muss. Ein fehlerhaft oder schlampig durchschrittener Prozess wird Ihr Designpotenzial beeinträchtigen, und noch schlimmer: Wenn Sie diese Arbeitsweise von Mal zu Mal wiederholen, macht Sie das zu einem in falscher Routine verhafteten Baumeister von qualitativ äußerst grenzwertigen Vektorgrafiken.

Daher wäre es in unserem Fall vielleicht besser, das Sprichwort folgendermaßen anzupassen: »Der Prozess macht den Meister.« Dieses Buch wird Sie dabei unterstützen, einen erfolgreichen kreativen Workflow einzurichten, den Sie dann für jede Art von Projekt einsetzen können und der mit der Zeit Ihre Fähigkeiten so verbessern wird, dass Sie zukünftig beständig gutes Designhandwerk abliefern.

Demomaterial zum Üben

Die Arbeitsmethoden aus diesem Buch werden im mitgelieferten Demomaterial anhand von über vier Stunden Screenvideos direkt in Aktion erklärt. Außerdem finden Sie nützliche Dateien, um die Methoden selbst auszuprobieren und den Aufbau der im Buch gezeigten Grafiken besser zu durchschauen. Das Demomaterial finden Sie zum Download unter *http://www.dpunkt.de/material/vektorgrafik*

VIDEO

An jeder Stelle in diesem Buch, wo Sie das VIDEO-Symbol entdecken, findet sich zum Inhalt dieser Seite ein zugehöriges Video (in englischer Sprache) im Demomaterial.

Ai

Wenn das Ai-Symbol im Buch erscheint, so finden Sie zum grafischen Inhalt der betreffenden Seite eine Vektordatei (in englischer Sprache) im Demomaterial. Sie sind herzlich eingeladen, damit zu spielen und sich das jeweilige Thema auf diesem Wege zu erarbeiten.

Seien Sie kein Design-O-Saurier

Nichts hält mich in meinem Workflow mehr auf als ein unvorhergesehenes Computerproblem oder ein Softwarefehler. Ich habe mir oft überlegt, wie es wohl anderen Geschäftsbereichen gehen würde, wenn sie mit denselben Problemen konfrontiert wären, die wir tagein tagaus erleben (müssen).

Stellen Sie sich folgendes Beispiel vor: Einem Bauarbeiter bricht während der Arbeit sein Hammer entzwei. Deshalb begibt er sich in den nächsten Baumarkt und kauft ein neues Exemplar. Zurück auf der Baustelle möchte er die begonnene Arbeit abschließen, aber immer wenn er mit dem neuen Werkzeug einen Nagel einzuschlagen versucht, weicht der Hammer nach rechts aus und der Arbeiter trifft nur das Brett. Oje, es scheint, als sei sein neuer Hammer mit der alten Version seiner Nägel nicht kompatibel. Zugegeben, das Beispiel ist etwas schräg – aber mit genau dieser Art von Realität haben wir Designer es jeden Tag zu tun.

Unsere Branche befindet sich – wahrscheinlich mehr als jede andere – im ständigen Fluss aufgrund der immer neu wachsenden und sich verändernden Technologien, mit denen wir täglich arbeiten. Es ist anstrengend und dauerhaft herausfordernd, dabei immer mitzuhalten, doch zwangsläufig notwendig, um in der Design-Community bestehen zu können.

Ein kreativer Workflow sollte flexibel genug sein, um neue Technologien, Methoden und Werkzeuge zu integrieren, die seine Effizienz verbessern helfen, ohne dabei seine Effektivität zu beschneiden.

Dieses Buch wird nicht jedes mögliche Werkzeug zum Zeichnen von Vektorgrafiken behandeln. Aber es zeigt Ihnen einen systematischen kreativen Prozess, der es Ihnen ermöglicht, qualitativ hochwertige Designarbeit abzuliefern – gleichgültig, welches Vektorgrafikprogramm Sie einsetzen.

Auf unserer Reise werde ich noch weitere Werkzeuge und Techniken streifen, die bestimmte Methoden zum Zeichnen von Vektoren einfacher umsetzbar machen. Dabei könnte es passieren, dass die vorgestellte Methodik Sie zwingt, Ihre Komfortzone zu verlassen. Doch wenn Sie sich nicht an neue Methoden anpassen und konsequent bemüht sind, Ihre gestalterischen Fähigkeiten zu verbessern, riskieren Sie, zu einem »Design-O-Saurier« zu werden … und Ihr Design, das einstmals seiner Zeit voraus war, wird sehr bald sehr alt aussehen.

Notizen

Ein systematischer kreativer Workflow

Gehen Sie Ihre kreativen Aufgaben am besten mit einem Plan an. Nur so liefern Sie Ergebnisse, die für Ihren Kunden sowohl passen als auch effektiv sind. Mein kreativer Workflow lässt sich auf folgende Phasen reduzieren:

1. Recherche
2. Auswahl des Stils
3. Anfertigen von Skizzen
4. Reinzeichnung
5. Vektorgrafik umsetzen
6. Finale Vektorgrafik

Basistraining Vektorgrafik soll Ihnen den Pfad zu hervorragender kreativer Leistung weisen, indem es all diese Phasen und noch mehr abdeckt. So sind Sie besser gerüstet, Ihre eigene Arbeit in Angriff zu nehmen und im Vorankommen Ihre Fähigkeiten stetig zu verbessern.

Kapitel 1

Eine kurze Geschichte der Bézierkurve

Mein erstes Jahr in der Lydia Hawk Elementary School war das letzte, in dem Mrs. Jerkins – meine damalige Lehrerin – vor ihrer Pensionierung unterrichtete. Rückblickend verstehe ich, dass sie als strenge, ältere Dame schon längst reif für die Rente war. Sie hatte außerdem eine starke Ähnlichkeit mit der »Church Lady« aus der berühmten Satire *Saturday Night Live*. Damals dachte ich daran natürlich noch nicht, sondern glaubte, so sei Schule nun einmal.

Angst vor Mathematik

Ich erinnere mich, als wäre es erst gestern gewesen. Mrs. Jerkins hatte mich nach vorne beordert, um eine mathematische Aufgabe zu lösen. Wie immer stand sie missmutig neben der Tafel, als ich herantrat. In einer Hand hielt sie einen Holzstab mit Gummispitze und mit der anderen umfasste sie ein Kabel, das zu einer Gegensprechanlage gehörte, mit der sie im Fall größter Verärgerung sofort das Büro des Schulleiters erreichen konnte.

Abbildung 1.1
Ich vermute, Pythagoras hätte Mrs. Jerkins am liebsten eine Hasenscharte verpasst, weil sie mir die Mathematik so vermiest hat.

Für einen Augenblick, der mir wie eine Ewigkeit erschien, stand ich mit meinem Gesicht wenige Zentimeter vor der Tafel, starrte auf die Mathematikaufgabe und hatte absolut keine Ahnung, wie sie zu lösen war. Nervös drehte ich mich dann zu Mrs. Jerkins um und fragte: »Wie soll ich das machen?«

Als Antwort runzelte sie boshaft die Augenbrauen und schlug wütend den Zeigestab gegen die Tafel, begleitet von den Worten: »Löse die Aufgabe oder ich rufe im Büro des Schulleiters an!«

Ich wusste, dass ich ihr nicht die richtige Antwort geben konnte. Frustriert begann ich zu weinen. Von diesem Moment an hasste ich Mathematik. Und ich fürchtete mich davor.

Mathematik ist cool

In meiner gesamten weiteren Schullaufbahn hatte ich Angst vor der Mathematik und strafte das Fach mit Verachtung. Als ich über mögliche Colleges nachdachte, wählte ich eine Kunstschule, weil ich Kunst liebte und von der Idee ganz angetan war, mit Zeichnen meinen Lebensunterhalt zu bestreiten. Aber um ganz ehrlich zu sein, dachte ich auch bei mir: »Außerdem gibt es in der Kunstschule keinen Mathematikunterricht.«

Doch genauso wie Kinder langsam Kohlsprossen, Sushi oder Edelschimmelkäse zu schätzen lernen, wenn sie heranwachsen, lernte ich die Mathematik zu schätzen. Im Verlauf der Jahre wurde mir immer stärker bewusst, wie sehr sie ein Teil von allem ist, was uns im Leben begegnet. Und je mehr ich über die Konstruktion von Vektorformen mit Bézierkurven lernte, desto mehr schätzte ich geometrische Formeln, die mein Design erschufen.

Auch wenn ich bis heute nicht besonders gut in Mathematik bin – die Hausaufgaben meiner Tochter aus der vierten Klasse überforderten mich bereits –, so treibt mir diese Wissenschaft doch keinen Angstschweiß mehr auf die Stirn. Eigentlich ist sie wirklich cool. Und sie steckt hinter allen digitalen Designs, die wir erschaffen.

Wer erfand Bézierkurven?

Ich will nicht behaupten, ein Experte für die Geschichte der Mathematik zu sein, aber ich habe genug Nachforschungen betrieben, um den Familienstammbaum der modernen Bézierkurve nachvollziehen zu können, die die Basis aller heute gängigen Vektorprogramme bildet. Zwar wird die Kenntnis dieser Geschichte nicht Ihre Fähigkeiten im Zeichnen verbessern, aber Ihnen zu einer bessere Wertschätzung jener Werkzeuge verhelfen, die wir in der Regel gedankenlos verwenden.

Der Vektor-Stammbaum

Das Feld der Mathematik ist eine stets wachsende Wissensbasis, die von erfinderischen Köpfen vorangetrieben wird. Historisch betrachtet, hat eine Folgegeneration jeweils auf der Arbeit einer Person aufgebaut und sie weiterentwickelt. Der »Vektor-Stammbaum«, aus dem die Bézierkurve hervorging, entspricht genau dieser Form der fortschreitenden Entwicklung durch vier Hauptpersonen:

1. **Karl Weierstraß** (1815–1897): ein deutscher Mathematiker, der den Approximationssatz aufstellte, der – an dieser Stelle nur in sehr einfachen Worten – besagt, dass jede Funktion oder jeder Satz von Datenpunkten mit einem Polynom geformt werden kann. Ein Polynom ist eine mathematische Formel, die sehr furchteinflößend klingt, aber in der Tat der beste Freund des Illustrators ist. Es soll fürs Erste genügen, dass einfache Polynome sehr leicht zu zeichnen sind, da sie glatte und kontinuierliche Kurven oder Linien produzieren. Klingt das vertraut?

2. **Sergei Natanowitsch Bernstein** (1880–1968): ein jüdischer Mathematiker aus der Sowjetunion, der den Approximationssatz von Weierstraß mit den nach ihm selbst benannten Bernstein-Polynomen bewies.

3. **Paul de Casteljau** (*1930): ein französischer Physiker und Mathematiker, der für den Automobilhersteller Citroën arbeitete. Er nutzte die Bernstein-Polynome, um den nach ihm benannten Casteljau-Algorithmus – ein

Algorithmus ist eine Schritt-für-Schritt-Lösung für ein Problem – zur Berechnung von Bézierkurven zu entwickeln, wodurch er es der Firma Citroën ermöglichte, mit großer Präzision schönere Kurven für ihre Automobile zu designen (Abbildung 1.2).

4. **Pierre Bézier** (1910–1999): Der Landsmann von Paul de Casteljau arbeitete als Ingenieur für den Automobilhersteller Renault. Bézier war verantwortlich für die Patentierung und Verbreitung der Bézierkurven in einem digitalen Umfeld durch die Entwicklung von CAD/CAM-Software. Aus diesem Grund tragen die Bézierkurven auch seinen Namen (Abbildung 1.3).

Vor dem Zeitalter von Bézierkurven war es in CAD/CAM-Systemen unmöglich, elegante und anmutige Kurven zu erzeugen. Als sich die neue Technologie in den 1970er und 1980er Jahren entwickelte, erschien sie zunächst in dem Softwareprogramm Illustrator und dann in FreeHand.

Ich persönlich bin der Meinung, dass de Casteljau bezüglich seines geistigen Erbes über den Tisch gezogen wurde. Er war schließlich der rechtmäßige Erfinder. Aber zugegeben: »De-Casteljau-Kurve« sagt sich nur halb so gut wie »Bézierkurve«.

Bézierkurven mögen zwar auf trockener Mathematik basieren, aber durch die Vordenker im Design wurde diesen Gleichungen Leben eingehaucht, das sie für etwas Wunderschönes nutzbar machte.

So sehr ich davon überzeugt bin, dass analoge Methoden wie das Zeichnen für den kreativen Prozess essenziell sind, so wenig kann ich mir meine Arbeit ohne digitale Werkzeuge vorstellen. Dabei bin ich ein erklärter Apple-Fan: Ich liebe meinen Mac und genieße es besonders, wie er meine Kreativität anspornt und meine Arbeit umso flüssiger macht.

Wir sollten Pierre Bézier sehr dankbar sein, dass er Bézierkurven von der analogen in die digitale Welt gebracht hat und sie mittlerweile in der Designbranche so allgegenwärtig sind wie schwarze Kleidung und modische Brillen.

Abbildung 1.2
Paul de Casteljau nutzte Bézierkurven, um wohlgeformte, abgerundete Autodesigns für Citroën zu entwerfen.

Abbildung 1.3
Meine Illustration von Pierre Bézier, auch bekannt als »The French Curve«

Was ist eine Bézierkurve?

Wie sieht nun die mathematische Formel einer Bézierkurve aus? Ich habe Bill Casselman, Professor für Mathematik an der University of British Columbia, darum gebeten, uns eine kurze Einführung zu einer einfachen Bézierkurve und der zugrunde liegenden Mathematik zu geben (Abbildung 1.4).

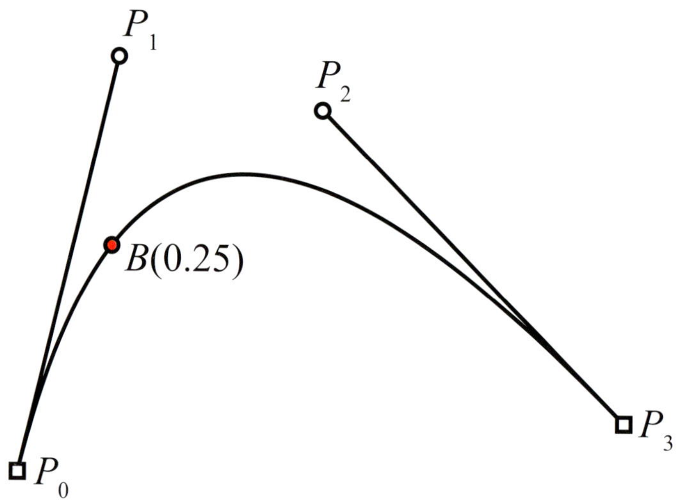

$$B(t) = (1-t)^3 P_0 + 3(1-t)^2 t P_1 + 3(1-t) t^2 P_2 + t^3 P_3$$

Abbildung 1.4
Eine einfache Bézierkurve und ihre mathematische Formel, erstellt von Bill Casselman

Ich bin mir sicher, dass es einfacher wäre, Klingonisch zu lernen, als sich in die Mathematik hineinzudenken, die zur Konstruktion einer Bézierkurve notwendig ist. Dank Pierre Bézier werden Sie das nie tun müssen. Alles, was Sie wirklich wissen sollten, ist: Eine Vektorgrafik wird aus Ankerpunkten und Pfaden aufgebaut. Eine Bézierkurve ist das Pfadsegment zwischen zwei Ankerpunkten, das eine Kurvenform erfordert. Eine Grafik kann Tausende von Bézierkurven enthalten, wie Sie in Abbildung 1.5 sehen.

Noch einfacher gesagt, bezeichnet eine Bézierkurve einen Pfad, der von einem zum anderen Ende gebogen ist – je nachdem, wie weit die Anfasser aus den Ankerpunkten an den beiden Enden herausgezogen wurden.

Abbildung 1.5

Tausende schöner Bézierkurven bilden meine Illustration von Paul Bézier.

Wann man Bézierkurven nutzen sollte

Wenn Sie an einer Vektorgrafik arbeiten, so bestehen die gebogenen Elemente ziemlich sicher aus Bézierkurven. Eine solche Kurve besitzt Anfasser, die aus den verschiedenen Ankerpunkten im Design herausragen. Diese werden verwendet, um die Kurven so anzupassen, dass Formen exakt so gestalten können, wie Sie es für Ihr Design benötigen. Je organischer und unregelmäßiger Ihre Grafik ausfallen soll, desto eher werden Sie für Ihre Vektorformen Bézierkurven verändern. Ohne diese ist es unmöglich, elegante und wohlgeformte Kurven zu erstellen (Abbildung 1.6).

Dennoch benötigen Sie Bézierkurven nicht für jedes Projekt. Wenn Sie beispielsweise ein eher grobes und »grafisches« Bild erstellen – also ohne glatte Kurven –, so können Sie sich auf Ankerpunkte und Pfade beschränken. Bei der Erstellung der Grafik aus Abbildung 1.7 musste ich keine Anfasser manipulieren (siehe dazu aber auch die Notizen am Ende dieses Kapitels).

Wann Sie eine Bézierkurve einsetzen, hängt stark davon ab, was Sie gestalten wollen. In Kapitel 6 namens »Vektorformen konstruieren« werde ich auf die Methoden zum Zeichnen von Vektoren genauer eingehen und wir werden uns ansehen, wie diese Ihnen zu Ihrem fertigen Design verhelfen oder es behindern können.

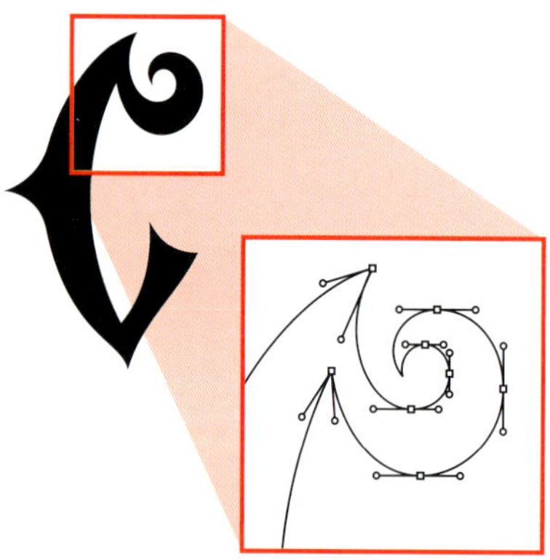

Abbildung 1.6
Dieses lustige »C« verwendet ausschließlich Bézierkurven und Anfasser.

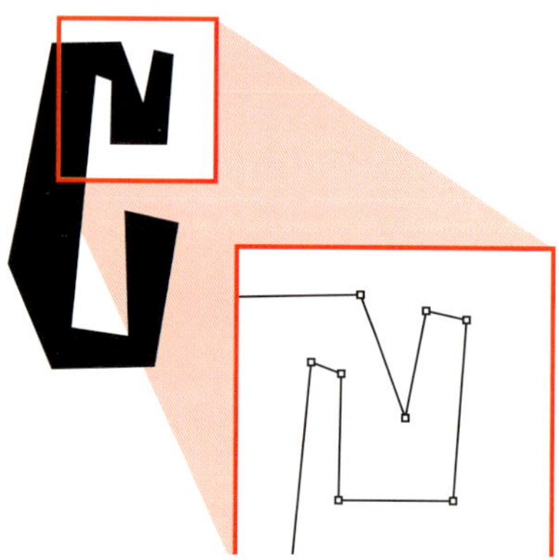

Abbildung 1.7
Dieses grobe »C« kommt ganz ohne Bézierkurven aus, daher werden auch keine Anfasser benötigt.

Eine wunderbare Ironie

Der Einsatz von Bézierkurven in vektorbasierten Grafikprogrammen hat unsere Branche verwandelt. Wir können nun unsere mit Stift und Papier festgehaltenen Ideen nehmen und mithilfe von digitalen Werkzeugen präzise umsetzen. Diese Methode ermöglicht es, unsere Arbeiten in jede beliebige Größe zu skalieren, ohne dabei die Qualität zu vermindern. Außerdem ist es dadurch einfacher denn je, unsere Arbeit für verschiedene Zwecke wiederzuverwenden.

Es war die Mathematik, die Bézierkurven hervorgebracht hat. Aber es waren Illustratoren (von denen wohl viele kein so gutes Verhältnis zur Mathematik hatten), die diese Kurven genutzt haben und mit ihnen nun fantastische visuelle Geschichten erzählen.

Es ist eine wunderbare Ironie und daher rufe ich:
»Bézier lebe hoch!«

Notizen

Ein Trick für detaillierte Vektorgrafiken

Bei der Gestaltung von groben Grafiken, wie dem C aus Abbildung 1.7, können Sie diese lediglich mit Punkten und Pfaden aufbauen. Ich empfehle Ihnen aber, dafür trotzdem Bézierkurven zu verwenden. Sie lassen sich einsetzen, um eigene raffinierte Kurven rund um Ankerpunkte zu schaffen, sodass die Linie nicht absolut gerade bleiben muss.

Dies ist eine Arbeitsweise, die ich verwende, um die visuelle Ästhetik meines Designs zu verbessern. Nur dem Computer die Gestaltung von Grafiken zu überlassen, birgt die Gefahr, zu perfekte, zu gerade, zu sterile Kunst zu erschaffen.

Bringe ich hingegen diese zierlichen Bézierkurven ins Spiel, ermöglicht dies viel natürlichere Endergebnisse und lässt mein Design viel weniger computerbasiert erscheinen.

Designübungen

Ein Blick hinter die Vektorkulissen

Bei der Arbeit in Adobe Illustrator können Sie zwischen Vorschau und Pfadansicht (Cmd + Y / Strg + Y) Shiften, um die eigentliche Vektorgrafik zu sehen, die hinter Ihrem Design steckt. Das Shiften in die Pfadansicht ist ein schneller und einfacher Weg, um die Bézierkurven zu sehen, die Ihre Vektorgrafik erst möglich machen.

In der Tat waren Sie in den allerersten Versionen von Illustrator dazu gezwungen, alle Ihre Grafiken in der Pfadansicht zu konstruieren. Sie konnten mithilfe der Vorschau nur kurze Blicke darauf werfen, um Ihren Fortschritt visuell abzuschätzen. Doch dann mussten Sie zurück in die Pfadansicht schalten, um mit Ihren Vektoren weiterzuarbeiten.

Abbildung 1.8
Die reinen Bézierkurven für eine Illustration mit dem Titel »Body & Soul«. Eine komplexe Grafik wie diese enthält zahlreiche Vektorformen und kann in der Pfadansicht ziemlich chaotisch aussehen. Tatsächlich aber befindet sich jeder Ankerpunkt und Pfad an seinem vorgesehenen Platz.

Das änderte sich, als ein anderes Zeichenprogramm namens Aldus FreeHand auf dem Markt erschien. Es erlaubte seinen Benutzern, im Vorschaumodus zu arbeiten, was den gesamten Workflow bedeutend einfacher und intuitiver machte. Letztendlich übernahm Illustrator später genau diese
Art der Bedienung.

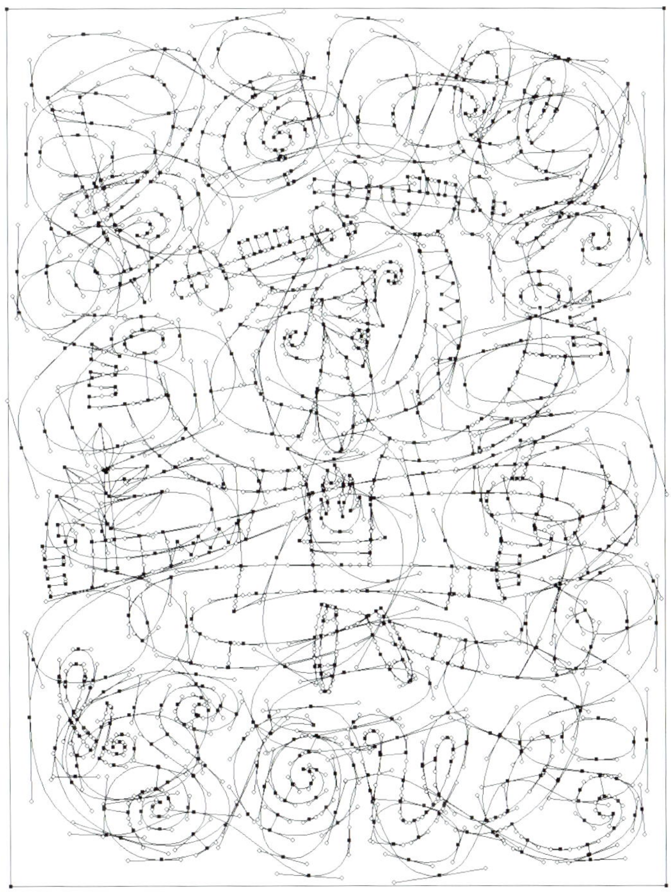

Werfen wir einen Blick hinter die Kulissen und sehen wir uns die Bézierkurven von zwei Designs aus meinem Projektarchiv an. Ich habe speziell diese ausgewählt, weil sie ganz unterschiedliche Stile und Projekttypen repräsentieren. Diese können variieren, aber die zugrunde liegende Struktur der Bézierkurven funktioniert bei allen genau gleich. Bei einem einfacheren Stil wie in Abbildung 1.10 müssen Sie weit weniger Bézierkurven zurechtrücken als in einem Projekt wie in Abbildung 1.8. Je mehr Formen ein Design enthält, desto mehr Bézierkurven werden in Ihrer Grafik benötigt.

Abbildung 1.9

Die fertige Illustration »Body & Soul«; sie wurde für einen Artikel in einem Gesundheitsmagazin für Frauen erstellt.

Abbildung 1.10

Was fehlt in diesem Design? Antwort: Gerade Linien. Alle Vektorpfade in diesem an den Tribal-Tattoo-Stil angelehnten Design basieren einzig und allein auf Bézierkurven, um die eleganten Formen für das symmetrische Kunstwerk zu schaffen. (Mehr zum Thema Symmetrie finden Sie in Kapitel 6.)

Abbildung 1.11

Dieses Design wurde für eine Ausstellung in Mexico City gestaltet. Ich habe es »Nisqually« getauft – nach dem indianischen Stamm, der nahe jener Stadt lebt, in der ich aufgewachsen bin.

Kapitel 2

Ihr kreatives Rüstzeug

Seit nunmehr 18 Jahren zeichne ich Vektorgrafiken und schlage mich mit Bézierkurven herum. Vierzehn Jahre lang war ich ein eingefleischter Macromedia FreeHand-Benutzer. Adobe Illustrator hatte ich ab und an eingesetzt – quasi nur, wenn es wirklich nicht anders ging. Aber als Adobe FreeHand übernahm, verstand ich die Zeichen der Zeit und ließ mich auf eine exklusive Beziehung mit Illustrator ein. Wir sind nicht immer konfliktfrei miteinander klargekommen, Illustrator und ich, aber unsere Ehe verbessert sich Schritt für Schritt mit jedem Software-Update.

Eine Hassliebe

Es ist schwer, etwas tagtäglich zu verwenden – besonders wenn es so fest an meine persönliche Hingabe für Design und Kreativität gebunden ist –, ohne einigermaßen fanatisch zu werden. Zunächst einmal sei gesagt: Ich liebe, wie einfach Adobe Illustrator es mir macht, meine Designs in präzise, gut konstruierte, vektorbasierte Illustrationen zu verwandeln.

So sehr ich die vielen feinen Eigenschaften von Illustrator schätze, gibt es jedoch auch Zeiten, in denen mich das Programm in den Wahnsinn treibt. (Vielleicht nicken einige von Ihnen gerade zustimmend.) Vor Jahren, als ich einen Blog-Post über meine Frustration beim Umstieg schrieb, prägte ich im Zuge dessen den Begriff »Adobe Frustrator«. (Sie können diesen Eintrag unter *http://artbackwash.blogspot.co.at/2008/02/switching-from-freehand-to-illustrator.html* aufrufen.) Der führende Marketingmanager von Illustrator las meinen Eintrag, stimmte mir in vielen der aufgeführten Kritikpunkte zu und lud mich ein, Teil des Illustrator-Betateams zu werden. Ich bin nun seit dem Erscheinen von Illustrator CS3 Teil dieses Teams und habe meine Vorschläge für eine Reihe möglicher Werkzeuge eingebracht. Sie sehen also, ich beobachte die Entwicklung dieses Programms schon seit geraumer Zeit.

Nach zahlreichen Jahren der Arbeit mit Illustrator und Beiträgen zur Verbesserung als Betatester bekomme ich aber wegen einiger Schwächen von Illustrator immer noch Magenbeschwerden, worauf ich im Verlauf dieses Kapitels noch eingehen werde. Dennoch hat sich die Anwendung seit meinem ersten Einsatz wirklich sehr verbessert. Und ich muss zugeben, dass Adobe Illustrator das wohl beste und professionellste Programm für unsere Branche ist, um präzise Vektorgrafiken zu entwickeln. Zweifellos.

Als langjährigem eingefleischtem FreeHand-Benutzer kommen mir diese Worte wirklich nur schwer über die Lippen – das dürfen Sie mir glauben.

Aber ganz egal, ob Sie Adobe Illustrator, CorelDRAW, Inkscape oder ein anderes Programm aus der ständig wachsenden Liste von Open-Source-Anwendungen zum Zeichnen von Vektoren einsetzen: Bevor Sie Bézierkurven und Vektorgrafiken zu meistern versuchen, sollten Sie sich mit den grundlegendsten Werkzeugen vertraut machen. Jedes Vektorgrafikprogramm bietet die Möglichkeit, Formen mithilfe von Ankerpunkten und Pfaden zu erstellen. Der Unterschied zwischen den Programmen besteht in den zusätzlichen herstellerspezifischen Werkzeugen, die zur Bearbeitung von Punkten und Pfaden zur Verfügung stehen.

Zum einfacheren Verständnis wird in diesem Buch Adobe Illustrator verwendet, um den kreativen Prozess zu veranschaulichen. In diesem Kapitel stelle ich Ihnen die zwölf wichtigsten Illustrator-Werkzeuge vor, die Sie zum Zeichnen präziser Vektorgrafiken benötigen. Wenn Sie auf Ihrem Computer Illustrator nicht installiert haben, gibt es für elf dieser Werkzeuge Äquivalente in anderen Vektorgrafikprogrammen. Die einzige Ausnahme bildet das Plug-in VectorScribe von Astute Graphics (*http://www.astutegraphics.com*), das speziell für Illustrator programmiert wurde.

Formen lassen sich in jedem Vektorgrafikprogramm konstruieren. Die Werkzeuge mögen unterschiedliche Namen haben und nicht immer auf die exakt gleiche Art und Weise funktionieren, aber mit allen sollten Sie zum selben präzisen Ergebnis gelangen können. Der Schlüssel zum Erfolg als illustrativer Designer ist dabei, zu den Wurzeln zurückzukehren. Ein systematischer kreativer Prozess, der Handzeichnungen als Basis nutzt, verbessert die Fähigkeit jedes Designers, bessere digitale Grafiken zu gestalten.

Basiswerkzeuge für das Zeichnen mit Vektoren

Illustrator ist mit einem Arsenal an Werkzeugen ausgestattet, das mit jeder neuen Softwareversion weiter wächst. Ganze Bücher widmen sich der Dokumentation dieser Werkzeuge und wie man sie verwendet. Das vorliegende Buch will aber ein »Basistraining« bieten, daher werden wir uns auf die zwölf wichtigsten Werkzeuge zur Erstellung von Vektorformen in jedem beliebigen Zeichenprogramm konzentrieren.

Die zwölf Apostel des Designs

Jedes der folgenden zwölf Werkzeuge dient einem bestimmten Zweck im Workflow. Manche davon eignen sich ganz besonders für spezielle Zeichenmethoden, die wir uns in Kapitel 6 noch genauer ansehen werden.

Die zwölf Basiswerkzeuge zur Erstellung von präzisen Vektorformen sind:

1. **Zeichenstift-Werkzeug** (P): Das Zeichnen präziser Vektorgrafiken wäre ohne das Zeichenstift-Werkzeug schlichtweg nicht möglich. Sie legen damit die einzelnen Ankerpunkte an und erstellen dadurch einen Pfad, der die benötigte Vektorform beschreibt (**Abbildung 2.1**).

2. **Ankerpunkt-hinzufügen-Werkzeug** (+): Mit diesem Werkzeug können Sie jedem Pfad, den Sie erstellt haben, einen weiteren Ankerpunkt hinzufügen (Abbildung 2.2).

3. **Ankerpunkt-löschen-Werkzeug** (–): Dieses Werkzeug entfernt jeden beliebigen Ankerpunkt von jedem beliebigen Pfad, ohne den Pfad zu unterbrechen (Abbildung 2.3). Ich habe meine liebe Not damit – und man sollte es eigentlich auch nicht benötigen. Das ist einer der besagten Fälle, in denen mir Illustrator das Leben schwerer als nötig macht. Wir können nur darauf hoffen, dass eine der nächsten Versionen von Illustrator es uns ermöglicht, einfach einen Ankerpunkt zu markieren und mit der Entfernen-Taste zu löschen – also kein eigenes Werkzeug dafür erforderlich ist.

Sie können auch mehrere Ankerpunkt markieren und den Button *Ausgewählte Ankerpunkte entfernen* im Steuerungsbedienfeld am oberen Fensterrand anklicken. Das Ergebnis ist das gleiche.

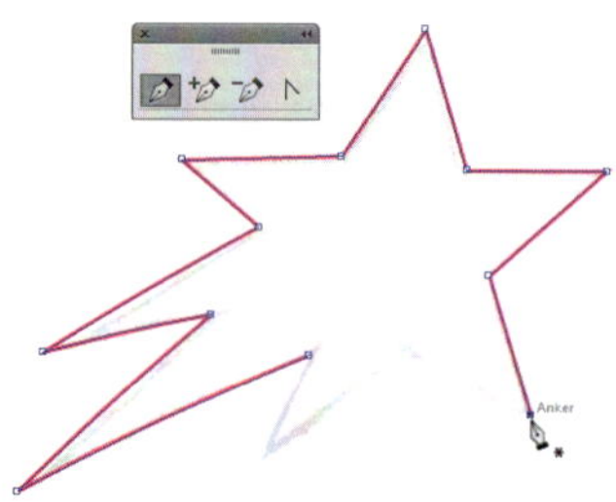

Abbildung 2.1
Zeichenstift-Werkzeug

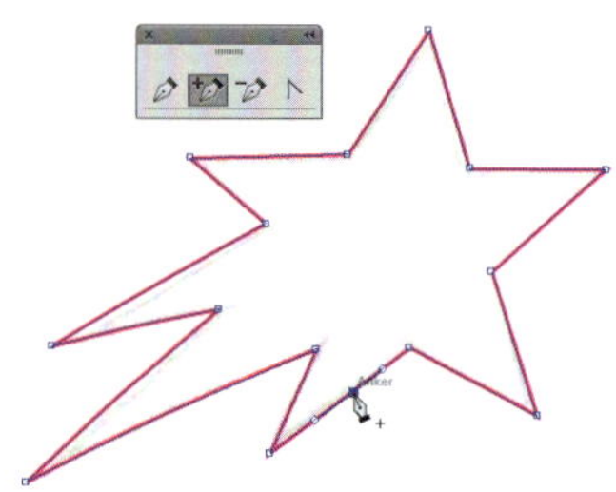

Abbildung 2.2
Ankerpunkt-hinzufügen-Werkzeug

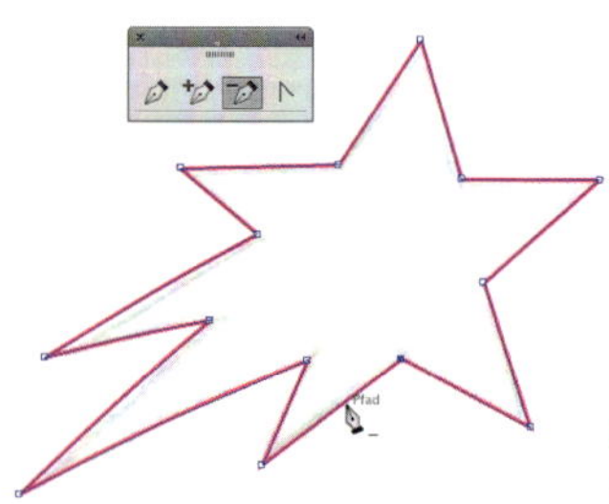

Abbildung 2.3
Ankerpunkt-löschen-Werkzeug

4. **Ankerpunkt-Werkzeug** (Shift + C): Dieses Werkzeug konvertiert Übergangspunkte zu Eckpunkten. Es dient auch zum Anzeigen, Isolieren, Bearbeiten und/oder Löschen voneinander unabhängiger Anfasser sowie zum freien direkten Verformen von Pfadsegmenten (Abbildung 2.4).

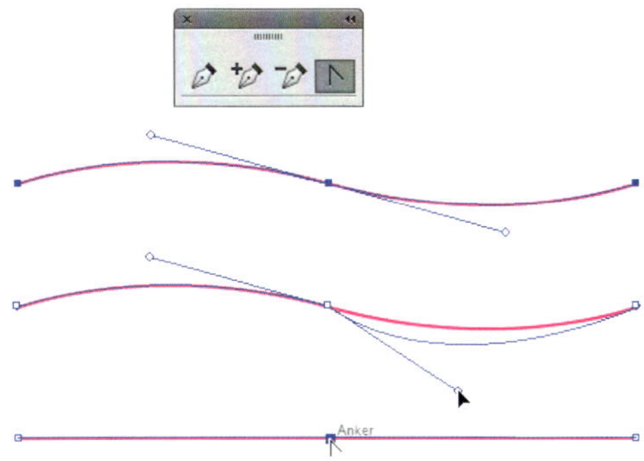

Abbildung 2.4
Ankerpunkt-Werkzeug

5. **Auswahl-Werkzeug** (V): Mit diesem Werkzeug können Sie Objekte größer oder kleiner skalieren. Es ermöglicht ebenso, durch Klick oder Auswahlrechteck Formen als individuelle Objekte auszuwählen. Und Sie können es auch nutzen, um Anfasser zu manipulieren und damit eine Bézierkurve anzupassen (Abbildung 2.5).

6. **Direktauswahl-Werkzeug** (A): Mit diesem Werkzeug können Sie durch Anklicken ein bestimmtes Pfadsegment oder einen Ankerpunkt auswählen oder mittels Aufziehen eines Auswahlrahmens mehrere davon gleichzeitig markieren. Es dient auch zum Anzeigen, Isolieren und Bearbeiten von Anfassern, um eine Bézierkurve anzupassen (Abbildung 2.6).

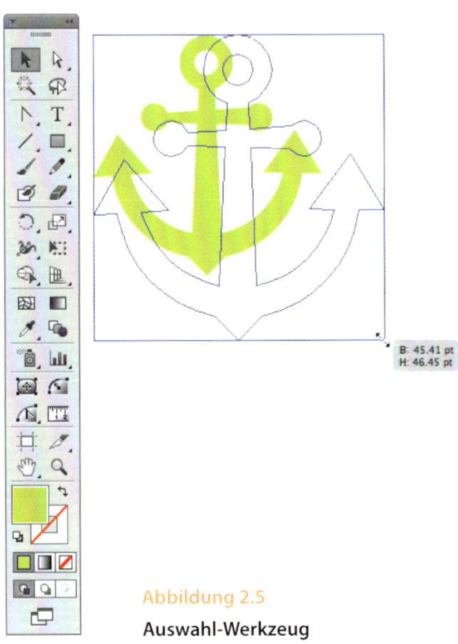

Abbildung 2.5
Auswahl-Werkzeug

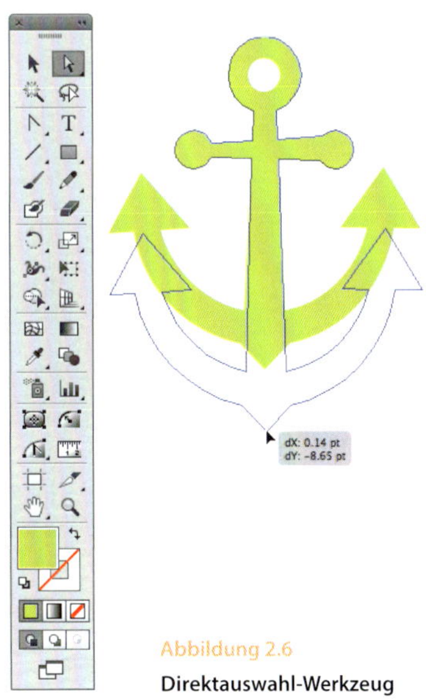

Abbildung 2.6
Direktauswahl-Werkzeug

7. **Rechteck-Werkzeug** (M): Dieses Werkzeug erzeugt geschlossene Formen mit 90-Grad-Winkeln (Abbildung 2.7). Für weitere Informationen siehe »Formkonstruktionsmethode« in Kapitel 6.

8. **Ellipse-Werkzeug** (L): Dieses Werkzeug erzeugt geschlossene runde oder elliptische Formen (Abbildung 2.8). Für weitere Informationen siehe »Formkonstruktionsmethode« in Kapitel 6.

9. **Pathfinder-Bedienfeld** (Shift + Cmd + F9 / Shift + Strg + F9): In diesem Bedienfeld können Sie Techniken zur Kombination von Formen nutzen (denken Sie an Ausstecher für Plätzchen oder Kekse). Dazu gibt es die Modi *Vereinen, Vorderes Objekt abziehen, Schnittmenge bilden* und *Schnittmenge entfernen* (Abbildung 2.9A–2.9D). Das Bedienfeld hat noch weitere Funktionen, aber wir werden uns nur auf die genannten vier Modi konzentrieren.

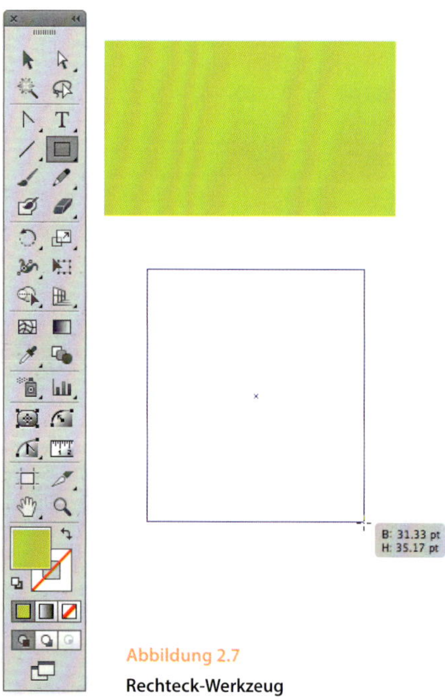

Abbildung 2.7
Rechteck-Werkzeug

Abbildung 2.8
Ellipse-Werkzeug

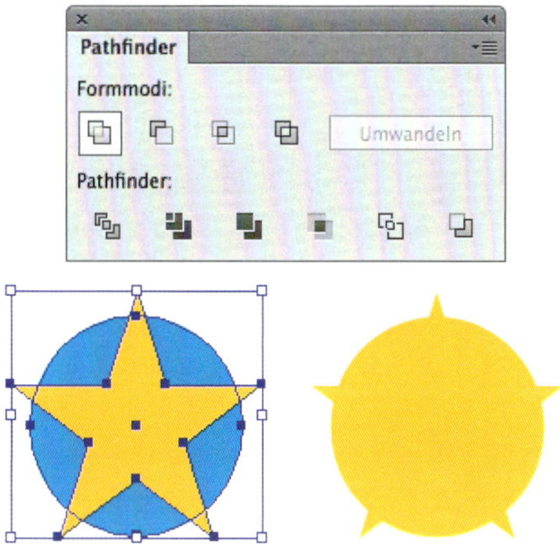

Abbildung 2.9A
Pathfinder-Bedienfeld im Modus *Vereinen*, vorher und nachher

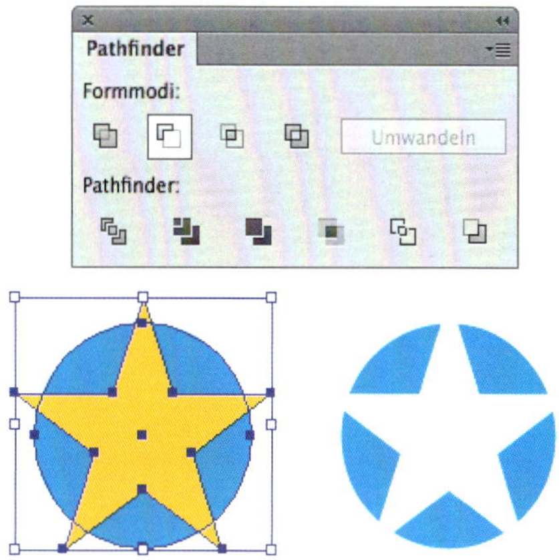

Abbildung 2.9B
Pathfinder-Bedienfeld im Modus *Vorderes Objekt abziehen*, vorher und nachher

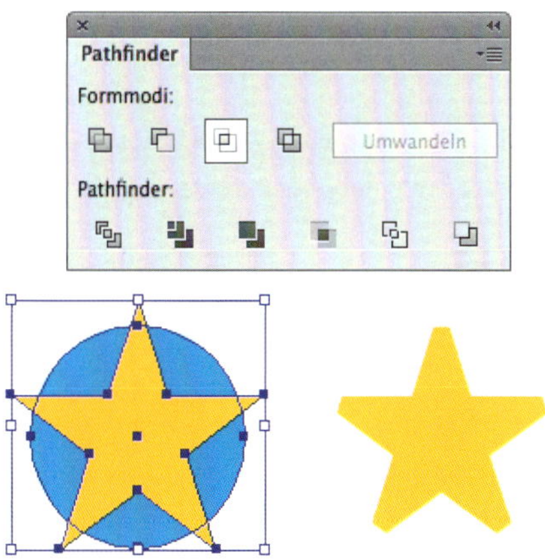

Abbildung 2.9C
Pathfinder-Bedienfeld im Modus *Schnittmenge bilden*, vorher und nachher

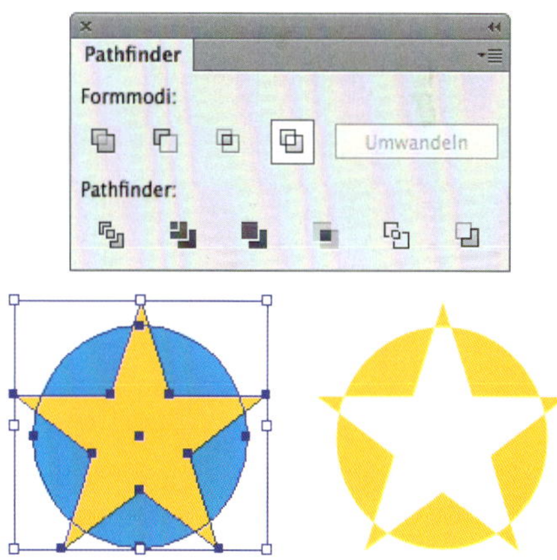

Abbildung 2.9D
Pathfinder-Bedienfeld im Modus *Schnittmenge entfernen*, vorher und nachher

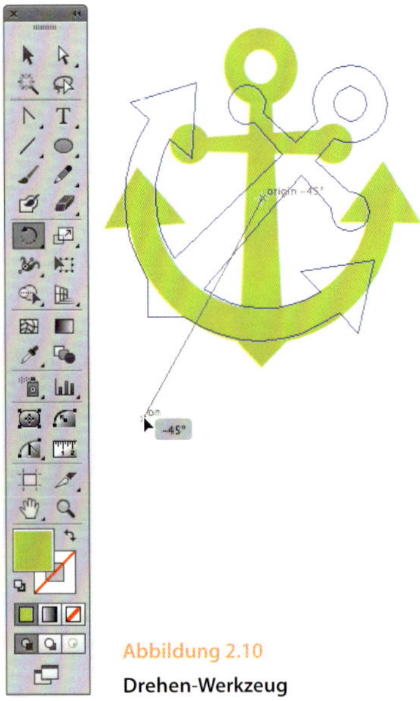

Abbildung 2.10
Drehen-Werkzeug

10. **Drehen-Werkzeug** (R): Mit diesem Werkzeug definieren Sie die Rotationsachse für ein ausgewähltes Objekt und drehen es direkt mit der Maus um einen bestimmten numerischen Wert (Abbildung 2.10).

11. **Spiegeln-Werkzeug** (O): Mit diesem Werkzeug spiegeln Sie ein Objekt entweder horizontal oder vertikal. Es kommt vor allem bei der Erstellung von symmetrischen Designs (Abbildung 2.11) zum Einsatz. Für mehr Informationen siehe »Symmetrie ist dein Freund« in Kapitel 6.

12. **VectorScribe** (Astute Graphics): Dieses Plug-in ermöglicht ein einfacheres und präziseres Arbeiten als mit Adobes eigenen Werkzeugen (Verkrümmen-Werkzeug, Shift + R). Das Plug-in hat eine ganze Menge nützlicher Werkzeuge an Bord, aber wir werden uns ganz speziell auf die folgenden konzentrieren: *Dynamic Shapes, Dynamic Corners* sowie *PathScribe* (Abbildung 2.12).

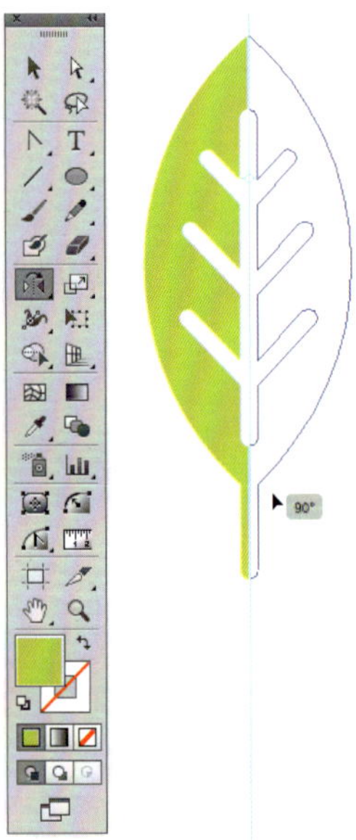

Abbildung 2.11
Spiegeln-Werkzeug

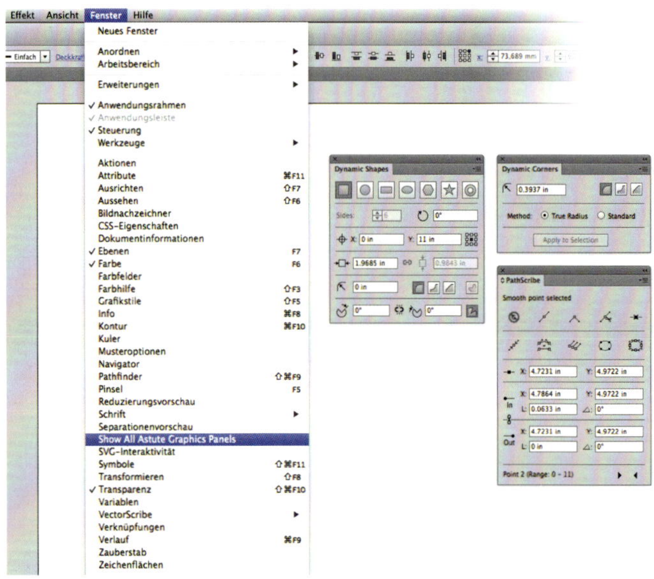

Abbildung 2.12
VectorScribe mit den Werkzeugen *Dynamic Shapes, Dynamic Corners* und *PathScribe*

VectorScribe

Als ich das Plug-in VectorScribe entdeckte, wusste ich, dass ich den Heiligen Gral des Vektorzeichnens gefunden hatte: Nicht nur die Arbeit in Illustrator wurde damit viel leichter und präziser, sondern es hat sich auch für jene Arbeitstechniken als besser erwiesen, die ich zuvor in FreeHand machen konnte und so geliebt hatte.

FreeHand bot einen viel einfacheren Umgang mit Ankerpunkten und Pfaden als Adobe Illustrator – mit weniger Werkzeugen, weniger Ärger und in kürzerer Zeit. Als ich auf Adobe Illustrator umstieg, verlangsamte sich mein Workflow spürbar. Durch VectorScribe hat sich der Arbeitsprozess in Illustrator vereinfacht und läuft mit diesem Werkzeug ohne Stress, wodurch das Konstruieren der Vektorformen weniger Zeit in Anspruch nimmt als vorher in Illustrator oder in FreeHand. Sollten Sie VectorScribe verwenden? Da braucht man wohl keine Sekunde nachdenken.

VectorScribe ist ein ausgefeiltes Werkzeug zum Editieren und Formen von Vektorgrafiken. Die Investition (rund 60 EUR) ist es allemal wert, denn die Zeitersparnis bei einem frustfreien Workflow wird Ihre Kosten mehr als wettmachen.

Drei Amigos

VectorScribe besteht aus einer Vielzahl verschiedener Werkzeuge, doch ich werde in diesem Buch nur drei davon behandeln. Das sind:

1. **Dynamic Shapes-Werkzeug:** Damit können Sie Formen erstellen, die vollständig bearbeitbar bleiben und sehr vielseitig verändert werden können (Abbildung 2.13).

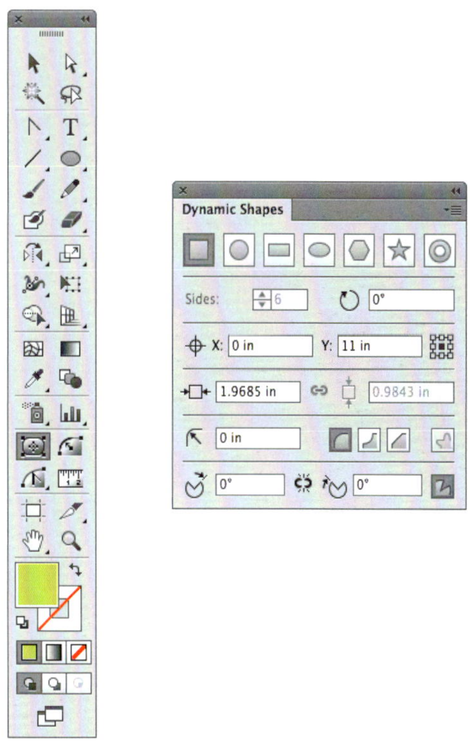

Abbildung 2.13
Über die zahlreichen Parameter im Bedienfeld des *Dynamic Shapes*-Werkzeugs können Formen jederzeit sehr flexibel angepasst und auch in andere Grundformen umgewandelt werden.

2. **Dynamic Corners-Werkzeug:** Dieses Werkzeug ermöglicht Ihnen, mit der Maus über unabhängige Ankerpunkte zu fahren und diese direkt visuell abzurunden. Sie können aber auch Punkte mit einem bestimmten Wert, den Sie im Steuerungsbedienfeld definieren, abrunden. Das Werkzeug funktioniert nur an Eckpunkten, aus denen keine Bézierkurven herausgezogen wurden (Abbildung 2.14).

3. **PathScribe-Werkzeug:** Damit können Sie einen Vektorpfad an jeder beliebigen Stelle (zwischen zwei Ankerpunkten) anfassen und in jede beliebige Form ziehen (Abbildung 2.15).

Abbildung 2.14
Einfaches Abrunden von ursprünglichen Eckpunkten auf einem Pfad mit dem *Dynamic Corners*-Werkzeug

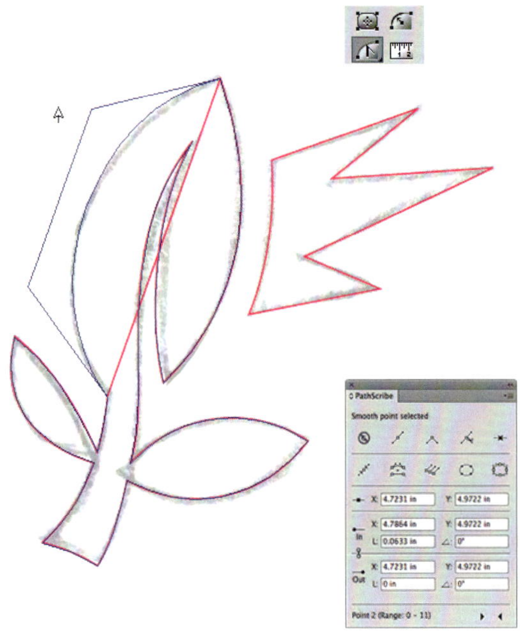

Abbildung 2.15
Fassen Sie mit dem *PathScribe*-Werkzeug einen Vektorpfad an jeder beliebigen Stelle zwischen zwei Ankerpunkten an und bringen Sie die Bézierkurve in die Form Ihrer zugrunde liegenden Skizze. Sie schieben und ziehen Ihre Pfade, um sie in die angestrebte Form zu bringen (wie Vektor-Ton, wenn Sie so wollen). Die Funktion ist einfach, intuitiv und führt vor allem zu präzisen Vektorgrafiken.

Interaktive Ecken gegen Dynamic Corners

Seit der Version Illustrator CC bietet das Programm nun auch eine Funktion namens *Live Corners* bzw. *Interaktive Ecken*. Dabei klicken Sie mit dem Direktauswahl-Werkzeug (A) auf einen Ankerpunkt und es erscheint neben diesem ein kleiner Kreis mit einem Punkt darin (Abbildung 2.16A). Klicken Sie darauf und ziehen Sie bei gedrückter Maustaste, so können Sie die Vektorform rund um den Ankerpunkt abrunden. Dabei entstehen zwei neue Ankerpunkte mit entsprechenden Anfassern. Der Kurvenradius bleibt auch noch bearbeitbar – Sie können also erneut auf den kleinen Punkt klicken und ziehen und die *Interaktiven Ecken* anpassen.

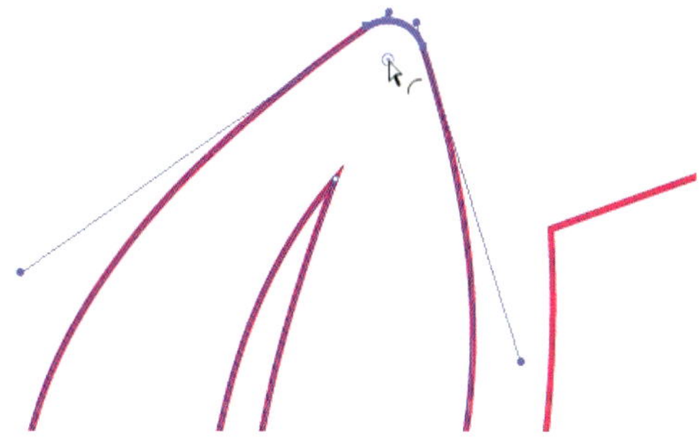

Abbildung 2.16A
Seit der Version Illustrator CC bietet das Programm mit *Interaktiven Ecken* eine Funktion zum Abrunden von Vektorformen an Ankerpunkten.

Wenn Sie zuerst mit dem Auswahl-Werkzeug (V) die Vektorform auswählen und dann zum Direktauswahl-Werkzeug (A) wechseln, dann haben Sie alle Ankerpunkte markiert. Ziehen Sie jetzt an einer *Interaktiven Ecke*, so werden alle Ankerpunkte der Form mit dem gleichen Radius abgerundet.

Auf den ersten Blick sieht es so aus, als wäre mit dieser neuen Funktion das Dynamic-Corners-Werkzeug von *VectorScribe* überflüssig geworden. Doch bei genauerer Betrachtung gibt es einige Vorteile des Plug-ins von Astute Graphics. So lassen sich viele Optionen für die Darstellung der *Dynamic Corners* anpassen (Abbildung 2.16B). Ungemein nützlich ist die Funktion, den letzten gewählten Radius wie einen Kopierpinsel aufzunehmen und dann auf ausgewählte Ankerpunkte ganz gezielt anzuwenden. So können Sie im nebenstehenden Beispiel sehr schnell und effizient einen bestimmten Radius nur auf die Blattspitzen anwenden. Legen Sie einfach an einer Stelle den Radius fest und klicken Sie dann auf den nächsten gewünschten Ankerpunkt. *Dynamic Corners* merkt sich jeweils die zuletzt angewendete Einstellung.

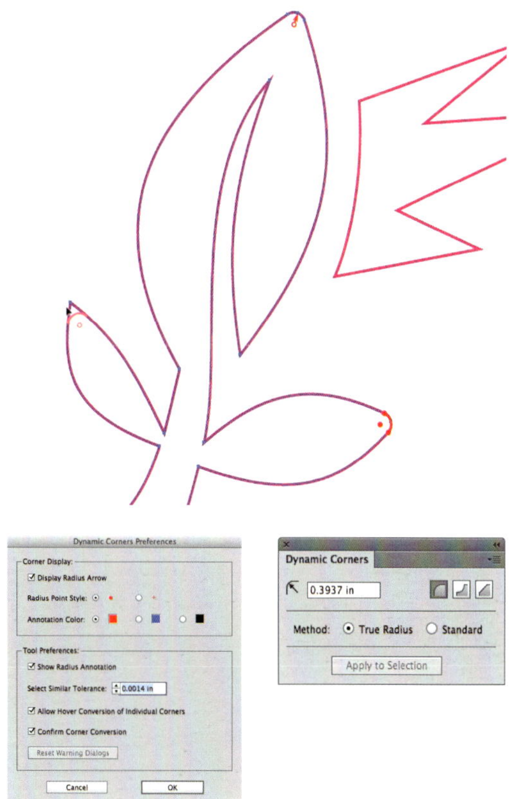

Abbildung 2.16B
Mit *Dynamic Corners* wenden Sie den jeweils zuletzt gewählten Radius zum Abrunden durch einfaches Anklicken ganz gezielt auf einen bestimmten anderen Ankerpunkt an.

Passen Sie Ihre Umgebung an

Jedes Vektorgrafikprogramm wird mit einer Reihe von Voreinstellungen ausgeliefert. Die Standardeinstellungen sind meist in Ordnung, aber wenn Sie diese noch individuell anpassen, machen Sie sich die Arbeit mit Ihren Vektorgrafiken viel leichter. Die folgenden Anpassungen gelten für Adobe Illustrator. Im Grafikprogramm Ihrer Wahl werden Sie ähnliche Einstellungen und Funktionen finden.

Meine bevorzugten Voreinstellungen

Am besten passen Sie die folgenden drei Bereiche der Voreinstellungen an:

1. **Voreinstellungen / Allgemein:** Die Einstellungen in Abbildung 2.17 erleichtern Anpassungen während der Arbeit und ermöglichen ein korrektes Skalieren Ihrer Grafiken.

2. **Voreinstellungen / Auswahl und Ankerpunkt-Anzeige:** Die Einstellungen in Abbildung 2.18 erleichtern das Auffinden und Isolieren problematischer Stellen in Ihren Vektorformen. Sie helfen Ihnen außerdem beim Editieren und Anpassen der Ankerpunkte, Anfasser sowie Bézierkurven, während Sie zeichnen.

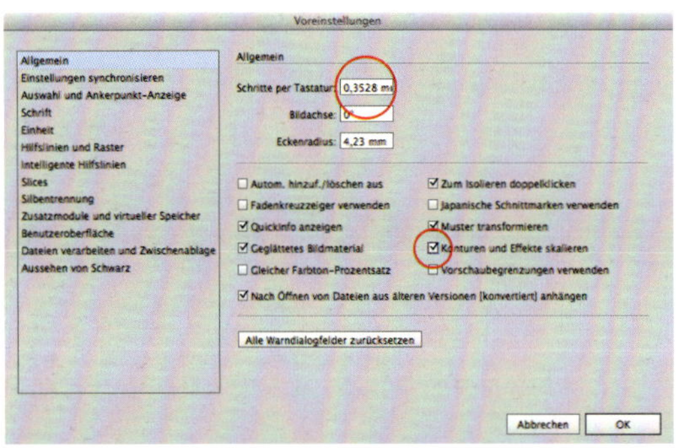

Abbildung 2.17
Voreinstellungen > Allgemein: Stellen Sie die Schritte per Tastatur bei 1 Punkt (0,3528 mm) oder weniger ein. Aktivieren Sie außerdem die Option *Konturen und Effekte skalieren*.

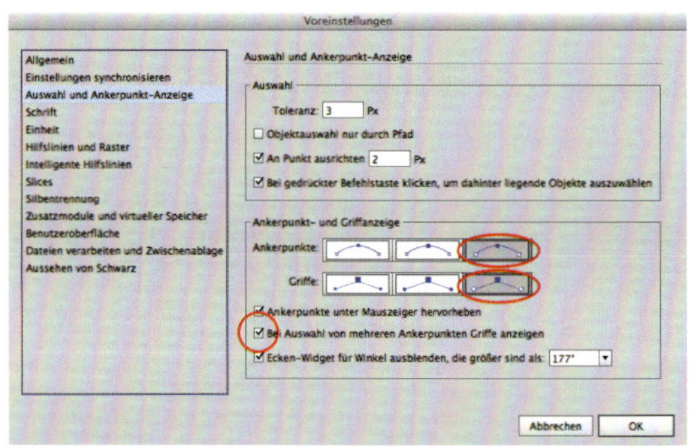

Abbildung 2.18
Voreinstellungen > Auswahl und Ankerpunkt-Anzeige: Wählen Sie die größtmögliche Anzeige für Ihre Ankerpunkte und Anfasser (Griffe), indem Sie jeweils das Feld ganz rechts auswählen, wo die Anfasser die leeren Endpunkte haben. Die Option *Bei Auswahl von mehreren Ankerpunkten Griffe anzeigen* sollte aktiv sein.

3. **Voreinstellungen / Intelligente Hilfslinien:** Die Einstellungen in Abbildung 2.19 aktivieren die Unterstützung durch die intelligenten Hilfslinien während des Erstellens. So können Sie beim Darüberfahren mit der Maus auch einen Ankerpunkt auf einem Pfad erkennen, der im Moment beispielsweise nicht ausgewählt ist.

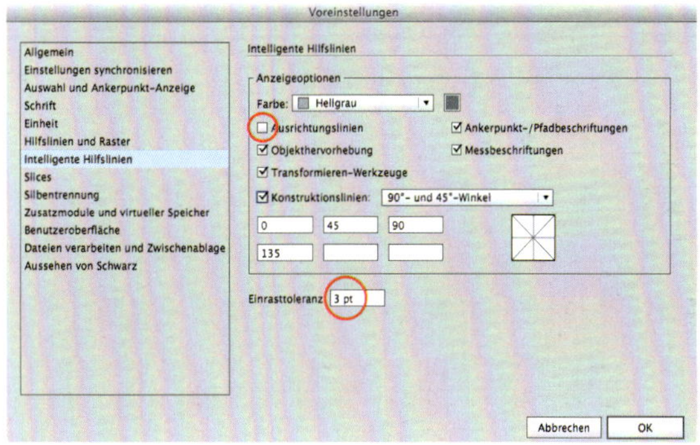

Abbildung 2.19
Voreinstellungen > Intelligente Hilfslinien: Lassen Sie die Option *Ausrichtungslinien* deaktiviert. Und stellen Sie die Einrasttoleranz auf einen Wert von 3 Punkt oder geringer ein. Ich deaktiviere Ausrichtungslinien aus folgendem Grund: Das Programm versucht alles, was Sie zeichnen, an anderen Elementen in Ihren Grafiken auszurichten, ob Sie wollen oder nicht. Und das kann wirklich sehr nervenaufreibend werden, wenn Sie Vektorformen zeichnen.

Tastaturbefehle und Aktionen

Die Möglichkeiten, in Adobe Illustrator selbst Tastaturbefehle zu definieren und Aktionen zu erstellen, sind meiner Meinung nach zwei der meistunterschätzten Funktionen des Programms. Viele Benutzer sehen sich diese Möglichkeiten noch nicht einmal an.

Bei Tastaturbefehlen ist der Name Programm: Damit haben Sie die Möglichkeit eine oder mehrere Tasten zu drücken, anstatt den benötigten Befehl in einem Aufklappmenü erst mühsam suchen zu müssen. Sie ermöglichen ein effizienteres Vorankommen.

Allerdings lassen sich nicht alle Funktionen von Illustrator mit einem Tastaturbefehl belegen. In diesen Fällen führt der Weg am besten über Aktionen. Damit lassen sich mehrere Tastaturbefehle hintereinander aufzeichnen. Wenn Sie mit dem Aufzeichnen fertig sind, können Sie die Aktion an einen bestimmen Tastaturbefehl binden. Am Ende ist es möglich, durch das Drücken einer Taste eine ganze Reihe von Befehlen sofort auszuführen, was zweifellos Zeit spart. Der beste Weg, um den Nutzen von Aktionen zu erkennen, ist ganz einfach das eigene Experimentieren. Alles, was Sie routinemäßig ausführen, ist ein guter Kandidat für eine Aktion.

Um Ihre eigenen Tastaturbefehle zu erstellen, rufen Sie *Bearbeiten > Tastaturbefehle* auf und wählen zwischen Werkzeugen oder Menübefehlen im Auswahlmenü oben. Suchen Sie sich ein bestimmtes Werkzeug oder einen Menübefehl und geben Sie anschließend die Tastenkombination an, die Sie dieser Aufgabe zuweisen möchten. Illustrator wird Sie darauf hinweisen, falls diese Tastenkombination bereits in Verwendung ist, und Sie können entscheiden, ob Sie die Neuzuweisung abbrechen oder überschreiben möchten. Klicken Sie auf OK und schon steht Ihr Tastaturbefehl zum Einsatz bereit. So einfach ist das.

Um eine Aktion aufzunehmen, wechseln Sie ins Menü *Fenster > Aktionen*. Rufen Sie im Aktionen-Fenster das Aufklappmenü über das kleine Icon in der rechten oberen Ecke auf. Wählen Sie dort *Neue Aktion*. Vergeben Sie im nun erscheinenden Dialog einen Namen, weisen Sie sie einem Satz an Aktionen zu, definieren Sie einen Tastaturbefehl, klicken Sie auf *Aufzeichnen* und führen Sie anschließend die Abfolge von Befehlen aus, die Sie aufnehmen wollen (Abbildung 2.20). (Bedenken Sie, dass sich nicht alle Funktionen in Illustrator aufzeichnen lassen.) Sind Sie fertig, klicken Sie auf Aufzeichnung beenden im Aktionen-Fenster. Nun steht Ihnen eine eigene Aktion jederzeit zur Verfügung.

Wie Sie diese Funktionen letztendlich einsetzen, hängt stark von der Art Ihrer Arbeit ab. Wenn es bei mir um das Erstellen von Vektorgrafiken geht, habe ich dafür eine Handvoll Befehle angepasst, um mir Routineschritte zu erleichtern. Hier sind sechs Tastaturbefehle und zwei Aktionen, die ich regelmäßig mit den Funktionstasten aufrufe, um Zeit zu sparen:

1. **F1** ruft den Befehl *Schnittmaske erstellen* (Cmd + 7 / Strg + 7) auf.

2. **F2** ruft den Befehl *Schnittmaske zurückwandeln* (Alt + Cmd + 7 / Alt + Strg + 7) auf.

3. **F3** steht für Klonen. Adobe Illustrator selbst hat keinen Klonen-Befehl. Um ein Objekt zu klonen, müssen Sie zunächst eine Form kopieren (Cmd + C / Strg + C) und dann davor einfügen (Cmd + F / Strg + F). Dies erfordert also das Drücken von vier Tasten. Tastaturbefehle lassen mehrfache Befehle nicht zu, also müssen Sie eine Aktion aufzeichnen und diese einer bestimmten Funktionstaste zuordnen (Abbildung 2.20).

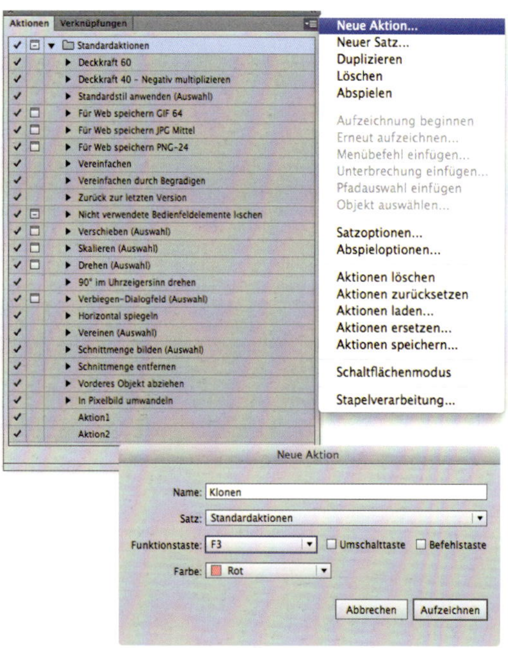

Abbildung 2.20
Um den Tastaturbefehl zum Klonen anzulegen, wählen Sie *Neue Aktion* aus dem Optionsmenü des Aktionen-Fensters. Zeichnen Sie nun sich selbst dabei auf, eine Form zu kopieren (Cmd + C / Strg + C), und fügen Sie diese dann davor ein (Cmd + F / Strg + F). Beenden Sie das Aufzeichnen. Damit haben Sie einen Tastaturbefehl zum Klonen.

4. **F4** ruft den Befehl *Objekt in den Hintergrund* (Shift + Cmd + (/ Shift + Strg + ( )auf.

5. **F5** ruft den Befehl *Objekt in den Vordergrund* (Shift + Cmd +) / Shift + Strg +)) auf.

6. **F6** ruft den Befehl *Gruppierung aufheben* (Shift + Cmd + G / Shift + Strg + G) auf.

7. **F7** ruft *Vereinen* auf. Das erlaubt mir, zwei ausgewählte Formen miteinander zu einer Form zu verschmelzen, ohne meinen Cursor in das Pathfinder-Bedienfeld bewegen zu müssen. Ab Adobe Illustrator CS5 könnte auch das Formerstellungswerkzeug (Shift + M) dieser Funktionstaste zugewiesen werden, wenn Sie das wünschen.

   Da die Befehle aus dem Pathfinder-Bedienfeld keine Tastaturbefehle zulassen, habe ich eine Aktion dafür aufgezeichnet und diese Funktion der F7-Taste zugewiesen.

8. **F8** steht für *Auswahl aufheben* (Shift + Cmd + A / Shift + Strg + A). Manchmal, wenn Sie Ihre Grafik ganz stark vergrößert haben, können Sie auf keinen freien Platz in der Montagefläche klicken, um die Auswahl für ein Objekt aufzuheben. Mit der Zuweisung des Tastaturbefehls für das Aufheben der Auswahl auf die F8-Taste erledigen Sie drei Tastendrücke mit einem.

Erfinden Sie das Rad nicht neu

Wenn Sie ein neues Projekt beginnen, sollten Sie gleich mit der Arbeit beginnen können. Ihr kreativer Workflow sollte am Beginn eines Projektes nicht gebremst werden durch das Einrichten von Voreinstellungen, Importieren von Stilen und Farbfeldern, Erstellen neuer Ebenenstrukturen etc. Ich erspare mir eine Menge Zeit und Frustration, indem ich ein neues Dokumentprofil in Illustrator anlege, in dem viele meiner bevorzugten Einstellungen gespeichert sind, die als Standardeinstellungen für jedes Dokument eingesetzt werden.

In diesem Abschnitt zeige ich Ihnen, wie Sie die Grundlage für einen kreativen Workflow schaffen, mit dem Sie weniger Zeit darauf verwenden, sich über den Computer zu ärgern, und so mehr Zeit für die Umsetzung Ihrer großartigen Designs haben.

Erstellen Sie ein neues Dokumentprofil

Die Erstellung eines neuen Dokumentprofils ist ein einfacher Prozess, bestehend aus drei Schritten:

1. **Erstellen Sie ein neues Dokument** (Cmd + N / Strg + N). Im Dialog *Neues Dokument* legen Sie die grundlegenden Einstellungen zu Größe, Anzahl der Zeichenfläche und so weiter fest, vergeben einen Dateinamen und klicken dann auf OK (Abbildung 2.21).

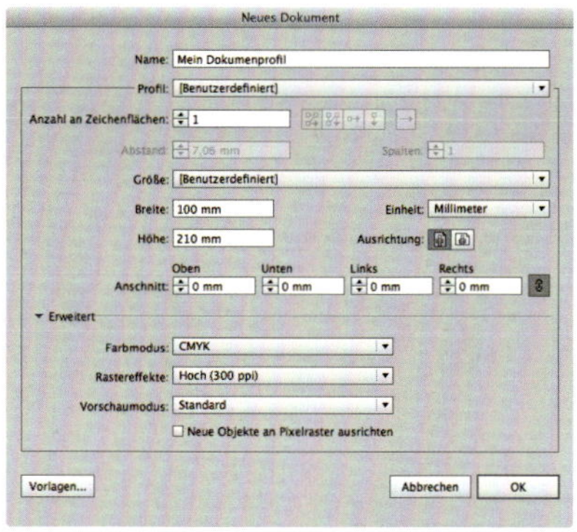

Abbildung 2.21
Viele Einstellungen im Fenster *Neues Dokument* hängen davon ab, an welchem spezifischen Projekt Sie gerade arbeiten. Wenn Sie etwas übersehen und schon auf OK geklickt haben, machen Sie sich keine Sorgen: Sie können diese Einstellungen jederzeit nochmals aufrufen und anpassen.

2. **Passen Sie die Voreinstellungen an.** In dem neuen Dokument stellen Sie die Voreinstellungen so ein, wie sie Ihren Vorlieben beim Arbeiten entsprechen. Vielleicht bevorzugen Sie es, Lineale immer eingeblendet zu haben, bestimmte Farben bereits im Farbfelder-Bedienfeld vorzufinden und so weiter. Es ist vollkommen Ihnen überlassen. (Wir sehen uns die essenziellen Einstellungen, die in Ihrem Dokumentprofil enthalten sein sollten, etwas weiter unten bei »Grafikstile festlegen« an.)

3. **Speichern Sie Ihr Dokumentprofil** (Cmd + S / Strg + S). Sobald Sie Ihr Dokumentprofil mit allen Einstellungen und Eigenschaften aufgebaut haben, die es in Ihren Augen enthalten sollte, ist die Zeit zum Abtspeichern gekommen. Wählen Sie *Datei > Speichern* und sichern Sie es an folgendem Speicherort auf dem Mac: *[Benutzername]/Library/Application Support/Adobe/Adobe Illustrator [Version]/[Sprache]/New Document Profiles* bzw. unter Windows: *C:\Dokumente und Einstellungen\[Benutzername]\Anwendungsdaten\Adobe\Adobe Illustrator [Version]\[Sprache]\New Document Profiles*

Hinweis
Der Ordner »Library« ist unter OS X auf dem Mac standardmäßig versteckt. Um ihn aufzufen, halten Sie beim Klick auf das Menü *Gehe zu* im Finder die Alt-Taste gedrückt – dann erscheint der Eintrag Library in der Liste. Im Öffnen- oder Speichern-Dialog von Illustrator können Sie auch mittels Cmd + Shift + G ein Dialogfeld zur direkten Angabe des Speicherorts aufrufen.

Von nun an erscheint Ihr neues Dokumentprofil im Dialog *Neues Dokument* (Abbildung 2.22). Sie können es einfach auswählen und dann gleich mit der Arbeit loslegen.

Abbildung 2.22
Im Dialog *Neues Dokument* können Sie unter *Profil* auch auf ein *Dokumentprofil* zugreifen. Dabei landen Sie in den Tiefen der Ordnerstruktur des Programms Adobe Illustrator.

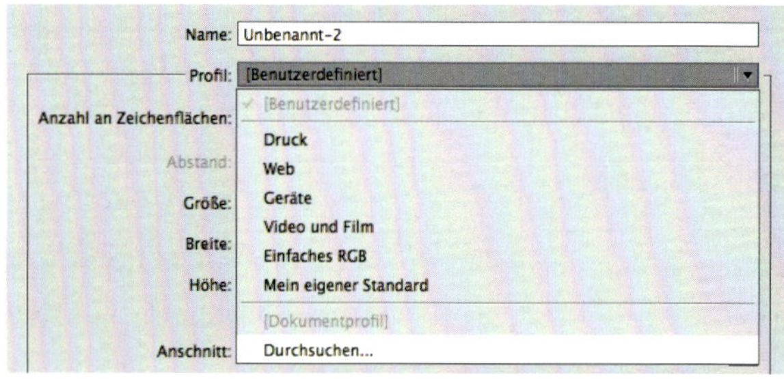

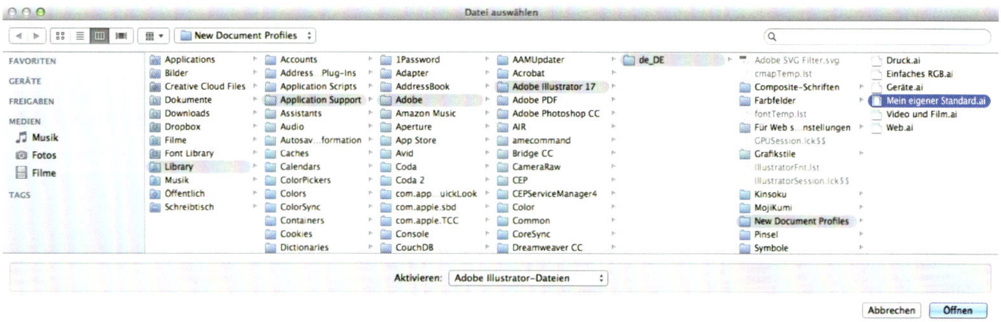

Ein Vorzug der Arbeit mit einem systematischen kreativen Workflow ist übrigens der Wegfall von allzu viel Rätselraten. Wenn Sie ein neues Projekt unter Verwendung Ihres individuellen neuen Dokumentprofils beginnen, können Sie sich stärker auf Ihre kreative Arbeit als auf die benötigten Werkzeuge konzentrieren. Eine konsistente Arbeitsweise wird Ihnen dabei helfen, effizienter zu arbeiten und mehr Zeit mit echter kreativer Arbeit als mit Dateiverwaltung aufzubringen.

Es gibt noch andere Wege, um Ihre Methoden zur Vektorerstellung zu beschleunigen, und wir werden uns diesen als Nächstes zuwenden.

Grafikstile festlegen

Zwei primäre Aufgaben definieren den kreativen Workflow, der in diesem Buch beschrieben wird: Skizzieren und Erstellen. Sie skizzieren Ihre Zeichnung, scannen sie ein und erstellen dann die Vektorgrafik mit Ihrem Zeichenprogramm. Zeichnen ist die kreative Grundlage, auf der Sie aufbauen.

Bevor Sie mit dem Erstellen loslegen, sollten Sie vielleicht zwei einfache Grafikstile anlegen und in Ihrem neuen Dokumentprofil abspeichern. Diese bestimmen die Strichstärke sowie Strichfarbe bei der Arbeit an Ihrer Vektorgrafik. Um einen Grafikstil zu definieren, erstellen Sie zunächst eine beliebige Form mit beliebiger Füllung oder Strichfarbe sowie Konturstärke und ziehen diese in das Grafikstile-Bedienfeld. Erledigt.

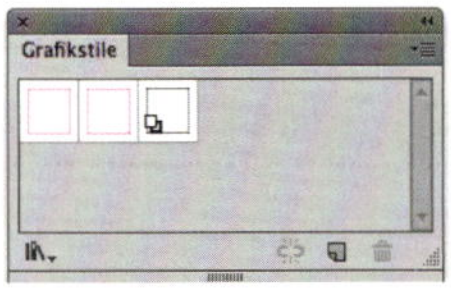

Abbildung 2.23
Mein Standard unter den Grafikstilen ist eine 0,5 Punkt starke magentafarbene Linie. Ich habe auch einen zweiten Grafikstil angelegt, das ist eine 0,25 Punkt dicke Kontur in derselben Farbe. Dies hilft mir zu sehen, was ich erstelle.

Wenn ich eine Skizze einscanne, die als Basis für meine digitale Illustration dienen soll, erscheint der Scan zunächst in Schwarz-Weiß und wird dann für ein besseres Arbeiten darauf ausgegraut dargestellt. Als individuelle Voreinstellung zeichne ich mit einer magentafarbenen Kontur – die farbigen Linien heben sich gut vom Hintergrund ab und ich kann klar erkennen, was ich zeichne. Die Farbe, die Sie wählen, muss dabei keineswegs Magenta sein – das ist nur meine persönliche Wahl. Verwenden Sie einfach die Farbe, die Ihnen gefällt, solange es nicht Schwarz ist, was zu schwer zu erkennen wäre (Abbildung 2.23).

Während Sie Ihre Vektorgrafik erstellen, werden Sie ein- und auszoomen, um bestimmte Teile besser zu sehen. Wenn ich herausgezoomt habe, verwende ich eine Kontur mit 0,5 Punkt, nach dem Hineinzommen kommt dagegen eine Kontur mit 0,25 Punkt zum Einsatz (Abbildung 2.23). Eine 0,5-Punkt-Kontur im eingezoomten Zustand erzeugt eine viel zu dicke Linie, was beim Erstellen das Auffinden der Ränder in den skizzierten Formen erschwert. Eine 0,25-Punkt-Kontur im ausgezoomten Zustand führt zum Gegenteil: Die Linie ist zu dünn und schwer zu erkennen.

Intelligente Hilfslinien aktivieren

Ich möchte Ihnen mit Nachdruck empfehlen, zum Erstellen Ihrer Vektorgrafiken Intelligente Hilfslinien (Cmd + U / Strg + U) zu aktivieren. Sie machen das Einrasten auf Punkten oder Pfaden offensichtlicher, und ohne sie kommt man leicht in die Versuchung zu glauben, etwas befände sich schon an der richtigen Position, nur um später festzustellen, dass es leicht daneben liegt.

Intelligente Hilfslinien ermöglichen ebenso die Auswahl von Elementen mit größerer Genauigkeit und bieten live eingeblendete Informationen, wenn Sie ein Element drehen oder mit der Maus über die Inhalte in Ihrem Dokument fahren (Abbildung 2.24).

Der Einsatz von intelligenten Hilfslinien ist aber auch ein gewisser Balanceakt. Ich ertappe mich in meinem kreativen Workflow immer wieder dabei, sie ein- oder auszuschalten, weil sie manchmal einfach im Weg sind oder ein automatisches Einrasten erzwingen, obwohl dies gar nicht gewünscht ist.

Wenn Sie es bislang nicht gewohnt sind, mit diesen aktivierten Hilfslinien zu arbeiten, dann empfehle ich Ihnen, sich daran zu gewöhnen. Die Vorteile überwiegen das lästige Verhalten der Benutzeroberfläche bei Weitem.

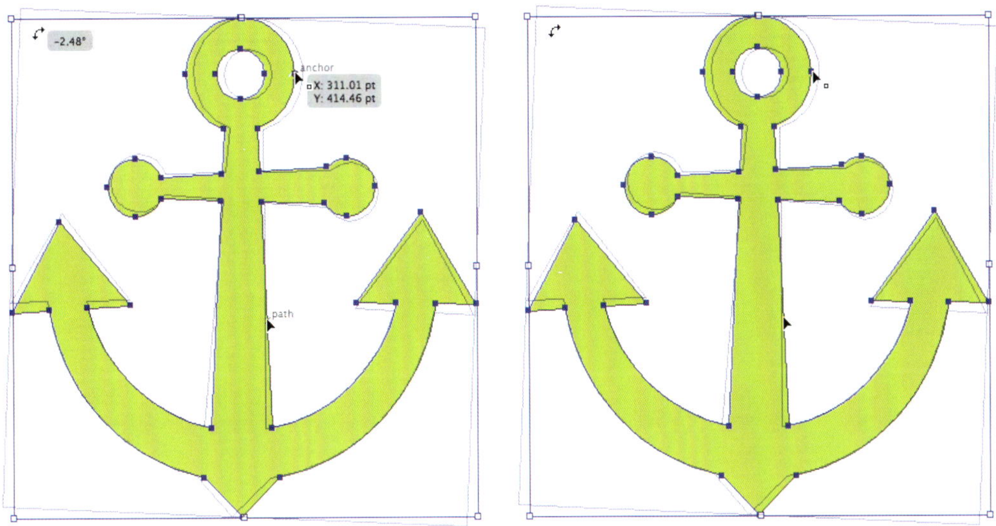

Abbildung 2.24
Links: Bei aktivierten intelligenten Hilfslinien können Sie einen Punkt oder Pfad auswählen oder ein ausgewähltes Objekt drehen. Außerdem bieten intelligente Hilfslinien unmittelbare Informationen. Die angezeigte Information passt sich je nach eingesetztem Werkzeug an und je nachdem, über welcher Form Sie mit der Maus gerade stehen.
Rechts: Mit deaktivierten intelligenten Hilfslinien zeigt ein ausgewählter Punkt, Pfad oder ein gedrehtes Objekt keine Informationen an.

Richten Sie eine Ebenenstruktur ein

Aus welchem Grund auch immer: Adobe hat entschieden, dass Ebeneninformationen keine aktivierbaren Eigenschaften eines neuen Dokumentprofils sein sollen. Das ist sehr lästig und sollte – meiner bescheidenen Meinung nach – in einer zukünftigen Version der Software als Funktion hinzukommen.

Im Moment müssen wir Ebenen manuell einrichten. Egal, ob ich an einem Logo, einer Comicfigur oder einem Musterdesign arbeiten, so befolge ich doch immer den gleichen Aufbau, wenn es um die Ebenen in der Konstruktionsphase geht (Abbildung 2.25). Ich beginne mit vier Ebenen: Storage (Lager), Temp (Zwischenstand), Build (Erstellen) und Scan (Scan der Skizze).

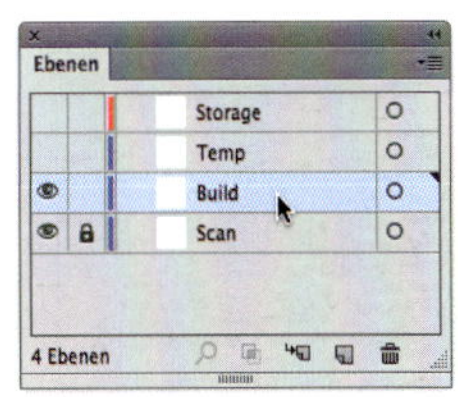

Abbildung 2.25
Ich beginne jedes Projekt mit vier Ebenen: Storage (Lager), Temp (Zwischenstand), Build (Erstellen), Scan (Scan der Skizze).

VIDEO

1. **Storage-Ebene** (Lager): Wenn ich Grafiken erstelle, neige ich zum Experimentieren. Also fertige ich Kopien von Elementen an und lege sie auf meine Lager-Ebene, die nicht sichtbar geschaltet ist. Außerdem erstelle ich Kopien all meiner Pfade, bevor ich sie zu färben beginne, und stelle auch diese auf die Lager-Ebene. Betrachten Sie diesen Ansatz als eine Art Vektorversicherung für den Fall, dass Sie irgendetwas durcheinanderbringen. Mir ermöglicht dies zudem viel einfacher, Elemente, die ich für ein Projekt bereits angefertigt habe, in einem anderen Projekt wiederzuverwenden.

Notizen

Jedi-Meister der Bézierkurve

Nicht einschüchtern vom systematischen kreativen Workflow, von unbekannten Methoden oder neuen Werkzeugen, die erlernen wir in diesem Buch, dich lass, mein Padawan.

Dein Vektorgrafikprogramm du betrachte als das Laserschwert deines Designs. Wie gut du führst es, bestimmen wird, wie exakt ausfällt deine endgültige Vektorgrafik. Die kreative Macht durch dich hindurchfließen lass. Ich spielen werde den Part eines kleinen grünen Gnoms.

Ja, eine Menge zu meistern es gibt. Aber meistern du es musst.

Try not. Do or do not, there is no try.
- Yoda

2. **Temp-Ebene** (Zwischenstand): Ich nutze diese Ebene, um Dinge zu testen, bevor ich sie wirklich in meine Zeichnung einbaue. Je weiter ich voranschreite, desto stärker kann eine Datei visuell vollgestopft sein. Auf diese Weise schaffe ich also Raum dafür, die anderen Ebenen unsichtbar zu schalten und auf einer leeren Oberfläche zu arbeiten. Sobald ich mit dem Ergebnis zufrieden bin, verschiebe ich es auf die Build-Ebene (Erstellen).

3. **Build-Ebene** (Erstellen): Hier findet der Hauptteil des Erstellens statt. Die Ebene dient als mein Vektorgerüst, auf dem ich meine Vektorgrafik baue und meine Bézierkurven detailliert ausarbeite.

4. **Scan-Ebene** (Scan der Skizze): Hier platziere ich meine handgefertigte Skizze (entweder eine TIF- oder eine PSD-Datei mit auf etwa 20 heruntergesetzter Transparenz). Ich sperre außerdem noch die Ebene, damit sie nicht bewegt werden kann.

Während sich das Projekt nach der Erstellung der Basisgrafik weiterentwickelt und ich mit dem Einfärben sowie Ausarbeiten von Details beginne, füge ich noch weitere Ebenen hinzu, um die Verwaltung und das Bearbeiten des Designs zu erleichtern. Wir werden uns das noch detaillierter in Kapitel 9 ansehen.

Designübungen

Designs analysieren

Alle professionellen Designer und Illustratoren halten Ordnung in ihren Ebenen – und Sie sollten das auch tun. In der Tat können Sie für wirklich jede Vektorgrafik, die Sie erstellen, eine bewährte Ebenenstruktur einrichten. Organisieren und gruppieren Sie zusammengehörende Inhalte auf einer eigenen Ebene, dann können Sie eine bestimmte Gruppe isolieren, wenn zu einem späteren Zeitpunkt Anpassungen notwendig sind.

Und ich versichere Ihnen, Anpassungen werden notwendig. Sie sind es immer. Das Gruppieren von zusammengehörenden Inhalten auf Ebenen ermöglicht Ihnen, Anpassungen schneller vorzunehmen und Details in Ihrem Design herauszuarbeiten, ohne dass Ihnen andere Vektorformen in die Quere kommen. Analysieren wir zwei meiner Designs. Indem wir Ebenen ein- und ausschalten, werden Sie erkennen, wie die Vektorinhalte hier organisiert sind.

Señor Skully

Dieses Design wurde ursprünglich für einen Produzenten von Stickern erstellt, aber der Kunde entschied sich anders. Daher machte ich ein Halloween-Poster daraus (Abbildungen 2.26–2.30).

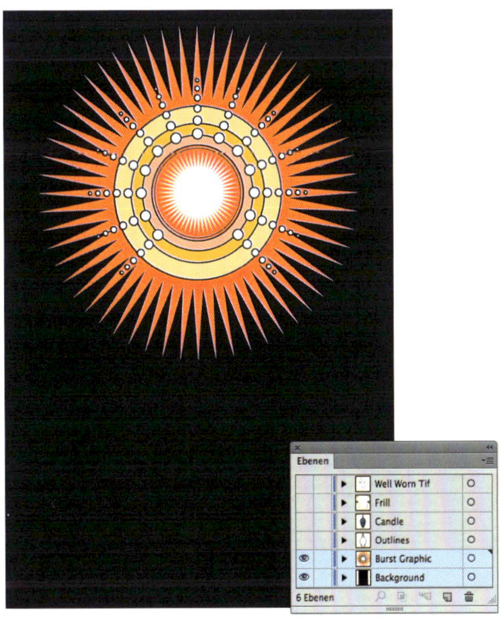

Abbildung 2.26

Diese beiden Ebenen – Teil eines Posterdesigns – enthalten den Hintergrund.

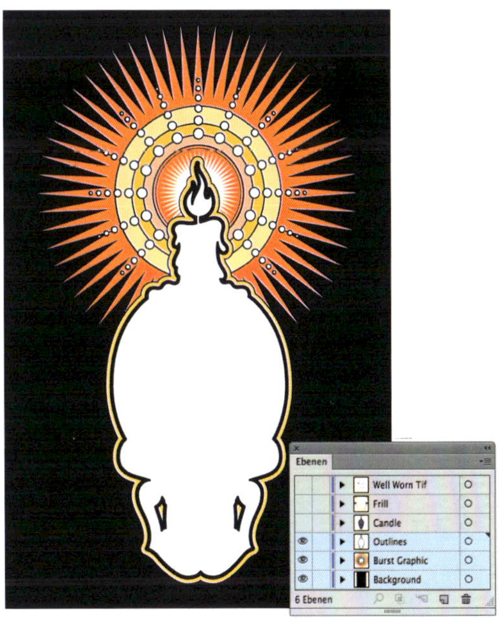

Abbildung 2.27

Indem ich die Außenkontur für dieses Design auf einer eigenen Ebene belasse, kann ich mit der Konturstärke viel einfacher experimentieren.

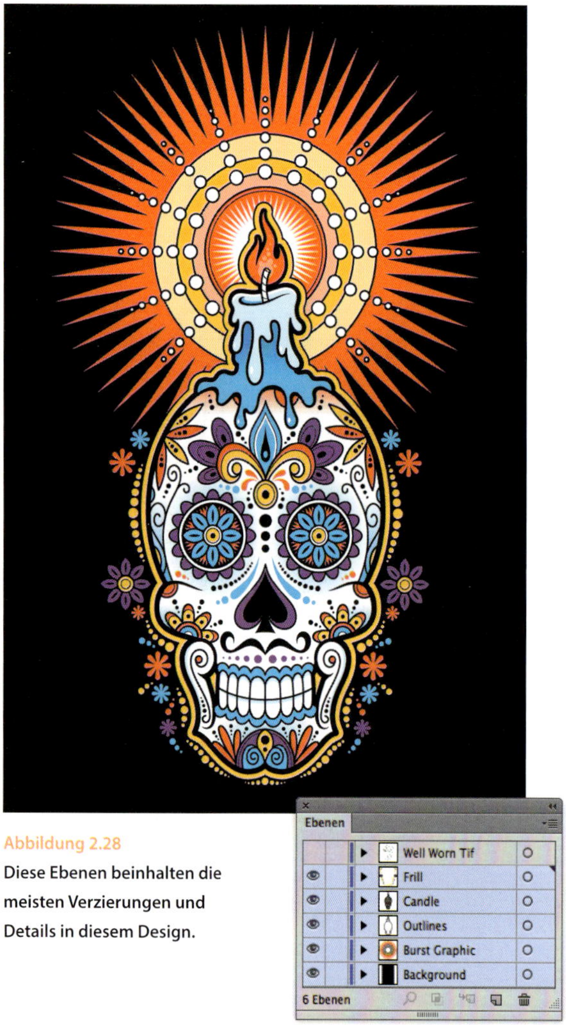

Abbildung 2.28
Diese Ebenen beinhalten die meisten Verzierungen und Details in diesem Design.

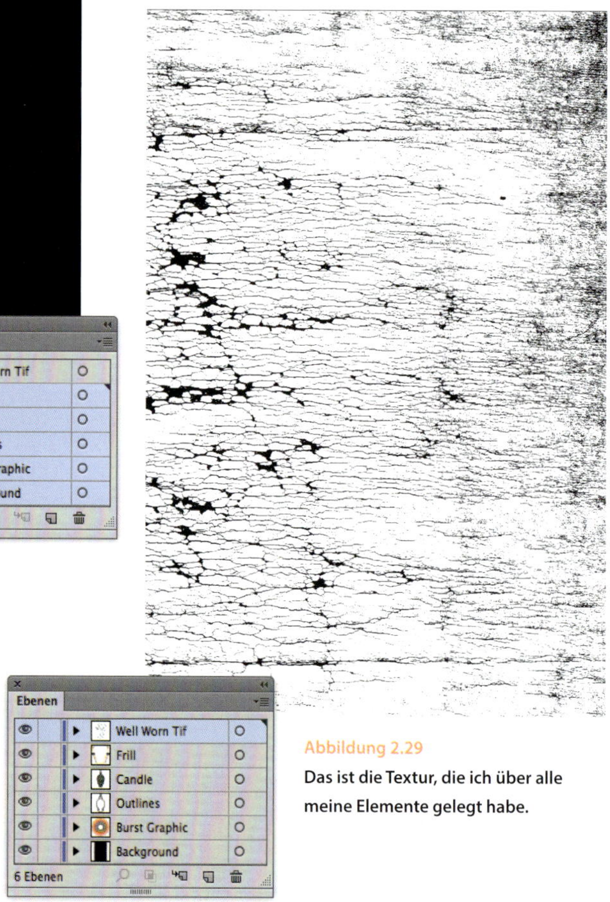

Abbildung 2.29
Das ist die Textur, die ich über alle meine Elemente gelegt habe.

Abbildung 2.30
Das fertige Posterdesign für Halloween

Loyal Order of Wormwood

Adobe gab mir völlige kreative Freiheit, ein Poster zu designen, das zur Vermarktung von Illustrator CS4 beitragen sollte. Da kam mir dieses lustige, abgedrehte Design in den Sinn.

Abbildung 2.31

Diese sechs Ebenen bilden die Hintergrundelemente und die Texturierung für das Posterdesign.

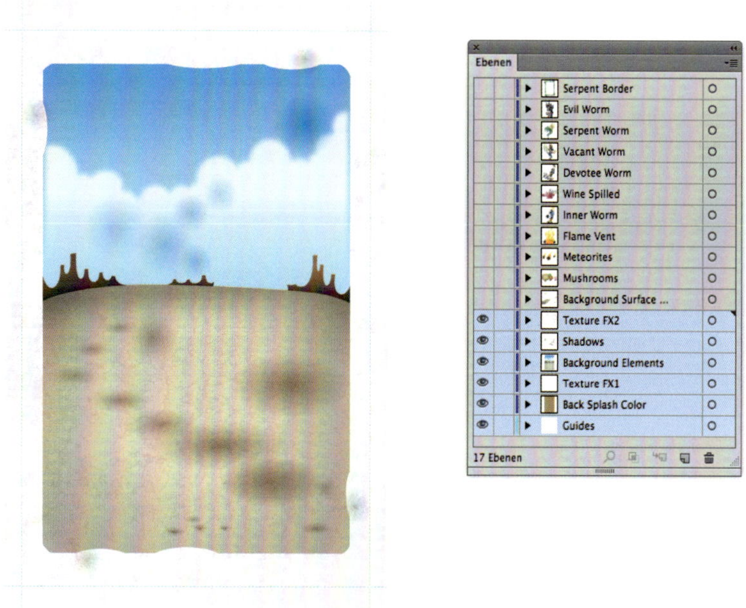

Abbildung 2.32

Diese sechs Ebenen beinhalten die sekundären illustrativen Elemente.

Abbildung 2.33
Diese vier Ebenen enthalten die gesamten inneren Elemente meines Designs.

Abbildung 2.34
Die oberste Ebene enthält den illustrativen Rahmen rund um das Design.

Abbildung 2.35
Der Titel dieses Posters lautet »Loyal Order of Wormwood.« Sie finden die originale Ai-Datei für dieses Design im Demomaterial zu Kapitel 2.

Ai

Kapitel 3

Analoge Methoden in einem digitalen Zeitalter

Ich, ein Designer auf dem Planeten Erde, widme und schreibe dieses Kapitel für die Designer unserer Welt, auf dass es helfen möge, einen perfekten kreativen Workflow einzurichten, Zeichenfähigkeiten zu entwickeln, gestalterische Gelassenheit sicherzustellen, ausgezeichnetes Design abzuliefern, konzeptionelle Qualität zu fördern und die Vorzüge der kreativen Freiheit für uns und unsere Nachwelt zu sichern.

Seien Sie kein Werkzeugfanatiker

Im Jahr 1986 schloss ich meine Ausbildung an der Kunstschule ab. Auch wenn sich der Kurs konkret an Grafikdesigner gerichtet hatte, mussten wir Zeichen- und Illustrationsklassen besuchen – ganz gleich, ob wir jemals professionelle Illustratoren werden wollten oder nicht. Damals wertschätzte unsere Branche die Bedeutung des Zeichnens und seinen direkten Bezug zum Design.

Aber die Zeiten haben sich geändert. Die meisten Kunstschulen, die Diplomstudien in visueller Kommunikation anbieten, verlangen von den Studierenden keine Teilnahme an Zeichenklassen mehr. Die Mehrzahl richtet sich an softwareorientiertem Design aus (ein ausschließlich auf Werkzeugen basierender Prozess), was das Problem nur verstärkt.

Dieses Problem lässt sich allerdings nicht allein auf die Situation von derzeitigen Absolventen der Kunstschulen zurückführen. Sogar ältere Designer, die auf das Zeichnen trainiert wurden, haben sich manchmal durch die Einfachheit und Verfügbarkeit digitaler Werkzeuge in kreativen Stillstand versetzen lassen, sei es kurzzeitig oder für immer.

Diese Verarmung der Kreativität in unserer Branche ist für mich ein echtes Ärgernis. Alle, die den kreativen Prozess dermaßen abwerten, dass er für den Einzelnen nicht mehr so anstrengend erscheint, glauben, der Computer und nicht der Gestalter wäre die Quelle der Kreativität.

Das fundamentale Problem für viele Designer ist das Fehlen eines gut geplanten und systematischen kreativen Workflows. In der heutigen Designwelt passiert es viel zu leicht, dass man bei einer kreativen Aufgabe automatisch sofort am Computer loslegt. Wir haben diesen Fehler alle schon einmal gemacht. Aber jeder Designer, der sofort zum Computer stürzt, ist für mich ein Werkzeugfanatiker.

Ein Werkzeugfanatiker ist jemand, der seine Zeichenfähigkeiten nicht verbessern zu müssen glaubt, sondern davon überzeugt ist, dass er dem echten Zeichnen entgehen kann, indem er die neueste Softwareversion erlernt, einen neuen Effekt aus dem Menü anwendet, einen Filter in einer bestimmten Art einsetzt oder irgendeinen anderen Fibonacci-artigen Computerprozess startet.

Werkzeugfanatiker zeichnen nicht. Dadurch verschlechtern sie nicht nur die Qualität des finalen Produktes, sondern entwickeln sich auch als Designer nicht weiter, verlieren also gleich im doppelten Sinne.

Analog – also das manuelle Zeichnen – und digital lassen sich nicht trennen, wenn es um das Erstellen von Designs geht. Nichts, was ich mache, ist vollkommen digital, und ebenso wenig ist es vollkommen analog. Ich wechsle im kreativen Workflow andauernd zwischen diesen beiden Welten.

Ich verdiene mein Geld mit Zeichnen

Am Anfang meiner Berufslaufbahn (in der Vor-Computer-Zeit) fragten mich die Leute, wie ich mein Geld verdiente, und ich sagte: »Ich bin Grafikdesigner.« Die übliche Reaktion war so etwas wie: »Du wirst bezahlt fürs Zeichnen? Ich kann nicht einmal ein Strichmännchen zeichnen.« Und sie bewunderten und würdigten meine Fähigkeiten und mein Handwerk und brachten es mit meinem Lebensunterhalt in Verbindung.

Aber wenn ich heutzutage (da es Computer gibt) den Leuten erzähle, was ich mache, geht die Antwort meistens in die Richtung: »Das ist cool. Ich habe auch einen Computer. Und ich habe selbst schon ein paar Visitenkarten auf meinem Tintenstrahldrucker produziert ...« Und dann fahren sie fort, ihre PC-Tätigkeiten in der Freizeit mit Microsoft Paint, vorgefertigten Vorlagen, Comic-Sans-Schrift und Clip-Arts mit meinem professionellen Job zu vergleichen.

So schnell ist die Anerkennung für unsere Fähigkeiten und das Handwerk, das wir als Designer für unseren Job beherrschen müssen, verflogen. In den meisten Fällen empfinden Werkzeugfanatiker keinen Zweifel an ihrer grundlegenden Eignung als »Designer«, weil der Computer in ihrem Denken die Fähigkeiten und das Handwerk ersetzt, das sie einst als Geschick des Gestalters wertgeschätzt haben.

Im Moment ist unsere Branche überschwemmt mit Werkzeugfanatikern, die diese erbärmliche öffentliche Wahrnehmung unseres Berufes nur verstärken. Werkzeugfanatiker nehmen Fähigkeiten und Handwerk nicht ernst. Genau genommen könnte man sagen, dass sie lediglich verkappte Amateure sind, die einfach nur mehr über die Software wissen als die meisten anderen. Tante Emma sieht sich ihre Produktion an und meint: »Hey, das kann ich auch.« Und so wurden die Werkzeugfanatiker auf die Welt losgelassen.

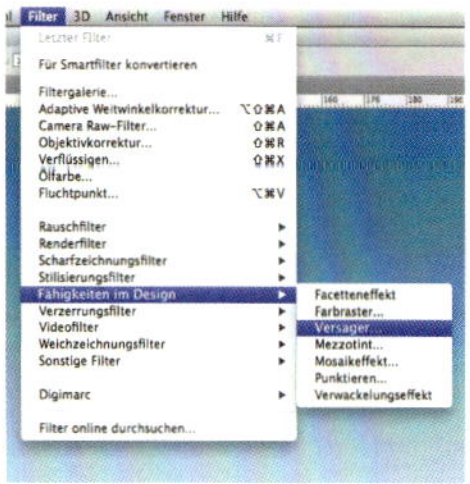

Abbildung 3.1
Hören Sie auf damit, Ideen in Aufklappmenüs zu suchen, und verbessern Sie lieber Ihre analogen Zeichenfähigkeiten.

Wie ich einleitend schon erwähnt habe, erwarte ich nicht, dass jeder Designer ein toller Illustrator sein muss. Aber ich denke, jeder Designer sollte Grundfähigkeiten des Zeichnens in den kreativen Workflow einbauen, um sein oder ihr volles Potenzial zu entfalten (Abbildung 3.1). Dieses Kapitel soll verstehen helfen, wie wichtig es ist, Ihre Ideen zunächst in analoger Form auszuarbeiten, bevor Sie sich der digitalen Welt zuwenden. Daraus folgt, dass Sie Ihre Ideen immer zunächst auf Papier ausarbeiten, bevor Sie am Computer loslegen.

Konzepte und Ideen

Ich unterrichte digitale Illustration an einem College und erkläre meinen Studierenden immer am ersten Tag des Kurses, dass ich ihnen nicht beibringen kann, kreativ zu sein. Ich kann ihnen nur Methoden zeigen, die ihnen bei ihrem Streben danach helfen, hervorragende Konzepte und Ideen zu entwickeln sowie auszuführen.

Es könnte wohl ein dicker Wälzer darüber geschrieben werden, wie man Ideen findet oder kreatives Denken und Problemlösungen in einem Design umsetzt. Dieses Buch will Ihnen lediglich dabei helfen, Ihre Ideen auszuführen – und nicht sie zu erzeugen.

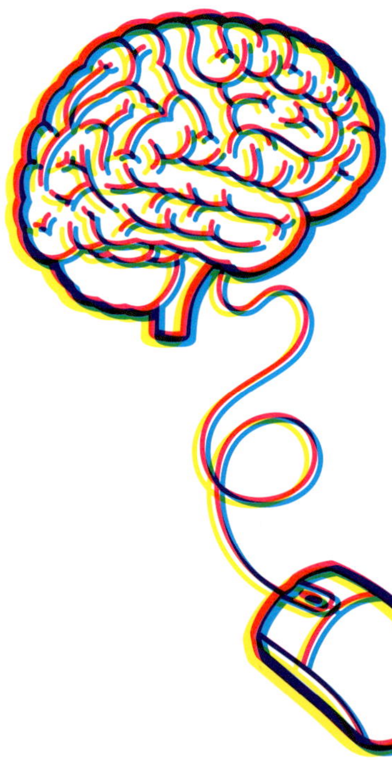

Jeder kreative Prozess hat einen Anfang. Eine solide kreative Basis beginnt mit Nachforschungen, der Kenntnis Ihres Publikums und dem Durchdenken von Ideen, die für dieses Publikum sowohl strategisch als auch ästhetisch passend sein könnten. Erst dann sollten Sie zu zeichnen beginnen.

Ihr Kopf ist der einzige Computer, den Sie zu diesem Zeitpunkt benötigen. Sie sammeln, ohne zu filtern, also ist es wichtig, die Kammer (Ihren Kopf) mit so vielen relevanten Informationen wie möglich zu befüllen, um Ihre kreative Inspiration zu befeuern, wenn Sie Ideen aufzeichnen (Abbildung 3.2).

Abbildung 3.2
Jeder hat einen potenziellen Supercomputer auf seinen Schultern. Füttern Sie ihn mit so viel Information wie möglich, damit Sie bei Bedarf davon zehren können.

Analoge Werkzeuge

Wenn ich meine Ideen aufzeichne und den kreativen Workflow durchlaufe, gibt es drei wichtige Werkzeuge, die ich wirklich jeden Tag benötige (Abbildung 3.3):

1. einen Bleistift der Härte 2B, um Konzepte grob zu skizzieren und darauf zu kauen
2. einen Kugelschreiber, um rasch kleine Skizzen (Miniaturskizzen) zu erstellen
3. einen Druckbleistift, um feine Ausarbeitungen meiner Skizzen anzufertigen, die ich dann einscanne und als Basis für meine Grafiken im Vektorzeichenprogramm verwende

Abbildung 3.3
Wenn der Stift mächtiger ist als das Schwert, dann kann man jede Wette eingehen, dass er auch die Maus schlägt.

Außerdem nutze ich bei der Arbeit gerne einen schwarzen Fineliner und auch einen roten Stift, doch diese Werkzeuge spielen am Beginn meines kreativen Workflows noch keine Rolle. Ich nutze sie, um meine Zeichnungen fein auszuarbeiten, wie Sie später sehen werden.

Die vergessene Kunst der Miniaturskizzen

Mit dem Begriff »Miniaturskizze« (englisch Thumbnail) bezeichne ich das Festhalten von Ideen in einfachen und kleinen Skizzen (nicht viel größer als ein Daumennagel). Da Sie zu diesem Zeitpunkt rein konzeptionell Inhalte sammeln, brauchen Sie sich um Ausführung oder technische Genauigkeit Ihres Bildes noch nicht zu kümmern. Miniaturskizzen sind nichts anderes als visuelle Anstöße, um die kreativen Möglichkeiten zu erforschen.

Stellen Sie sich den Prozess als »geistiges Fließenlassen« vor. Sie öffnen ganz einfach die Schleusen Ihres Kopfes und lassen eine Idee aufs Papier fließen. Haben Sie Spaß daran! Klammern Sie sich nicht daran, wie passend das Konzept zu diesem Zeitpunkt ist oder wie gut die Zeichnungen ausfallen. Sie werden alles später durchsehen und Ihre Richtung noch genauer bestimmen.

Sie können dies auch einfach nur »Skizze« nennen. Der einzige Unterschied zwischen einer traditionellen Skizze und meiner Miniaturskizze besteht darin, dass erstere eher einen Zweck erfüllt und letztere rein spontan und zufällig, also ohne einen direkten Zweck entsteht. Aber wenn die Bezeichnung »Skizze« den Erwartungsdruck verringert, dann bleiben Sie ruhig dabei.

Eine kleine Randnotiz: So sehr ich auch bemüht bin, einen genauen Plan zu entwickeln, so weiß ich doch nie genau, wann mich eine Inspiration ereilt. Häufig bekomme ich durch etwas, was ich sehe oder denke, einen Anstoß zu einer Idee, schnappe mir einen Stift und ein beliebiges Stück Papier, das gerade zur Hand ist, erstelle eine Miniaturskizze als Konzept und halte damit die Idee einfach fest. Daher finden sich auch verschiedene Tinten und Papierarten in meinen Miniaturskizzen (Abbildung 3.4).

Miniaturskizzen beginnen manchmal ziemlich grob, führen aber durch Verfeinerung oftmals zu gut und präzise ausgearbeiteten digitalen Grafiken (Abbildung 3.5).

Abbildung 3.4
Richtig viele Miniaturskizzen

Abbildung 3.5

Miniaturskizzen sind die Grundlage für jede Art von kreativem Projekt, sei es ein Musterdesign, ein individueller Schriftzug, das Design einer Figur, ein Symbol im Tribal-Tattoo-Stil, ein Icon oder ein Logo.

Mehr ist besser

Man kann eigentlich nie zu viele Miniaturskizzen haben, aber sehr wohl zu wenige. Zwingen Sie sich immer dazu, mehr zu erstellen, als für ein Projekt notwendig wären. Damit stellen Sie sicher, dass Sie Ihre Versuche möglichst umfassend durchgeführt und Ihren Steinbruch ausgebeutet haben.

> *»Nichts ist gefährlicher als eine Idee, wenn sie unsere einzige ist.«*
> *– Émile Chartier*

Es gibt einen netten Nebeneffekt, wenn Sie zu viele Miniaturskizzen erstellen: Mit der Zeit werden Sie sich ein Archiv Ihrer »heimatlosen« Ideen aufbauen. Wenn es zu einem neuen Projekt kommt, das sich an einem früheren Motiv anlehnt, können Sie dann Ideen aus Ihrem unbenutzten Archiv heranziehen. Das ist wie erneuerbare Energie!

Eine Ausnahme von der Regel

Trotzdem gibt es Ausnahmen. Nicht alle Projekte benötigen viele Miniaturskizzen. Manchmal ist das Designmotiv bereits im Stil eines Icons und einfach gehalten, also brauchen Sie es über Ihre ursprüngliche Skizze hinaus nicht weiter zu verfeinern.

Ein kreativer Prozess sollte flexibel genug sein, diese Vorgehensweise zuzulassen, ohne das Endresultat zu beeinträchtigen. Natürlich wird das nicht für jeden Auftrag funktionieren – aber im Fall meines Projektes »Freedom of Speech« war es so (**Abbildung 3.6**). Das Sprechblasen-Element war eindeutig ein »einfach zu konstruierendes« Objekt (**Abbildung 3.7**).

Dieser Entwurf wurde im Wesentlichen aus ganz einfachen Formen in meinem Zeichenprogramm erstellt. Ganz ehrlich, wieso sollte man versuchen, eine perfekte elliptische

Abbildung 3.6
Mein Konzept war eine sehr grafische und stilisierte Sprechblase, die gleichzeitig einen Adler darstellt.

Abbildung 3.7
Finales Design zu »Freedom of Speech«

Form zu zeichnen, wenn es ein Werkzeug gibt, das diese Aufgabe ganz exakt beherrscht? Dies gilt auch für die Sternenform.

Ein solches Projekt ist natürlich die Ausnahme, nicht die Regel. Viel öfter werden Sie Ihre Ideen als Miniaturskizzen festhalten und dann neu und verfeinert zeichnen, bevor Sie daraus die Vektorgrafik zu erstellen versuchen.

Ihre Zeichnung verfeinern

VIDEO

Bevor Sie sich in Ihr Auto setzen und an einen Ort fahren, wo Sie noch niemals zuvor waren, suchen Sie wahrscheinlich auf einer Karte nach der korrekten Route. Zumindest in der Zeit, als es noch keine Navigationsgeräte gab. Ohne Hilfsmittel finden Sie möglicherweise Ihr Ziel nicht, fahren einen Umweg und bauen eine Menge Frustration auf.

Das Gleiche gilt auch für die Erstellung von Vektorgrafiken. Das Aufzeichnen und Verfeinern Ihrer Ideen liefert einen genauen Plan, dem Sie dann in Ihrem Zeichenprogramm folgen können. Es erspart Ihnen das Rästelsraten, wenn Sie Ihre Vektorgrafiken aufbauen (Abbildung 3.8).

Doch wenn Sie sich nicht die Zeit nehmen, all Ihre Konstruktionen vorher zu durchdenken und aufzuzeichnen, verschwenden Sie anschließend eine Menge Zeit mit dem Herumexperimentieren, um zu dem angestrebten Ergebnis zu kommen. Wenn Sie sich nicht sicher sind, zeichnen Sie es lieber erneut auf Papier.

Abbildung 3.8
Miniaturskizze für eine Figur

Das Verfeinern ist der Prozess, Ihre Grafik von einer groben Idee in einen klaren Plan zu überführen, von dem aus Sie alles aufbauen können.

Wenn etwas einfach nicht richtig aussieht, nachdem Sie Ihre Grafik zur Verfeinerung neu gezeichnet haben, ist das ein guter Hinweis, sie noch weiter zu überarbeiten. Wann immer Sie mit dem Aussehen nicht zufrieden sind, zeichnen Sie es erneut (Abbildung 3.9).

Das Verfeinern ist nicht exklusiv für diesen Schritt in Ihrem kreativen Workflow reserviert: Es sollte den gesamten Prozess begleiten. Ein kluger Designer wird im Verlauf der Zeit lernen, sein eigener Artdirector zu sein und laufend Verfeinerungen vorzunehmen (Abbildung 3.10).

Ich finde es viel einfacher, auf Transparentpapier zu zeichnen und einen Lichtkasten zu verwenden. Normalerweise zeichne ich nur jene Teile einer Skizze neu, die mir nicht gefallen, und klebe dann die vielen »richtigen« Teile zusammen, um die finale verfeinerte Skizze zu erstellen, die ich einscannen kann.

Dieser Workflow erfordert Hingabe. Wenn Sie nicht gewohnt sind, so zu arbeiten, wird Ihnen das fremd vorkommen, aber bleiben Sie dabei. Mit der Zeit wird es einfacher und Sie werden besser darin.

Zunächst mag es vielleicht länger dauern, aber auf lange Sicht wird es Ihnen viel mehr Zeit ersparen, Ihre kreativen Fähigkeiten erweitern und zu besseren Ergebnissen führen.

Abbildung 3.9

Eine verfeinerte Version der Miniaturskizze von der vorigen Seite

Abbildung 3.10

Finale verfeinerte Zeichnung, die ich nun als Plan verwende, um in meinem Vektorzeichenprogramm darauf aufzubauen.

Erstellen Sie eine bessere Wegbeschreibung

Haben Sie jemals versucht, einer Karte zu folgen, die nicht korrekt bzw. genau genug ist? Das erscheint Ihnen sicher widersprüchlich. Und das Gleiche gilt für das Zeichnen Ihrer verfeinerten Skizze. Je präziser sie ausfällt, desto leichter wird es sein, sie als Vektorgrafik umzusetzen. Sobald Sie mit Ihrer Zeichnung zufrieden sind, können Sie sie einscannen und in Ihr Vektorzeichenprogramm importieren.

Im Folgenden sehen Sie an einem Projekt, wie man eine gute Wegbeschreibung erstellt (Abbildungen 3.11–3.14). Die zuvor erstellten Miniaturskizzen für dieses Design sehen Sie auf den beiden vorigen Seiten.

Abbildung 3.11
Diese weiter verfeinerte Version kommt meinem Ziel näher, lässt sich aber immer noch verbessern. Die exakte Anpassung der Vektoren würde viel mehr Zeit in Anspruch nehmen als eine präzisere Ausführung auf Papier.

Abbildung 3.12
Alles Rätselraten hat ein Ende. Nun verfügen Sie über eine klare Wegbeschreibung, wo Sie Ihre Punkte setzen müssen und wie die Vektorpfade erstellt werden sollen.

Abbildung 3.13
Meine verfeinerte finale Zeichnung ermöglichte es mir, meine Grafik mit Präzision aufzubauen. In anderen Worten: Die analoge Welt macht die digitale effizienter.

Abbildung 3.14
Finale präzise Vektorgrafik meiner Figur (Kanji: Erschaffe!)

Dieser Prozess des Zeichnens und Verfeinerns kann auf jede beliebige Art von Designprojekt angewendet werden, das in Vektorform umgesetzt werden soll. Im folgenden Beispiel zeigt dies das Design eines handgeschriebenen Logoschriftzuges (Abbildungen 3.15–3.21).

Abbildung 3.15
Eine Miniaturskizze weist mir die Richtung, in die mein Logoschriftzug gehen soll.

Abbildung 3.16
Grobes Skizzieren und Verfeinern meines Konzeptes. An dieser Stelle geht es mir nicht um präzise Formen; ich versuche nur, den Stil zu definieren und das Gewicht der Schriftzeichen mit dem Weißraum auszugleichen.

Abbildung 3.17
Ich beginne meine verfeinerte Skizze nachzuzeichnen. Nun denke ich über die Vektorformen nach: Wie werde ich diese Grafik in Vektorform aufbauen? Eine genaue Zeichnung in analoger Form hilft mir dabei, die Grafik digital umzusetzen.

Abbildung 3.18
Verfeinerte finale Skizze, bereit zum Einscannen und Platzieren in meinem Zeichenprogramm

Abbildung 3.19
Einsatz meiner verfeinerten Zeichnung als Wegbeschreibung, um meine Vektorformen genau aufzubauen

Abbildung 3.20
Ich drucke mein Konzept aus und experimentiere mithilfe eines Fineliners an zahlreichen Details. Sobald ich meine grafischen Anpassungen festgelegt habe, hebe ich sie hervor und ändere meine digitalen Dateien entsprechend. Dies ist ein gutes Beispiel für das Zusammenspiel zwischen analoger und digitaler Arbeit.

Abbildung 3.21
Finaler individueller Logoschriftzug

Hin und her

VIDEO

Hier sehen Sie ein weiteres Beispiel, das demonstriert, wieso der Workflow von analog zu digital essenziell ist. In diesem Projekt sollte ich ein dreiäugiges Monster in der Art eines Holzschnittes erstellen. Um diesen Stil zu imitieren, musste ich in der Erstellung zwischen digitaler und analoger Arbeitsweise hin- und herwechseln (Abbildungen 3.22–3.30).

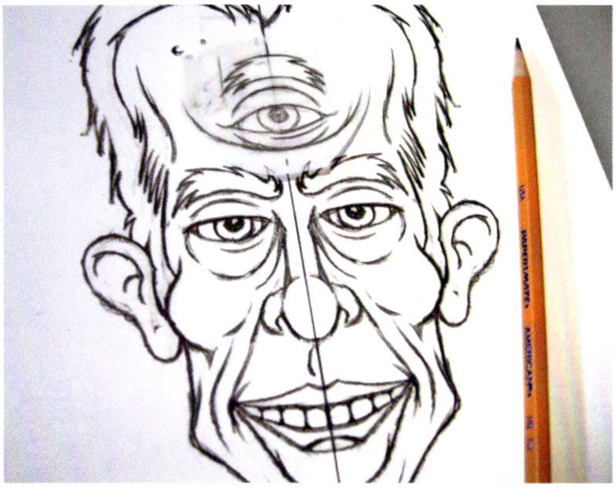

Abbildung 3.22
Miniaturskizze für die Illustration »Tri3ye Guy«

Abbildung 3.23
Ich zeichne meine Vektorformen in einer verfeinerten Skizze, bevor ich sie erstelle.

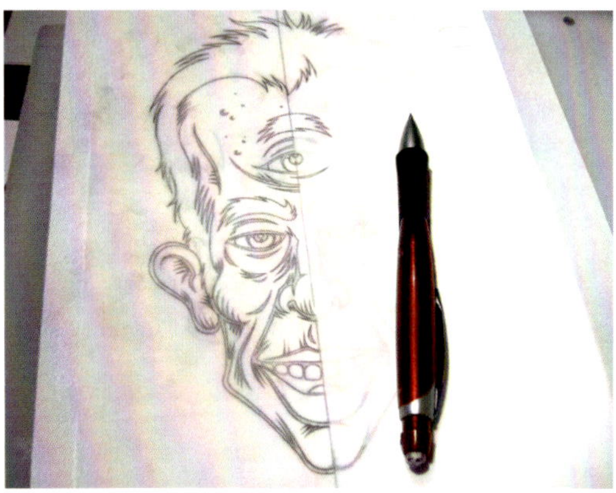

Abbildung 3.24
Meine finale verfeinerte Skizze, bereit zum Einscannen. Da diese Illustration symmetrisch aufgebaut ist, muss ich nur die Hälfte davon in Illustrator umsetzen. (Mehr zum Thema Symmetrie finden Sie in Kapitel 6.)

Abbildung 3.25
Beim Aufbau der Vektorgrafik ist kein Rätselraten notwendig. Ich folge einfach allem, was ich in meiner finalen verfeinerten Skizze schon festgelegt habe.

Abbildung 3.26

Ich drucke meine Basis als Schwarz-Weiß-Grafik und zeichne die Schattierungen so ein, wie ich sie mir für den Aufbau in Vektorform vorstelle. Dies wiederhole ich mehrmals in einem Projekt, um alle Details für meine Illustration auszuarbeiten.

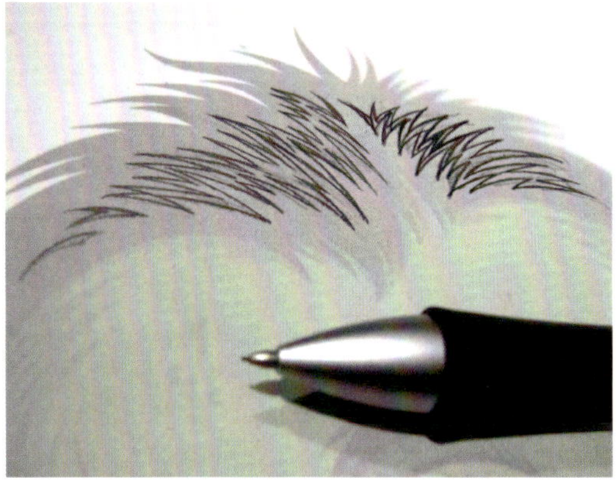

Abbildung 3.27

Hier sehen Sie die verfeinerte Zeichnung eines Glanzpunktes als Detail in den Haaren meiner Figur. Ich hätte das ohne Zeichnen versuchen können, aber es hätte mich viel mehr Zeit gekostet und vielleicht nicht so gut ausgesehen.

Abbildung 3.28

Ich zeichne auf Transparentpapier unter Verwendung meines Leuchtkastens, um Glanzpunktdetails auszuarbeiten, die ich in Vektorform aufbauen muss. Bei diesem Workflow zwischen digital und analog hin- und herzuspringen, geht mit der Zeit in Fleisch und Blut über.

Abbildung 3.29

Dieses Bild zeigt eine Nahaufnahme der Vektordetails meiner Illustration.

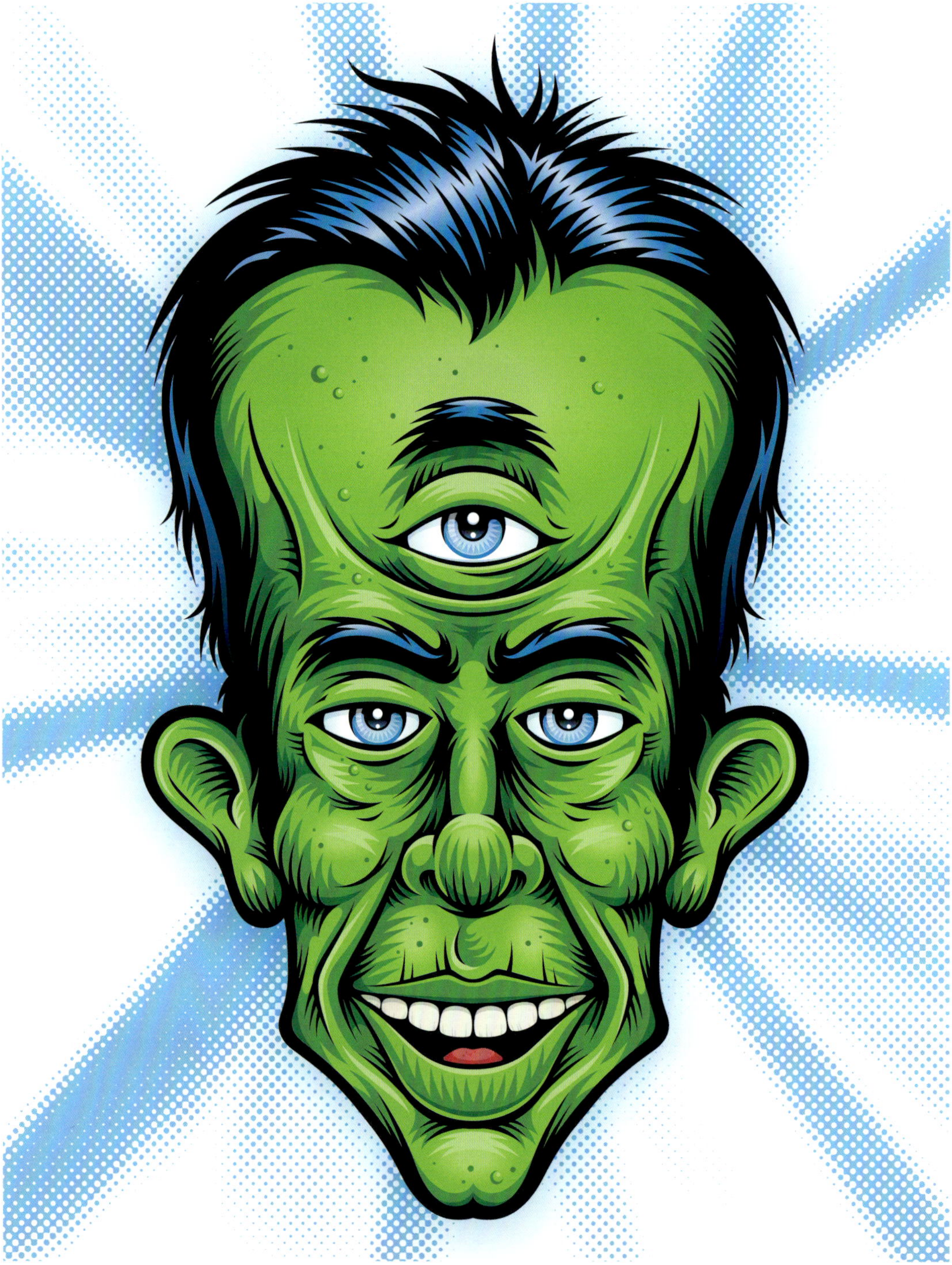

Abbildung 3.30
Die finale Illustration »Tri3ye Guy«

Systematisch und kreativ

Designer arbeiten für Kunden. Unsere Designlösungen müssen in einer kommerziellen Umgebung professionell funktionieren. Und unsere kreative Arbeit muss zum wirtschaftlichen Charakter und der Marketingstrategie unseres Kunden passen. Außerdem müssen wir Designs im Rahmen eines festgelegten Budgets und eines Zeitplans schaffen, das heißt, wir können uns den Luxus nicht leisten, beliebig lang an jedem Projekt zu arbeiten.

Das sind alles gute Gründe für die Notwendigkeit eines systematischen kreativen Workflows, wenn wir vektorbasierende Grafiken erstellen. Es ist notwendig, Ihr Design auf eine solide kreative Basis zu stellen, um präzise, pünktlich und effektiv Ihre Arbeit abzuliefern. Je systematischer Sie Ihre Vektorgrafiken aufbauen, desto mehr geht der Workflow in Fleisch und Blut über und ermöglicht Ihnen, Ihre Ideen ohne Abstriche bei der Qualität umzusetzen.

Sehen wir uns diesen systematischen Workflow in Zusammenhang mit der Erstellung eines etwas komplexeren Projektes an: ein Markenlogo für eine neue Bekleidungslinie namens »Beloved Virus« (**Abbildung 3.31–3.43**).

Abbildung 3.31
Ich half dem Kunden bei der Namensfindung für seine neue Firma, daher machte die Umsetzung einer visuellen Repräsentation dieses Namens wirklich Spaß. Hier sehen Sie eine Handvoll Miniaturskizzen, die ich gezeichnet habe.

Abbildung 3.32
Ich wollte die Marke mehr zeitlos und weniger als Spielerei umsetzen, daher gefiel mir die Idee einer geschnörkelten, handgezeichneten Typografie. Zu diesem Zeitpunkt erwecke ich meine Idee zum Leben und beginne das Design festzuhalten. Das zeigt mir, wohin die Reise geht, aber es ist noch nicht gut genug, um darauf meine Grafik aufzubauen.

Abbildung 3.33
Nun sind alle Buchstaben mit dem Druckbleistift detaillierter gezeichnet. Ich prüfe nochmals genau die Balance zwischen den einzelnen Formen und welche Bereiche noch mehr verfeinert werden können.

Abbildung 3.34
Ich lege das Projekt für diesen Tag zur Seite und prüfe es mit einem frischen Blick am nächsten Morgen, wobei ich noch ein paar verbesserungswürdige Stellen ausmache. Ich passe zahlreiche Buchstabenformen an und bin nun bereit, meine finale Feinskizze anzufertigen.

Abbildung 3.35
Bei diesem speziellen Projekt scanne ich meine Grobzeichnung ein und drucke sie etwas größer aus, um die finale Feinskizze mit der größtmöglichen Präzision neu zu zeichnen.

Abbildung 3.36
Ich scanne meine finale Feinskizze und habe nun eine exakte Wegbeschreibung als Grundlage, auf der ich meine Vektorgrafik aufbauen kann. Es wird kein Rätselraten mehr notwendig sein, ich weiß schon genau, wie das Logo aussehen soll.

Abbildung 3.37
Wann immer ich Vektorgrafiken erstelle, versuche ich die Form meines Designs mithilfe kleinerer Formen umzusetzen. Das ist viel einfacher, als dies mit einer einzigen Form zu erreichen. (Diese und all die anderen hier eingesetzten Techniken zur Erstellung werden in den nächsten Kapiteln erklärt.)

Abbildung 3.38
Sehen Sie sich zum Beispiel den Buchstaben B an. Er ist aus acht unterschiedlichen individuellen Formen aufgebaut. Würde ich versuchen, das in einer oder zwei Formen umzusetzen, wäre es enorm mühsam, den Buchstaben präzise zu erstellen. Das Resultat wäre definitiv nicht so filigran.

Abbildung 3.39
Diese Methode zur Erstellung nutze ich Schritt für Schritt auch für alle anderen Buchstabenformen meines Designs.

Abbildung 3.40
Ich nenne diese einfache Methode »Formkonstruktion« und werde sie in Kapitel 6 detaillierter behandeln.

Abbildung 3.41
Ich schmelze alle meine Formen zusammen, um mein Grunddesign für das Markenlogo zu erhalten.

Abbildung 3.42
Im Verlauf der Erstellung verzerrte ich die Perspektive meines Schriftzuges und bettete ihn in einen kräftigen Umriss. Das Resultat ist ein effektiv und präzise umgesetztes Markenlogo, das auf einer soliden kreativen Grundlage der Zeichnung aufbaut.

Abbildung 3.43
Derselbe systematische Workflow kam für das Design und die Erstellung aller Logokonzepte zum Einsatz, die ich meinem Kunden präsentierte.

Wenn Sie nun festgestellt haben, dass Ihnen in diesem Workflow das Zeichnen eher schwerfällt, dann hat Ihnen mein Buch bereits etwas nähergebracht: Sie müssen Ihre grundlegenden Zeichenfähigkeiten verbessern. Denn genau darum geht es bei der Entwicklung als Designer.

Man fragt mich oft: »Wie kann ich meine Zeichenfähigkeiten verbessern?« Die Antwort ist einfach: Beginnen Sie jetzt mit dem Zeichnen und bleiben Sie dabei. Wenn Sie noch heute anfangen – Kritzeln gilt übrigens auch –, dann werden Sie in fünf Jahren viel besser sein.

Notizen

Wann ist man mit dem Zeichnen fertig?

Sie zeichnen Ihre Miniaturskizzen, arbeiten eine gute Idee heraus, erstellen eine Grobskizze, zeichnen sie neu und verfeinern diese mehrere Male. Nun stellt sich die Frage:

Wie lässt sich feststellen, wann man mit dem Zeichnen wirklich fertig ist?

Die Antwort hängt von der Person ab, die die Zeichnung anfertigt. Wenn sich die Zeichnung noch nicht richtig anfühlt, dann wissen Sie, dass Sie mit dem Verfeinern noch nicht fertig sind. Wenn ich »anfühlen« sage, dann meine ich das wortwörtlich: Es ist eine Sache des Unterbewusstseins. Sie kommen einfach zu einem Punkt, an dem Sie wissen, dass Ihr Entwurf richtig aussieht.

Wenn Sie etwas an Ihrer Zeichnung nicht ruhen lässt, ist das ein gutes Zeichen dafür, dass Sie etwas neu zeichnen sollten. Manchmal hilft es, einen Schritt zur Seite zu machen – und den Entwurf später mit einem »frischen Blick« nochmals zu begutachten.

Wir sehen uns das noch genauer in Kapitel 8 an.

Einer der tollsten Aspekte einer kreativen Karriere ist die Erfahrung, dass unser Talent und unsere Fähigkeiten im Verlauf der Zeit nicht verlorengehen. Wie ein guter Wein werden sie mit dem Alter nur noch besser. Aber wenn Sie nie anfangen, dann werden Sie sich nie verbessern.

Die grundlegende Idee, Ihre Vektorgrafiken zuerst zu zeichnen, bevor Sie sie umsetzen, ermöglicht es, ein digitales Kunstwerk zu erschaffen, das präzise und gut aufgebaut ist. Ihr finales Design wird einfach besser aussehen.

Hinzu kommt: Vektorgrafiken sind auflösungsunabhängig, was bedeutet, Sie können sie in praktisch jedem Format oder jeder Anwendung einsetzen, sobald sie in Vektorform erstellt wurden. Damit erweitern sich also Ihre Möglichkeiten im Design.

Ich habe Ihnen gezeigt, wie wichtig es ist, Ihre Ideen aufzuzeichnen und zu verfeinern. Damit haben Sie bislang nur einen ganz kurzen Blick auf die Methoden erhalten, die Ihnen in einem Vektorzeichenprogramm zur Verfügung stehen, sobald Ihre Zeichenphase abgeschlossen ist.

Möglicherweise sagen Sie nun: »Ich kann meine Ideen zwar aufzeichnen, aber die Vektorgrafik zu erstellen, ist extrem mühsam und lästig.«

Haben Sie keine Angst, mein ermatteter Freund! In den nächsten drei Kapiteln werden wir den geheimnisvollen Schleier über der Erstellung von Vektorgrafiken lüften, indem Sie einfache, systematische Methoden kennenlernen, die Sie für ein erfolgreiches Arbeiten gut rüsten.

Designübungen

Wichtiger Unsinn

Ich würde nie behaupten, dass ich alle meine Kritzeleien komplett verstehe. Denn ich tue es nicht. Die meisten davon fließen einfach ohne jeden Hintergedanken aus mir heraus. Ich öffne lediglich die Schleusen und sehe zu, was passiert. Es macht so einfach mehr Spaß.

Ich gebe zu, dass einige zumindest eigenartig und manche sogar ein wenig verstörend wirken. Letztere nenne ich »Dunkle Häppchen«. Noch einmal: Bitte fragen Sie mich nicht, was sie zu bedeuten haben, denn ich rätsle darüber genauso wie Sie.

Dennoch bin ich der Überzeugung, dass Kritzeln eine großartige kreative Übung darstellt. Daher betrachte ich diese Skizzen als wichtigen Unsinn. Das Kritzeln kann allerdings auch einen praktischen Zweck erfüllen (Abbildung 9.1), weil Miniaturskizzen nicht komplizierter als Kritzeleien sind. Der einzige Unterschied sind die damit verbundenen Hintergedanken.

Die folgenden Beispiele zeigen eine schelmische Galerie von bizarren gekritzelten Charakteren, die aus den tiefsten Ecken meines Kopfes kommen (Abbildungen 3.44–3.54). Außerdem liefere ich einen Projektablauf, bei dem ich Ihnen zeigen möchte, wie ich eine Sammlung von Kritzeleien und Miniaturskizzen in eine ziemlich haarige Eigenwerbung verwandelt habe (Abbildungen 3.55–3.59).

Abbildung 3.44
Darf ich vorstellen? Mister Crusty Pants. Er liebt es, Verschwörungen anzuzetteln.

Abbildung 3.45
Ein prophetischer Blick auf Social Media im Jahr 2018: Gealterte Gefolgsmänner von Twitter modifizieren sich selbst genetisch mittels der DNS von Vögeln, während sie verbale Pfeile schleudern und gesetzlich zugelassene Medizin rauchen.

Abbildung 3.46
Ein Beobachter

Abbildung 3.47
Legen Sie los und entwerfen Sie Ihre Persönlichkeit.

Abbildung 3.48
Pac-Man ist ziemlich verkommen. Er flucht auch gerne auf Klingonisch.

Abbildung 3.49
Manchmal inspirieren aktuelle Ereignisse meine Kritzeleien wie diese Verkörperung von H1N1 (Vogelgrippe).

Abbildung 3.50
Abraham Lincolns weniger bekannter Bruder Willy

Abbildung 3.51
Tote Ideen

Abbildung 3.52
Stecken Sie Ihren Claim ab, bevor die Verrücktesten hierherkommen.

Abbildung 3.53
Harry begreift, dass er ein Problem mit Schimmel hat.

Abbildung 3.54
»Escape« (Flucht)

Abbildung 3.55

Manchmal werden die besten Marketingideen durch die Popkultur in Schwung gebracht. Hier beschloss ich, auf der Social-Media-Welle mitzureiten, und wollte ein lustiges und interaktives Gimmick schaffen, das auch als Eigenwerbung für meine illustrative Arbeit zum Einsatz kommen sollte. Dies sind die Miniaturskizzen für meine Ideen, eine illustrative Maske inspiriert von Twitter.

Abbildung 3.56
Weitere Miniaturskizze und – hervorgehoben – die gewählte Richtung für mein Design

Abbildung 3.57
Die verfeinerte Skizze, bereit zum Einscannen

Abbildung 3.58
Vektorerstellung ohne Rätselraten auf Basis der verfeinerten Skizze als Grundlage

Abbildung 3.59

Finale illustrative Maske mit dem Titel »Twitter Beard,« getragen von meiner gewitzten Tochter Savannah

Kapitel 4

Zum Punkt kommen

Ein Pfad ist immer nur so elegant und genau wie die Ankerpunkte, die ihn kontrollieren und formen. Und um diese Punkte besser kontrollieren und bearbeiten zu können, müssen wir zunächst verstehen, was einen guten, schlechten oder hässlichen Ankerpunkt beziehungsweise Pfad wirklich ausmacht.

Eine Vektorgrafik kann schnell einmal aus hunderten Pfaden und tausenden Ankerpunkten bestehen. Jeder Punkt, der falsch oder schlampig gesetzt wurde, verschlechtert die gestalterische Ästhetik.

Ein jeder kann den Einsatz digitaler Werkzeuge lernen; dazu bedarf es nur weniger Handgriffe. Ich möchte Sie aber zu einem echten Vektorfachmann machen, zu jemandem, der die Basiswerkzeuge beherrscht und damit professionelle Ergebnisse erzielen kann. Sie mögen eine brillante Idee haben, doch wenn Sie Ihr Handwerk nicht beherrschen, spielt es keine Rolle, wie großartig Ihr Einfall war – er wird unter einer schwachen Ausführung leiden.

Primärpunktplatzierung

Bevor wir feststellen können, ob ein Ankerpunkt gut, schlecht oder hässlich ist, sollten wir von einer Annahme ausgehen: Wir nehmen an, dass Sie die Primärpunktplatzierung (PPP) für Ihren Ankerpunkt richtig gewählt haben. Dies bedeutet, dass Sie jeden Ankerpunkt für Ihr Design an die richtige Position gesetzt haben. Wir werden uns mit der Platzierung und dem Entfernen von Ankerpunkten sowie der PPP im nächsten Kapitel noch detaillierter beschäftigen. Im Moment sollte folgende Aussage genügen: Wenn beim Aufbau des Vektorpfades ein Ankerpunkt nicht korrekt positioniert ist, wird es viel schwieriger bis unmöglich, Ihren Pfad genau so zu steuern, dass er Ihrer Zeichnung entspricht.

Zu Demonstrationszwecken enthalten alle Vektorgrafiken in den folgenden Bildern (**Abbildungen 4.1–4.3**) eine identische PPP. Das bedeutet, die Ankerpunkte befinden sich an den richtigen Positionen. Der einzige Unterschied zwischen den Abbildungen liegt in der problematischen Charakteristik des jeweils individuellen Ankerpunktes.

Sehen wir uns das – mit dieser grafischen Warnung im Hinterkopf – etwas genauer an.

Der gute Ankerpunkt und Pfad

Um die Attribute gut, schlecht oder hässlich in Bezug auf Ankerpunkte und Pfade zu demonstrieren, habe ich ein Ornament-Design ausgewählt, das nur aus einer durchgehenden Linie besteht und als Form hauptsächlich aus Bézierkurven aufgebaut ist.

Zunächst sollten Sie in Bezug auf Ankerpunkte allerdings den Unterschied zwischen einer Ecke und einem Übergang verstehen. Ankerpunkte als Ecke kommen in einer Grafik überall dort zum Einsatz, wo eine Spitze zu einem Punkt zusammenläuft. Diese Typen von Ankerpunkten können mit oder ohne Anfasser eingesetzt werden, die auf einer oder beiden Seiten herausgezogen werden – und zwar immer dann, wenn der Übergang zwischen zwei Pfadsegmenten nicht weich sein muss.

Ein Übergang als Ankerpunkt kommt in Ihrer Grafik immer dann zum Einsatz, wenn der Übergang von einem Pfadsegment zum nächsten in Form einer Kurve gestaltet sein soll. Diese Art von Ankerpunkten verwendet immer Anfasser, die auf beiden Seiten herausgezogen werden und die Form der Bézierkurve bestimmen.

Die folgenden Bilder (Abbildungen 4.1–4.3) zeigen Ankerpunkte und den Konstruktionspfad auf der linken sowie die resultierende finale Grafik auf der rechten Seite.

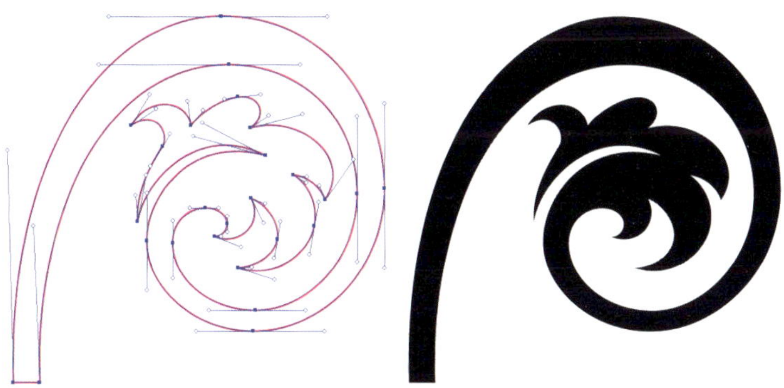

Abbildung 4.1

Alle Ankerpunkte in dieser Vektorgrafik sind vom richtigen Typ – entweder Ecken oder Übergänge, je nach deren PPP. An den Ankerpunkten zum Aufbau des Weinblattes in diesem Motiv neigen sich die Bézierkurven sanft von einer Seite zur anderen.

Die Anfasser sind parallel zueinander ausgerichtet und nicht zu weit herausgezogen, um durchgängig weiche Übergänge in der gesamten Grafik sicherzustellen. Die übrigen Anfasser, die die restlichen Bézierkurven formen, sind ebenso nicht übertrieben lang, sondern gerade so weit herausgezogen, wie es zum Aufbau der vielen Einzelformen in diesem Pfad notwendig ist.

Das Endresultat guter Ankerpunkte und Pfade ist eine zierliche und elegante Form.

Der schlechte Ankerpunkt und Pfad

Abbildung 4.2
Die Ankerpunkte in diesem vektorbasierten Ornament sind zwar vom richtigen Typ, aber ihre Anfasser sind falsch gesetzt. Sie sind nicht parallel zueinander ausgerichtet, daher sehen die Bézierkurven weniger elegant aus. Außerdem verliert der gesamte Pfad dadurch an visueller Einheitlichkeit.

Ein konsistenter kreativer Prozess unter Einsatz von PPP und der Ziffernblattmethode – die wir in Kapitel 5 behandeln – wird Sie vor diesem Problem bewahren. Das momentane Ziel ist, ganz einfach zu erkennen, dass irgendetwas definitiv nicht stimmt. Das Endresultat schlechter Ankerpunkte und Pfade ist eine weniger zierliche und eher plumpe Form.

Der hässliche Ankerpunkt und Pfad

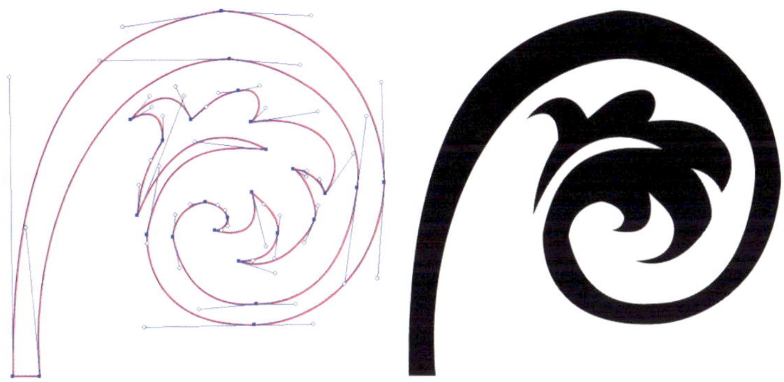

Abbildung 4.3

Fast alle Ankerpunkte in dieser Ornament-Grafik sind vom falschen Typ. Jede Bézierkurve, die Sie als weichen Übergang von einer zur anderen Seite eines Punktes gestalten wollen, sollte als Ankerpunkt in Form eines sogenannten Überganges konstruiert werden – und eben nicht als Ecke. Wenn Sie einen falschen Typ von Ankerpunkt verwenden, wird Ihre kurvige Form spitz zulaufend aussehen.

Und es gibt noch mehr Probleme: Viele Anfasser sind nicht parallel zueinander ausgerichtet und einige sind zu weit herausgezogen, was einen durchgängigen Verlauf der Kurvenform verhindert und Teile davon besonders flach aussehen lässt. Einige andere Anfasser, die den verbleibenden Bézierkurven in diesem Design ihre Form geben, sind ebenso übertrieben lang.

Manche dieser Probleme rühren von einer schlampigen Konstruktion und fehlender Aufmerksamkeit für Details her. Außerdem wurde die Vektorgrafik wohl nicht Punkt für Punkt oder nach der Formkonstruktionsmethode aufgebaut, sondern eher mit der Funktion des Bildnachzeichners. Letztendlich geht es um gutes Handwerk – nicht mehr und nicht weniger.

Abbildung 4.4
Hier sehen Sie das endgültige Design für das Ornament. Die Grafik enthält 276 Ankerpunkte, die zusammen einen Pfad ergeben.

Ein prüfender Blick

Während der Erstellung einer Vektorgrafik sollten Sie immer wieder besonderes Augenmerk darauf legen, Ankerpunkte und Pfade in hoher Qualität zu erzeugen. Und dennoch: Niemand ist vollkommen. Es werden Ihnen dabei sicher Fehler unterlaufen und daher ist es besonders wichtig, sich selbst daraufhin zu trainieren, mögliche Probleme mit Ankerpunkten zu erkennen.

Auf den ersten Blick mag es vielleicht so wirken, als würde ich Ihnen ein Mikromanagement für Ihre Vektorgrafiken abverlangen. Und zu einem gewissen Grad stimmt das auch. Im Verlauf der Zeit wird Ihnen diese Arbeitsweise aber in Fleisch und Blut übergehen – bis Sie gar nicht mehr bewusst darüber nachdenken, welche Ankerpunkte zu setzen oder Anfasser zu ziehen sind. Schon bald werden Sie die stetige Verbesserung Ihrer Vektorformen bemerken, wenn Sie mit gebührender Sorgfalt vorgehen.

Stolperfallen meiden

Achten Sie bei der Erstellung von Vektorgrafiken darauf, die folgenden häufigen Fehler zu vermeiden:

1. **Falscher Ankerpunkt:** Wenn Sie eine Bézierkurve erstellen, die wie in Abbildung 4.5 im gleichmäßigen Bogen von einer Seite eines Ankerpunktes zur anderen Seite verläuft, müssen Sie als Ankerpunkt immer einen Übergang statt einer Ecke verwenden. Wenn eine Kurve auf einen Punkt zugespitzt wirkt, dann kommt ein falscher Ankerpunkttyp in der Bézierkurve zum Einsatz.

   Um eine Ecke in einen Übergang (und umgekehrt) umzuwandeln, wählen Sie den problematischen Punkt aus und klicken auf den Button *Ausgewählte Ankerpunkte in Übergang konvertieren* im Steuerungsbedienfeld, das Sie in Abbildung 4.5 sehen. Die umgekehrte Funktion erscheint, wenn der Punkt bereits als Übergang definiert ist. (Leider gibt es weder einen Tastenbefehl für diese Funktion, noch kann sie als Aktion aufgezeichnet werden.)

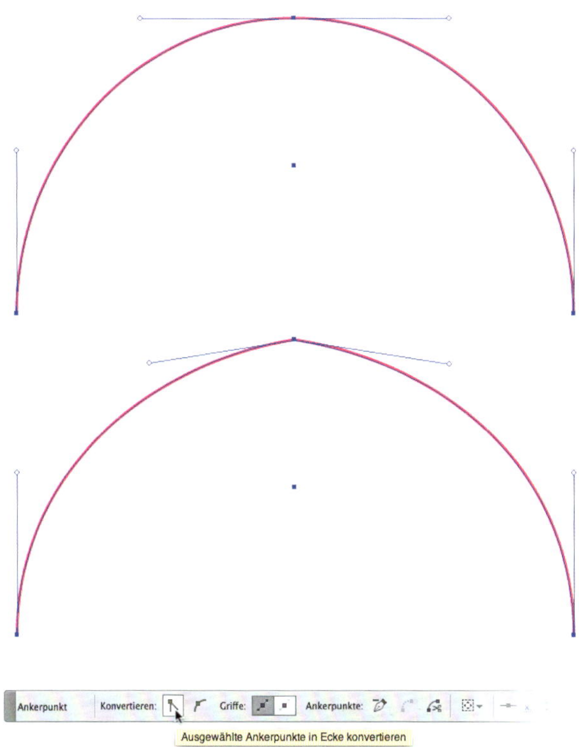

Abbildung 4.5
Oben: Die korrekte Anwendung eines Übergangs als Ankerpunkt. Unten: Eine falsch angewendete Ecke als Ankerpunkt lässt die Kurve zugespitzt erscheinen.

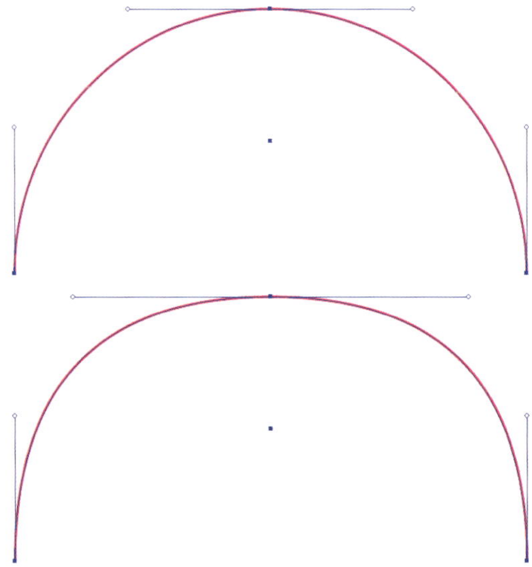

Abbildung 4.6
Oben: Richtig herausgezogene Anfasser für Ankerpunkte. Unten: Zu weit herausgezogene Anfasser für Ankerpunkte lassen die Kurve flachgedrückt erscheinen.

2. **Flache Kurven:** Wenn Sie die Anfasser Ihrer Ankerpunkte in einer Bézierkurve, die im gleichmäßigen Bogen von einer zur anderen Seite eines Ankerpunktes verläuft, zu weit herausziehen (Abbildung 4.6), verliert die Kurve ihre Rundheit und sieht immer flacher aus. Dies ist ein deutliches Zeichen für zu weit herausgezogene Anfasser.

3. **Keine Parallelität:** Stellen Sie sich eine Gesamtform vor, die mehrere, zueinander in Bezug stehende Bézierkurven enthält. Verlaufen diese Pfadsegmente im gleichmäßigen Bogen von einer Seite eines Ankerpunktes zur anderen (Abbildung 4.7), sollten Sie sich vergewissern, dass die Anfasser an den Scheitelpunkten parallel zueinander stehen. Wenn die endgültige Form keinen gefälligen Schwung hat, liegt die Vermutung nahe, dass einige Anfasser nicht parallel zueinander stehen.

4. **Überdimensionierte Anfasser:** Sie entstehen, wenn Sie versuchen, den Abstand zwischen zwei Ankerpunkten nur mit einem anstatt mit beiden Anfassern zu erzielen. Ähnlich wie bei den flachen Kurven erhalten Sie so nur eine flache, sperrige und plumpe Form. Aber es kann vor allem bei besonders spitzen Winkeln auch zu Problemen mit der Gehrung führen, wenn Sie sich später entscheiden, eine stärkere Kontur für Ihre Designs zu verwenden (Abbildung 4.8).

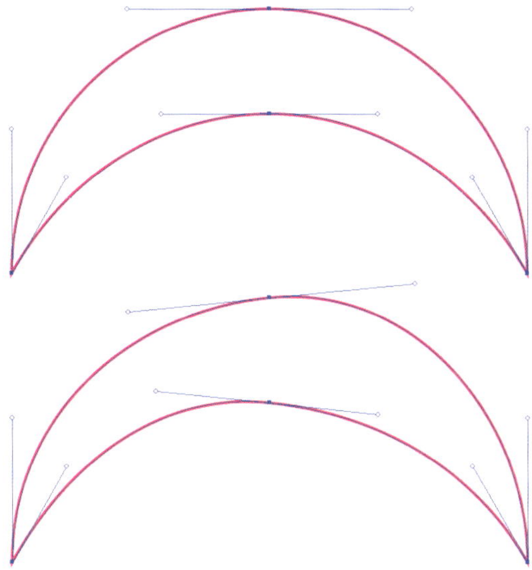

Abbildung 4.7
Oben: Parallele Anfasser.
Unten: Nichtparallele Anfasser führen zu einem ungleichmäßigen Ergebnis.

Abbildung 4.8
Oben: Beide Anfasser sind passend herausgezogen, um die Bézierkurve schön zu formen.
Unten: Der Einsatz eines überdimensionierten Anfassers erzeugt abgeflachte Kurven, eine plumpe Form sowie Probleme mit der Gehrung an einem Punkt des Pfades.

Ein gutes Beispiel

Es ist bewährte Praxis, eine Vektorgrafik bereits während der Erstellung mit kritischem Auge zu prüfen, um sicherzugehen, dass problematische Ankerpunkte und damit gesteuerte Bézierkurven vermieden werden. Man könnte nun einwerfen, dass es wichtiger ist, gute Eigenschaften für Ankerpunkte zu erkennen. Wenn sich Ihr Blick mit der Zeit entwickelt, werden Sie in der Lage sein, jede beliebige Vektorgrafik zu betrachten und sowohl gute als auch schlechte Eigenschaften von Ankerpunkten und Kurven genau zu erkennen.

Abbildung 4.9

Dieses komplexe Ornament enthält keine einzige gerade Linie. Es basiert zur Gänze auf präzise geformten Bézierkurven, die mithilfe von Übergängen und Ecken für Ankerpunkte erstellt wurden. Sie sehen hier ein Design, bei dem sämtliche gerade vorgestellten Stolperfallen vermieden wurden.

An dieser Stelle sollte ich erwähnen, dass mich die Erstellung des Designs in Abbildung 4.9 und 4.10 etwa acht Stunden Arbeit gekostet hat. Ich musste zahlreiche Formen mehrmals neu zeichnen, bevor ich mich detailliert auf dieses Vektordesign eingestimmt hatte. Ich erwähne das deshalb, weil es für mich sehr einfach wäre zu behaupten, Sie müssten einfach nur meiner Vorgehensweise folgen und alles wäre dann völlig simpel und würde beim ersten Mal klappen. Das ist aber nicht wahr.

Abbildung 4.10
Die endgültige Vektorgrafik erstellte ich für einen eingefleischten Mac-Fan, der sein iPad so sehr liebt, dass er mich dafür engagierte, dieses Ornament zu entwerfen, um es sich auf die Rückseite seines Geräts eingravieren zu lassen.

Notizen

Ändern Sie die Perspektive

Um Ihre Vektorformen gut bewerten zu können, empfiehlt es sich, diese auszuwählen und zu drehen oder zu spiegeln, sie in einem größeren Format auszudrucken oder die Ansicht in Adobe Illustrator auf Pfadansicht umzuschalten, um problematische Bereiche zu verbessern. Wenn Sie das nicht tun, gewöhnen sich Ihre Augen zu schnell an das, was sie ständig betrachten, und Ihnen fallen die Probleme nicht mehr auf.

Der Wechsel der visuellen Perspektive und Orientierung Ihres Designs zwingt das Gehirn dazu, die Formen in Ihrem Design neu anzuordnen und dadurch festzustellen, ob etwas gerichtet werden muss. Es ist dasselbe Prinzip wie eine Zeichnung vor einen Spiegel zu halten, um eine Abweichung auszumachen.

Wir werden uns in Kapitel 8 noch näher damit beschäftigen, wie Sie Ihr eigener Artdirector sein können.

Tatsache ist aber: Es handelt sich um eine Vorgehensweise. Und ein Teil dieser Vorgehensweise ist das Erkennen von guten oder schlechten Eigenschaften in Ihrem eigenen Design oder dem eines anderen. Während der Erstellung musste ich mich selbst an die Ziffernblattmethode erinnern – eine sehr praktische Vorgehensweise, die wir in Kapitel 5 näher betrachten werden. Ich hatte sie zuerst nicht befolgt und meine Formen sahen sehr wackelig aus.

Gott sei Dank gibt es Cmd + Z / Strg + Z

Selbst wenn Sie einen systematischen Ansatz bei der Gestaltung von Vektorgrafiken verfolgen, wird nicht jedes Ihrer Werke perfekt sein. Ich mache immer noch Tag für Tag Fehler. Ankerpunkte zu setzen und Anfasser anzupassen, erfordert einiges Ausprobieren.

Das erklärte Ziel dieses Buches ist es, die Wahrscheinlichkeit drastisch zu reduzieren, Fehler mit Vektoren zu machen, Ihnen erkennen zu helfen, wenn irgendwas nicht stimmt, und aufzuzeigen, wie Sie Probleme schnell korrigieren, um dann am Design weiterarbeiten zu können. Sollten Sie also einmal nicht ganz sicher sein, kann Cmd + Z / Strg + Z eine gute und zuverlässige Wahl sein.

Designübungen

Vektorgerüste

Die richtige Platzierung von Ankerpunkten ist für die Erstellung präziser Vektorgrafiken sehr wichtig. Wenn Sie Ihren Vektorpfad nicht ausgewählt haben (V), kann es sehr schwer sein, genau zu sagen, wo alle Ankerpunkte im vorliegenden Design liegen. Auf den nächsten vier Seiten sehen wir uns zwei recht unterschiedliche Arten von Designprojekten genauer an, damit Sie erkennen, wo die einzelnen Ankerpunkte platziert sind und wie sich ihre Positionen auf das Endergebnis auswirken.

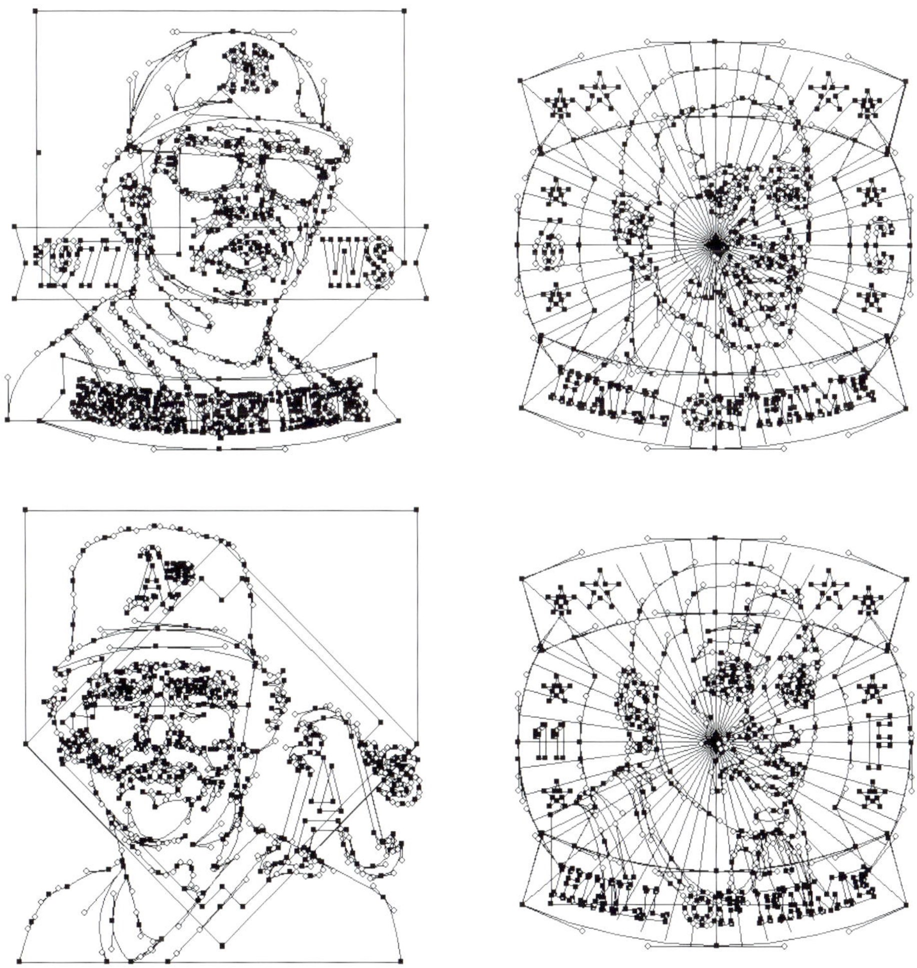

Abbildung 4.11

Wenn Sie sich für das Gerüst aus Punkten und Pfaden für diese Vereinsabzeichen – lizenziert von der Major League Baseball (MLB) und der National Basketball Association (NBA) – genauer ansehen, erkennen Sie, dass manche Vektorformen maskiert sind. Diese sind in der finalen Grafik in Abbildung 4.12 nicht sichtbar.

Abbildung 4.12

Die finalen Grafiken für die Vereinsabzeichen der MLB und NBA

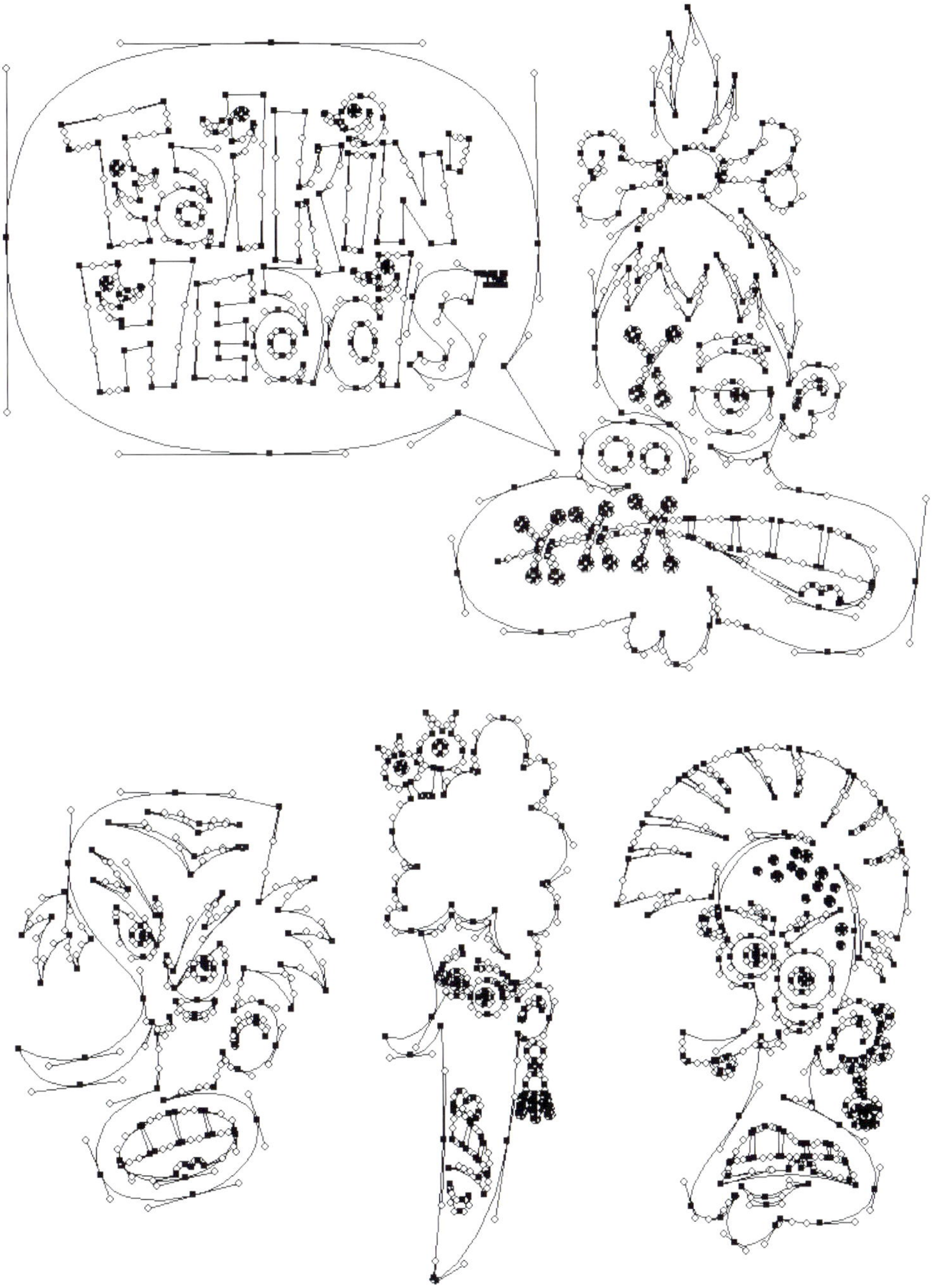

Abbildung 4.13

Nicht alle Grafiken benötigen eine riesige Anzahl an Ankerpunkten. Hier sehen Sie, wie ich mit lediglich sieben Ankerpunkten die Sprechblase in diesem Logoschriftzug gestaltet habe.

Abbildung 4.14

Diese finalen Grafiken zeigen nur vier der insgesamt 50 »sprechenden Köpfe«, die ich für das Unternehmen Veer gestaltet habe.

Kapitel 5

Formkontrolle

Es ist nun an der Zeit, Ihre fein ausgearbeitete Skizze aus der analogen in die digitale Welt zu überführen. Um diesen Schritt ordentlich durchzuführen, müssen Sie genau wissen, wo man Ankerpunkte platzieren sollte, um präzise die Pfade zu setzen, die zur Erstellung der finalen Vektorformen notwendig sind.

Es ist nicht sinnvoll, viel Zeit damit zuzubringen, nur zu zeichnen und die Formen in Ihrer Grafik immer detaillierter auf Papier auszuarbeiten, um dann mit einer schlechten Ausführung auf dem Computerbildschirm zu versagen. In der Konstruktionsphase des kreativen Workflows Punkte falsch zu platzieren, ist reine Zeitverschwendung und endet schließlich in ungenau ausgeführten Vektorgrafiken.

Ich kann die Wichtigkeit von richtig gesetzten Ankerpunkten gar nicht stark genug betonen. Sie sollten in der Lage sein, eine beliebige visuelle Form – egal ob gezeichnet oder in einer anderen Art – anzusehen und genau zu wissen, wie Sie diese Ankerpunkt für Ankerpunkt umsetzen können. Dieses Kapitel zeigt Ihnen, wie Sie Ihre Konstruktion beginnen. In Kapitel 6 erfahren Sie dann, wie Sie von der Konstruktion zum fertigen Design kommen.

Die Ziffernblattmethode

VIDEO Ai

Je einfacher eine Form aufgebaut ist, desto leichter fällt die Entscheidung für die Positionierung eines Ankerpunktes. Deutlich schwieriger kann es werden, wenn Sie komplexere Formen in Ihrer Grafik verwenden.

Um Ihnen bei der Analyse einer Form behilflich zu sein, habe ich die »Ziffernblattmethode« (The Clockwork Method – TCM) entwickelt. Dies ist eine einfache Technik, um sich eine beliebige Form anzusehen und ganz genau zu wissen, wo man Punkte platzieren muss. Im Wesentlichen brauchen Sie sich nur das Ziffernblatt vorstellen, es so weit zu drehen, dass es an Ihren Formen ausgerichtet ist, und schließlich als Führung zu nutzen.

Als Sie begonnen haben, Zeichenprogramme wie Adobe Illustrator zu verwenden, hat Ihnen höchstwahrscheinlich niemand beigebracht, wo Sie Ankerpunkte setzen sollen, um eine Vektorform aufzubauen. Meistens liegt der Fokus auf den Werkzeugen zur Erstellung von Vektorgrafiken, aber nicht auf dem kreativen Workflow, in dessen Rahmen diese Werkzeuge zum Einsatz kommen.

Mit der Zeit und durch viel Ausprobieren gelingt es vielen, die eigenen Fähigkeiten so weit zu entwickeln, dass damit ihre persönlichen Anforderungen erfüllt sind. Die meisten scheitern jedoch daran, handwerklich gut ausgeführte Vektorformen zu schaffen. Meistens liegt es daran, dass sie nicht genau wissen, wo die Ankerpunkte platziert werden müssen, die das angestrebte Design definieren.

Für mich war es zumindest so. Und erst als ich begonnen hatte, fortgeschrittene digitale Illustration an einem College zu unterrichten, entwickelte ich eine für meine Studierenden verständliche Methode und konnte damit den Prozess der

Platzierung von Ankerpunkten entmystifizieren. Die Ziffernblattmethode umgeht alle Schwierigkeiten des jahrelangen unsystematischen Austüftelns.

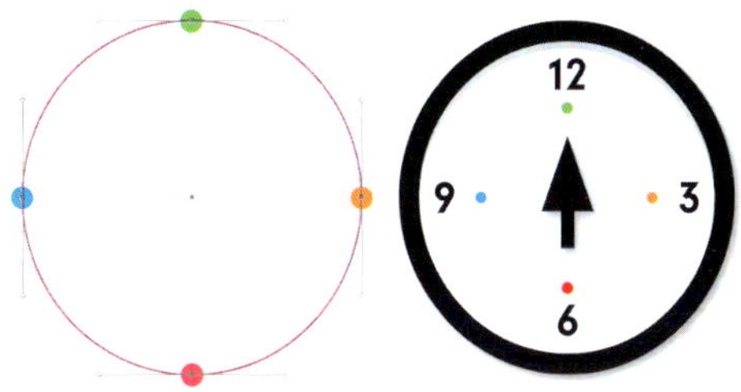

Abbildung 5.1

Links sehen Sie einen vektorbasierten Kreis. Beachten Sie, wie er mit den Positionen auf dem Ziffernblatt rechts davon übereinstimmt. Ich habe vier verschiedene Farben sowohl für das TCM-Ziffernblatt als auch auf der Kreisgrafik verwendet, damit Sie hier und in weiteren Illustrationen die Übereinstimmung erkennen können.

Am einfachsten lässt sich die TCM mit einem Kreis darstellen. Der Kreis würde Ankerpunkte bei der 12-, 3-, 6- und 9-Uhr-Position erhalten (Abbildung 5.1). Komplexere Formen, die sowohl konvexe als auch konkave Kurven enthalten, werden nicht notwendigerweise immer alle vier Punkte erhalten, aber das sehen wir uns etwas weiter unten noch genauer an.

Bei Formen, die nicht senkrecht verlaufen, könnten Sie das Ziffernblatt auch kippen, damit es besser mit der Form übereinstimmt. Abbildung 5.2 zeigt nicht nur, wie das Kippen funktioniert, sondern auch wie einfach und schnell sich die Methode an die Situation und Ihre Vorlieben beim Setzen von Ankerpunkten anpasst. Der Ankerpunkt an der 9-Uhr-Position (in Blau auf der linken Seite der Abbildung) könnte genauso gut von jemand anderem als 12-Uhr-Position (in Grün auf der rechten Seite der Abbildung) bestimmt werden, indem das Ziffernblatt in seinem oder ihrem Kopf um 90 Grad gedreht wird. Unter Verwendung der TCM bleibt die Primärpunktplatzierung (PPP) in beiden Varianten korrekt. (Wir behandeln die PPP etwas weiter unten.) Alles hängt also davon ab, wie Sie es in Ihrem Kopf sehen.

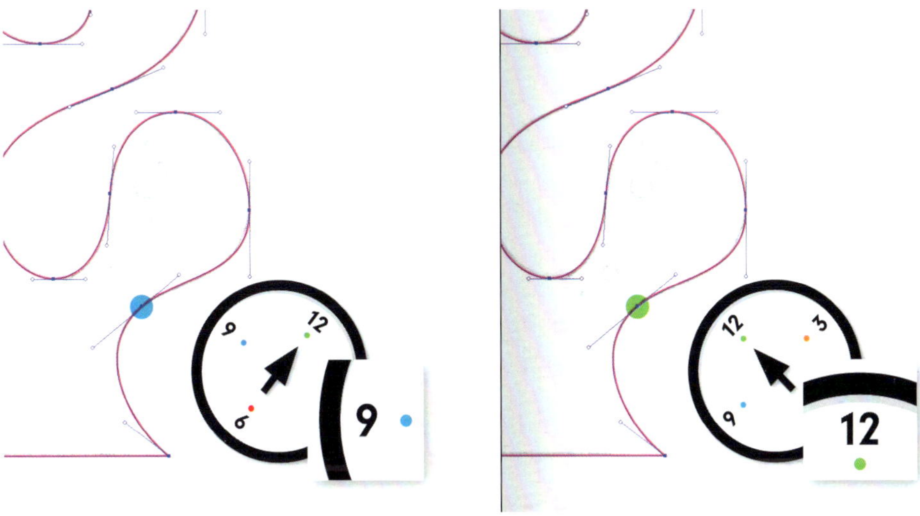

Abbildung 5.2

In diesem Beispiel wird die 12-Uhr-Position in zwei verschiedenen Ausrichtungen gezeigt. Beide sind richtig. Jeder sieht die Ausrichtung des Ziffernblattes im eigenen Kopf anders, aber im Ergebnis decken sich beide Ausrichtungen mit der Kurve in der Grafik.

Wie in Abbildung 5.2 angedeutet, enthalten Grafiken oftmals wirklich viele Formen, vielleicht sogar hunderte. Jede einzelne Kurve, die für die generelle Form Ihrer Grafik verantwortlich ist, wird ihr eigenes Ziffernblatt in einem individuellen Winkel haben.

Es ist wirklich so einfach und flexibel. Ich würde mir wünschen, dass Sie von nun an jede beliebige Form, die Sie in eine Vektorform umsetzen sollen, durch die Brille des Ziffernblatts aus der TCM betrachten. Dies wird Ihnen dabei helfen, Ankerpunkten ohne Rätselraten zu setzen.

Trainieren Sie Ihren Kopf

Ich kann mir vorstellen, dass diese Methode auf den ersten Blick etwas eigenartig klingt, aber der Einsatz von TCM ist lediglich ein mentaler Trick, auf eine beliebige Form zu schauen, die verschiedenen darin enthaltenen Formen (oder Kurven) zu isolieren und im Kopf mit einer Ausrichtung des Ziffernblattes zu verbinden, um die Platzierung der Ankerpunkte zu bestimmen.

Starten wir mit der Isolation von Formen. In Abbildung 5.3 und 5.4 sehen Sie, wie ich bestimmte Bereiche meiner Grafik isoliere. Manche Kurven beschreiben innere Formen, andere wiederum äußere. Sobald ich mittels der TCM meine visuellen Zuordnungen hinsichtlich dieser Formen durchgeführt habe, kann ich – wie in Abbildung 5.4 dargestellt – ganz exakt die Platzierung der Ankerpunkte vornehmen.

Abbildung 5.5 bietet eine etwas anspruchsvollere Grafik für die Analyse mittels TCM. Sie enthält freie Formen und erfordert, im Kopf das Ziffernblatt mehrmals zu drehen und neu auszurichten, um es mit den Kurven in Deckung zu bringen Wie in Abbildung 5.3 und 5.4 kennengelernt, starten wir mit der Zuordnung des Ziffernblattes anhand der Formen in unserer Zeichnung. Bedenken Sie, dass dabei nicht zwingenderweise alle vier Punkte auf dem Ziffernblatt zum Einsatz kommen müssen. Bei näherer Betrachtung von Abbildung 5.4 erkennen Sie, dass bei vielen platzierten Ankerpunkten auf der linken Seite nur eine Punktzuordnung zum Ziffernblatt notwendig war, um die Kurve zu formen.

Abbildung 5.6 zeigt, wie ich die erste Ziffernblattausrichtung in meinem Kopf gesehen habe. Wie in den Abbildungen 5.3 und 5.4 vorgemacht, bitte ich Sie mit der Analyse der Form fortzufahren, indem Sie die Zeichnung studieren und anhand der TCM entscheiden, wo Sie die Ankerpunkte entsprechend dem Ziffernblatt in Ihrem eigenen Kopf setzen würden. Vergleichen Sie das Ergebnis mit Abbildung 5.7 und prüfen Sie, wie gut Ihnen das gelungen ist.

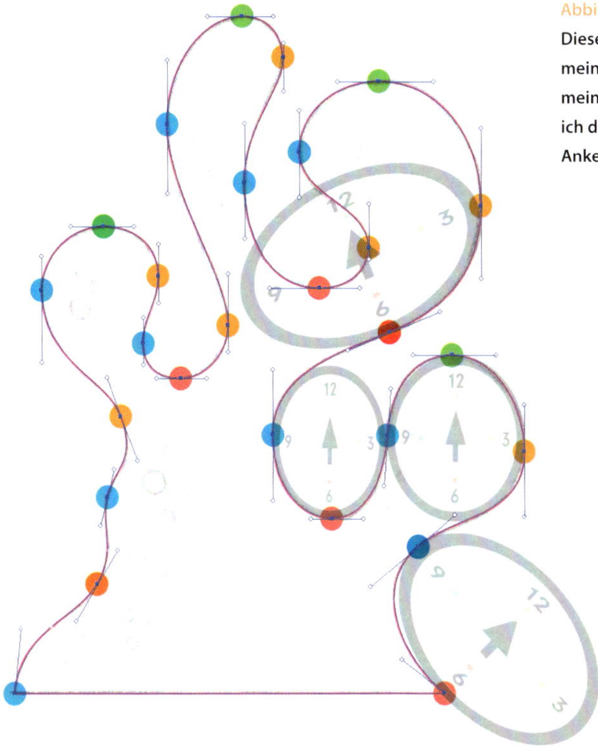

Abbildung 5.3

Dieses Bild zeigt, wie ich mithilfe der TCM die Formen in meiner Grafik bestimme. Diesen Schritt spiele ich lediglich in meinem Kopf durch. Die grau gehaltenen Uhren zeigen, wie ich die Ziffernblätter in meinem Kopf ausrichte, bevor ich die Ankerpunkte platziere.

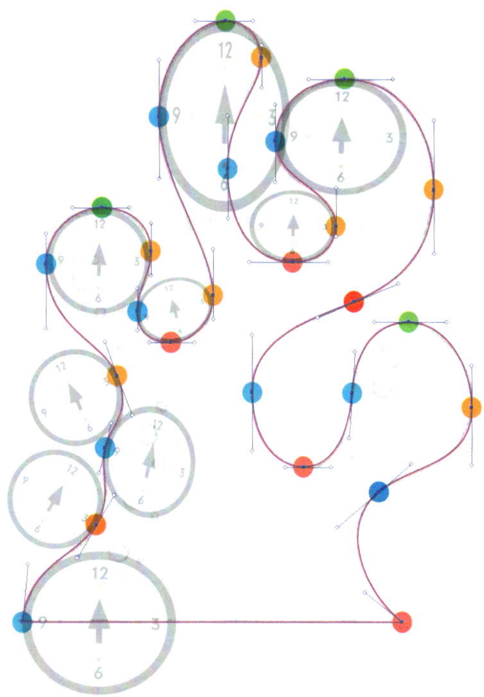

Abbildung 5.4

Unter Einsatz der TCM fahre ich damit fort, alle meine Ankerpunktplatzierungen zu bestimmen und ganz exakt den Pfad zu formen, der sich mit meiner zugrunde liegenden Zeichnung decken soll.

Abbildung 5.5
Sehen Sie sich diese gezeichnete Form genauer an und bestimmen Sie mithilfe der TCM, wo Sie Ankerpunkte setzen würden. Möglicherweise benötigen Sie nicht an jeder Kurve alle vier Punkte des Ziffernblattes.

Abbildung 5.6
Mithilfe der TCM habe ich die erste Form in der Zeichnung bestimmt. Gelingt Ihnen das für den Rest? Nehmen Sie, wenn nötig, Abbildung 5.3 und 5.4 zur Hilfe.

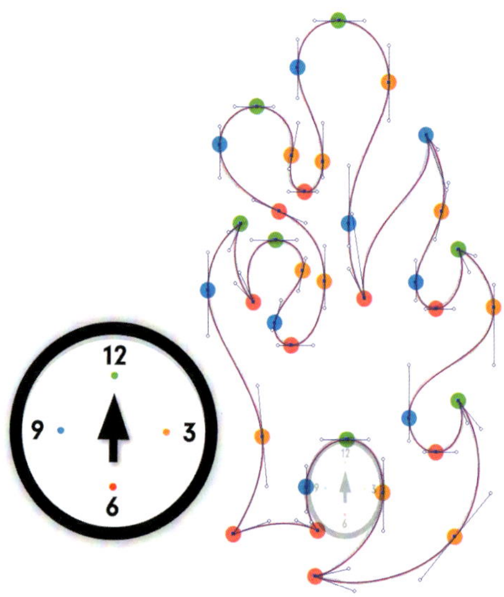

Abbildung 5.7
Hier sehen Sie alle endgültigen Platzierungen der Ankerpunkte anhand der TCM. Wie deckt sich Ihre Umsetzung damit?

Sie bauen also Ihre Vektorgrafik Punkt für Punkt, indem Sie sich das Ziffernblatt geistig vergegenwärtigen, es womöglich drehen und schließlich an jenem Punkt des Ziffernblattes den Ankerpunkt setzen, den Sie für die spezifische Kurve innerhalb der Zeichnung benötigen. Manche geschwungenen Formen können sich mit einem oder mehreren Punkten des Ziffernblattes decken; alles hängt davon ab, wie Sie es vor Ihrem geistigen Auge sehen. Sobald Sie sich für den Ort eines Ankerpunktes entschieden haben, platzieren Sie ihn, gehen zur nächsten Form in Ihrem Design und wiederholen diesen Vorgang so lange, bis Sie den gesamten Pfad wie in Abbildung 5.8 gebaut haben.

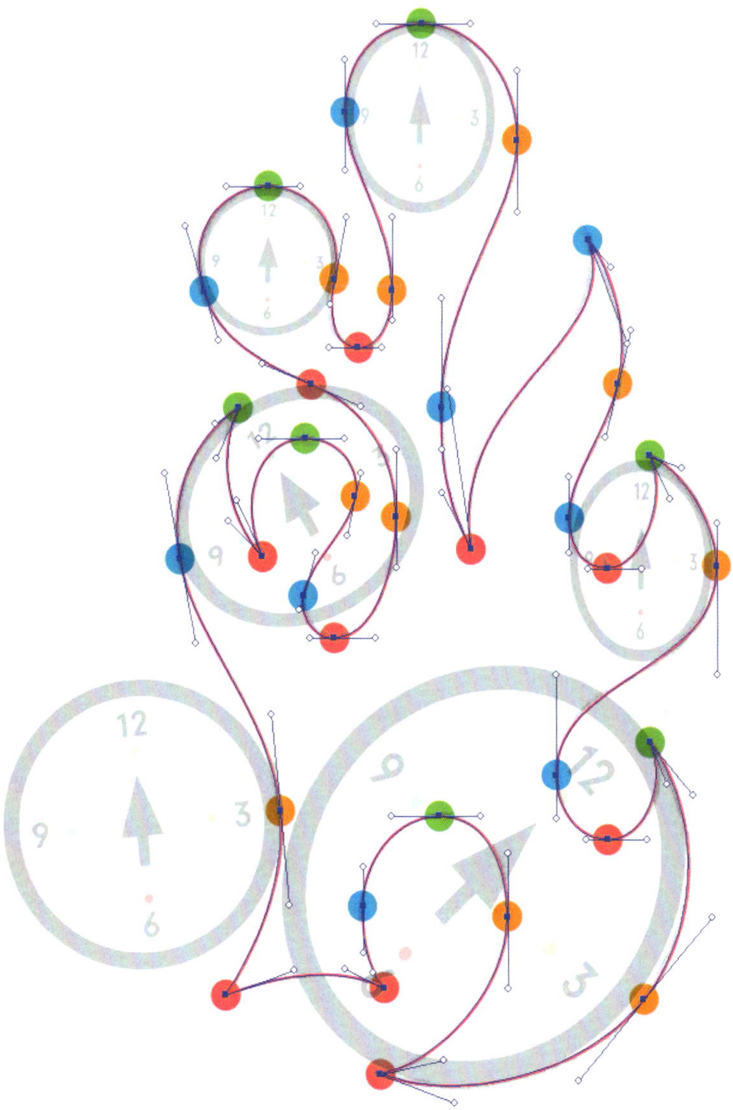

Abbildung 5.8
Hier sehen Sie viele der Entscheidungen, die bei der Konstruktion des Pfades auf Basis von TCM getroffen wurden, um die endgültige Primärpunktplatzierung (PPP) zu erreichen, die wir uns im weiteren Verlauf dieses Kapitels naher ansehen werden.

Anwendung der Ziffernblattmethode

Natürlich sind nicht alle Formen so einfach wie der Kreis in Abbildung 5.1. Und ganz selbstverständlich enthalten Grafiken zahlreiche Formen sowie Kurven mit vielen verschiedenen Winkeln. Trotzdem gestaltet sich die Bestimmung von Ankerpunktplatzierungen bei jeder Form mithilfe der TCM viel einfacher. Ganz egal, wie unregelmäßig eine Form sein mag: Wenn Sie sich den Verlauf mithilfe des Ziffernblatts vorstellen, gelingt Ihnen das Platzieren von Ankerpunkten mit viel höherer Genauigkeit.

Testen wir die TCM einmal an einer komplexeren Form. Denken Sie daran: Der erste Schritt ist die Analyse der Formen in Ihrer Grafik (Abbildung 5.9). Stellen Sie sich dann die Positionen der Ziffernblätter vor und wie man sie ganz grob an diese Formen anpasst. (Konsultieren Sie dazu nochmals die Abbildungen 5.3 und 5.4.) Aufgrund der Winkel in den Formen dieses Flammenmotivs drehen wir gedanklich das Ziffernblatt, um es mit den vielen Kurven in Übereinstimmung zu bringen.

Wo fangen Sie an? Die offensichtlichsten Platzierungen für Ankerpunkte innerhalb einer Grafik sind all jene Bereiche, die in einer Spitze zusammenkommen. Da braucht man nicht lange zu überlegen und es ist ein guter Startpunkt für die Konstruktion, weil Sie nichts erwägen müssen. Das ist eine allgemeine Regel: Jeder Bereich Ihrer Grafik, der auf eine Spitze zuläuft, erhält einen Punkt (Abbildung 5.10).

Nachdem Sie alle Winkel bestimmt haben, die auf eine Spitze zulaufen, können Sie mit den anderen Koordinaten fortfahren (Abbildung 5.10–5.13).

Je mehr Sie Ihr Sehen beim Bestimmen von Formen mithilfe der TCM trainieren, desto einfacher wird es. Wie alles Neue fühlt es sich zunächst verwirrend und eigenartig an. Bleiben Sie aber dran! Sie werden sich über das Ergebnis wirklich freuen.

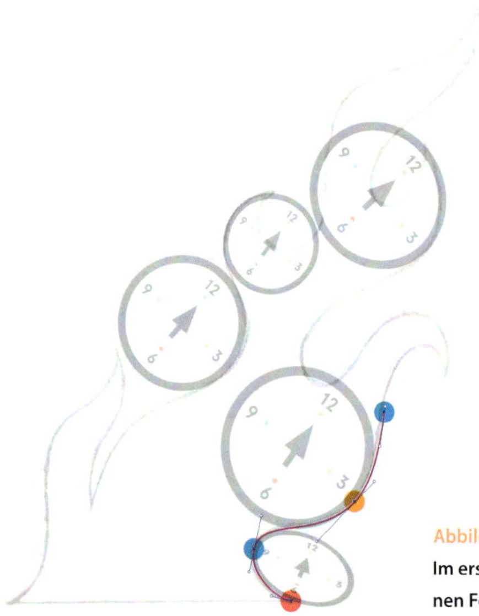

Abbildung 5.9
Im ersten Schritt wird die Grafik analysiert, indem die verschiedenen geschwungenen Formen isoliert und gedanklich mit einem Ziffernblatt überlagert werden.

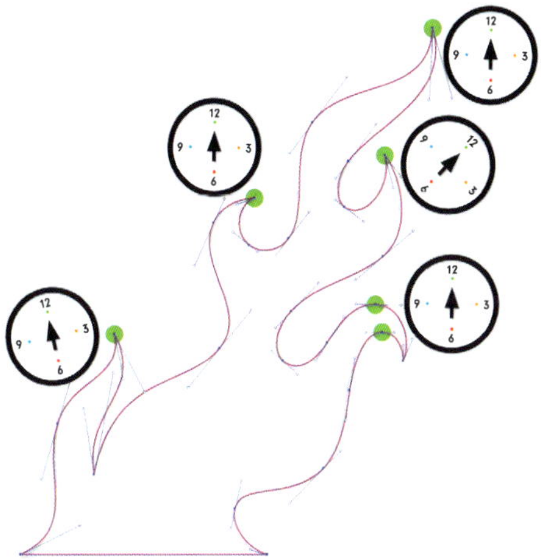

Abbildung 5.10
Die meisten Punkte dieser Grafik sind Eckpunkte, weil die meisten Formen auf eine Spitze zulaufen. Der Rest der Punkte entspricht einer gedachten 12-Uhr-Ausrichtung des Ziffernblattes.

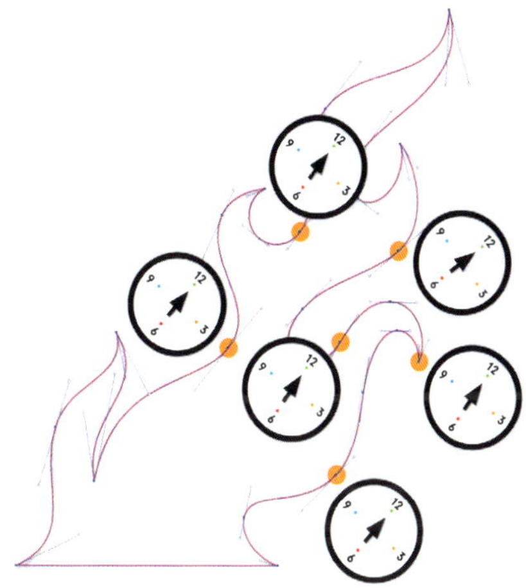

Abbildung 5.11
Hier sehen Sie alle Ankerpunkte dieses Flammenmotivs, die meiner gedachten 3-Uhr-Ausrichtung auf dem Ziffernblatt entsprechen.

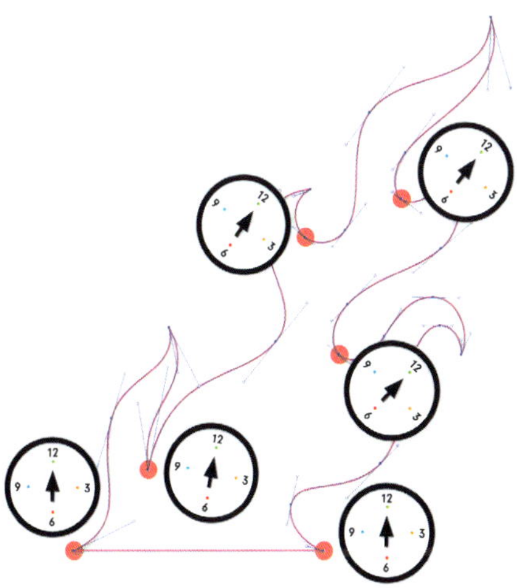

Abbildung 5.12
Hier sehen Sie alle Ankerpunkte, die meiner gedachten 6-Uhr-Ausrichtung auf dem Ziffernblatt entsprechen.

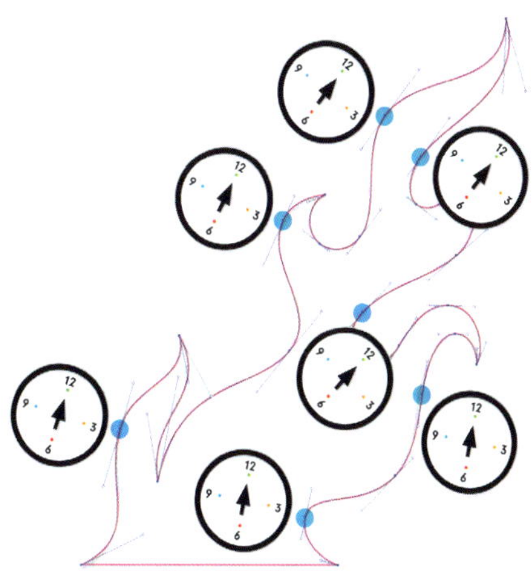

Abbildung 5.13
Hier sehen Sie alle Ankerpunkte, die meiner gedachten 9-Uhr-Ausrichtung auf dem Ziffernblatt entsprechen.

Wie wir in Kapitel 3 und 4 gesehen haben, gibt es viele Variablen, die die Qualität Ihrer Vektorgrafik beeinflussen. Aber der allerwichtigste Aspekt bei der Konstruktion von Vektorgrafiken liegt in der Platzierung von Ankerpunkten. Wenn Sie diese falsch platzieren, werden Sie es beim Aufbau der Grafik schwer haben.

Wir werden uns das ein wenig später in diesem Kapitel genauer ansehen, wenn wir die Primärpunktplatzierung (PPP) besprechen.

Weiteres zur Drehung des Ziffernblattes

Wenn – wie zuvor erwähnt – eine Form in Ihrer Grafik gedreht ist, hilft es, das Ziffernblatt ebenso zu drehen, um eine Übereinstimmung zu erreichen. Da dies weitaus verwirrender sein kann als eine reine Nord-Süd-Ausrichtung, sehen wir uns ein weiteres Beispiel an.

Bei Betrachtung von **Abbildung 5.14** fällt auf, dass viele Ankerpunkte entlang von Pfaden gesetzt wurden, die gedreht sind. In einem solchen Fall setzen Sie Ihr gedachtes Ziffernblatt einfach in genau diesen Winkel und platzieren Ihre Ankerpunkte. Dies ist eine Anwendung, bei der ein Ziffernblatt alle Winkel abdecken kann. (Ich sollte noch erwähnen, dass Sie auch die gesamte Vektorgrafik mit der zugrunde liegenden Skizze auswählen und so lange drehen können, bis eine normale Nord-Süd-Ausrichtung für die TCM erreicht ist. Ich habe das manchmal angewendet, aber es ist nicht immer praktisch.)

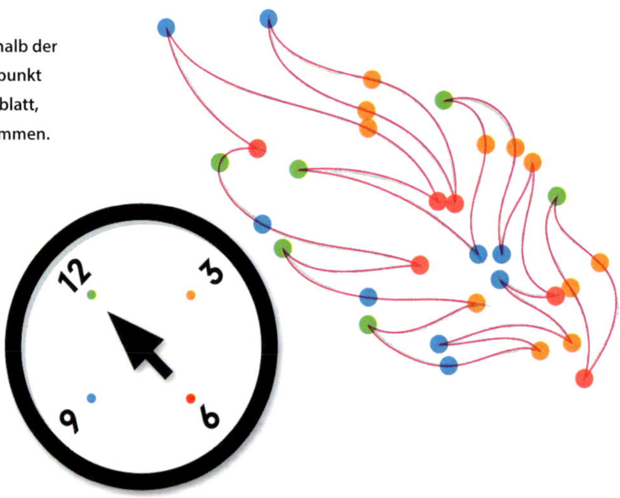

Abbildung 5.14
Wenn eine Form einen Pfad mit einem außerhalb der normalen TCM-Ausrichtung liegenden Ankerpunkt erfordert, drehen Sie einfach das TCM-Ziffernblatt, um mit dem Winkel dieser Form übereinzustimmen.

Die meisten Grafiken, die Sie zu zeichnen haben, werden sowohl die normale (Nord-Süd-)Ausrichtung als auch eine Vielzahl unterschiedlich gedrehter TCM-Ausrichtungen erfordern, wie Sie im Beispiel des kommenden Abschnitts sehen werden.

Komplexe Formen aufbauen

Sehen wir uns das edle Ornament in Abbildung 5.15 an, um die TCM an einer noch komplexeren Form zu demonstrieren. Die Formen in dieser Grafik erfordern präzise Bézierkurven, die nur dann erreicht werden, wenn die Ankerpunkte richtig platziert wurden.

Wie immer ist die TCM der Schlüssel zum Erfolg (Abbildungen 5.16–5.19).

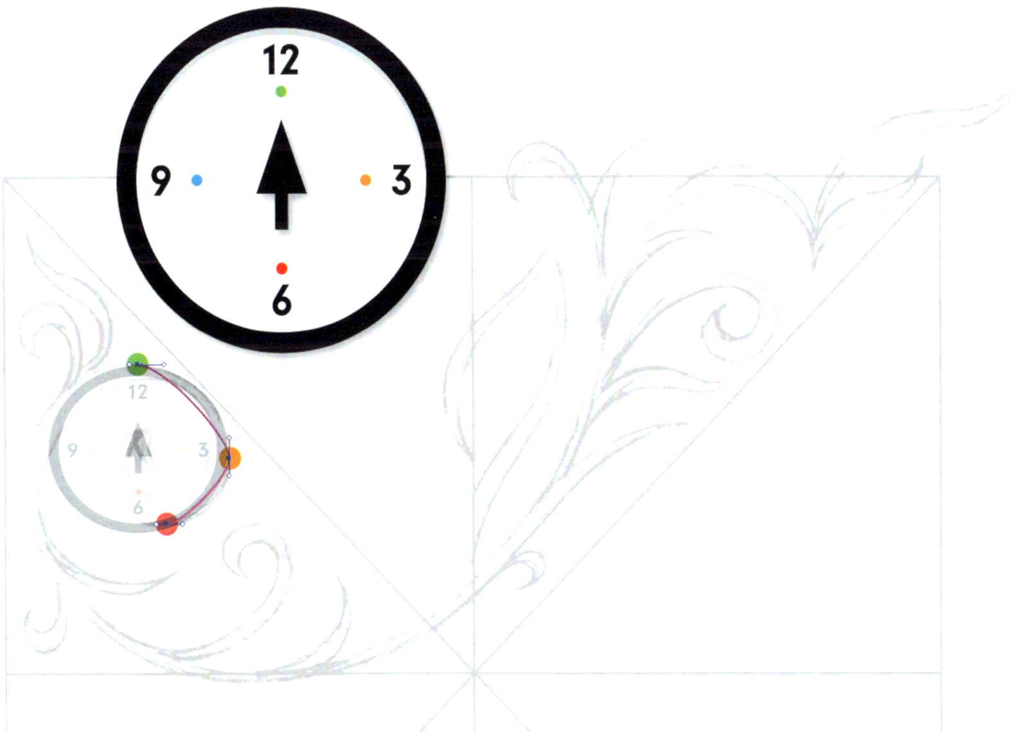

Abbildung 5.15
Mithilfe der TCM beginne ich die Analyse meiner Form über der ausgearbeiteten Handskizze, um herauszufinden, wo ich meine ersten Ankerpunkte platziere. Die offensichtlichsten Orte sind die Eckpunkte an jedem Ende einer Rebe. Wenn Ihre Form eine Spitze hat, dann bekommt sie auch einen Ankerpunkt.

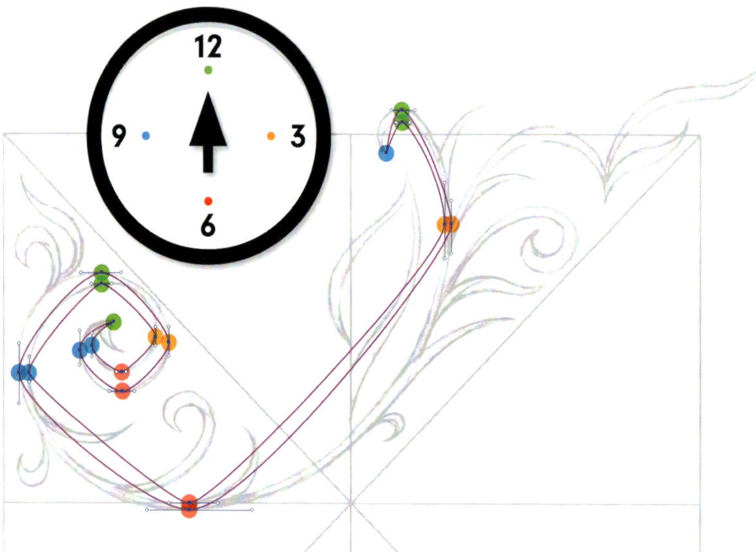

Abbildung 5.16
Meine Handskizze dient mir als Wegbeschreibung, ich platziere meine ersten Ankerpunkte mithilfe der TCM. Zum jetzigen Zeitpunkt ist die Übereinstimmung zwischen den konstruierten und den darunterliegenden gezeichneten Linien noch nicht perfekt. Aber die effektive Platzierung von Punkten sorgt schließlich für Anfasser an genau den richtigen Stellen, um alles in Form zu ziehen oder zu schieben.

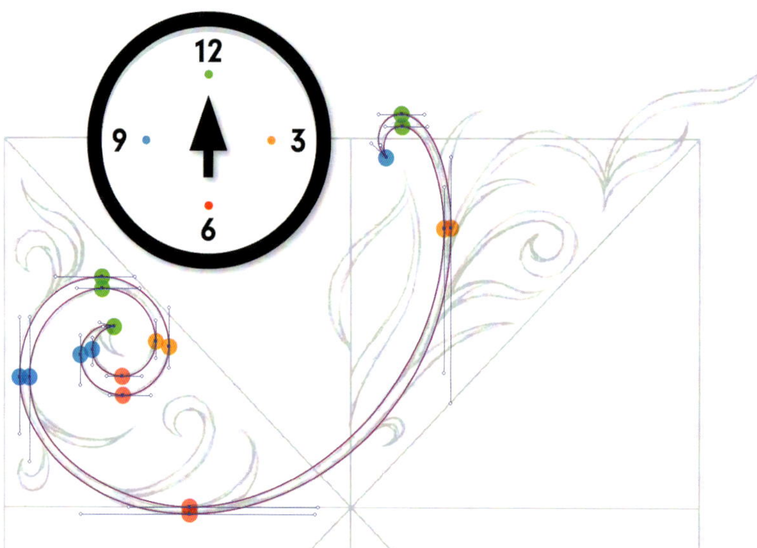

Abbildung 5.17
Sobald meine Ankerpunkte an den richtigen Positionen stehen, geht es nur noch darum, meine Anfasser für die Bézierkurven so herauszuziehen, dass sie den Pfad mit meiner Skizze in Übereinstimmung bringen.

Abbildung 5.18

Nun fahre ich damit fort, mittels der TCM alle individuellen Formen für diese Ornament-Grafik zu konstruieren. (Punkte und Anfasser sind hier ausgeblendet.) Ich nutze sowohl normale als auch gedrehte TCM-Ausrichtungen, um alle meine Formen aufzubauen. (Wir sehen uns die Formkonstruktion in Kapitel 6 noch genauer an.)

Abbildung 5.19

Die endgültige Ornament-Vektorgrafik

Primärpunktplatzierung

Auch auf die Gefahr hin, mich zu wiederholen: Wenn Sie mithilfe von Vektormethoden Ihre Grafik konstruieren, ist es von allergrößter Wichtigkeit, dass Sie die ersten Ankerpunkte an den bestmöglichen Positionen platzieren, da Sie durch diese die Form sozusagen definieren, die Sie zu konstruieren versuchen.

Die Pfade in ihrer endgültigen Vektorform und die Bézierkurven, die sie verwenden, werden immer nur so präzise sein wie die Ankerpunkte, durch die sie gesteuert werden. Sie sollten sich also vergewissern, dass die Primärpunktplatzierung (PPP) Ihrer Ankerpunkte richtig ist.

Die TCM wird Sie in die richtige Gegend bringen, aber erst die PPP die exakt richtige Adresse ansteuern, an der Ihr Ankerpunkt »wohnen« wird. Die Bestimmung des richtigen Ortes ist vielmehr ein Prozess als ein Ereignis, daher sollten Sie beide Methoden nutzen, um die Platzierung von Punkten feinabzustimmen.

Machen Sie einen Punkt!

In Kapitel 4 haben wir gelernt, dass es nur zwei Typen von Ankerpunkten gibt: Ecken und Übergänge. Das Wissen über ihre Auswirkungen in der Darstellung von Bézierkurven und Pfaden wird uns bei der Wahl des richtigen Ortes für die Platzierung mittels der TCM sowie der PPP helfen.

1. **Eckpunkte:** Sie können einen Eckpunkt überall dort platzieren, wo Ihre Grafik einen Scheitelpunkt enthält, der auf eine Spitze zuläuft. Dieser Ankerpunkttyp kann mit oder ohne herausgezogene Anfasser genutzt werden – und zwar auf einer oder beiden Seiten des Punktes, wenn die Überleitung zwischen zwei Pfaden nicht als weicher Übergang dargestellt werden muss (**Abbildung 5.20**).

2. **Übergänge:** Sie können einen Übergang überall dort platzieren, wo Ihre Grafik eine gleichmäßig abgerundete Überleitung von einem Pfadsegment in das nächste erfordert. Diese Sorte Ankerpunkt hat immer auf beiden Seiten herausgezogene Anfasser, um die Form der Kurve zu steuern (**Abbildung 5.21**).

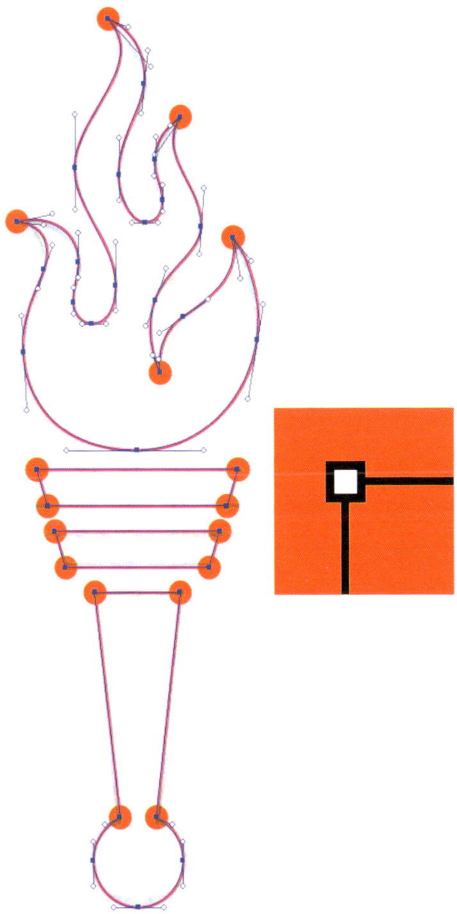

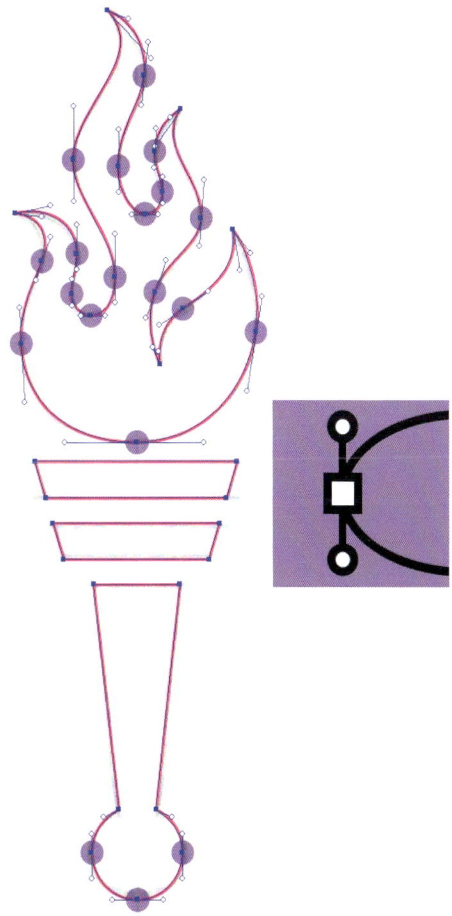

Abbildung 5.20

Die Formen zur Konstruktion dieser Fackel-Grafik enthalten insgesamt 17 Eckpunkte (in Orange hervorgehoben). Die Formen für den Griff sind großteils aus Eckpunkten aufgebaut.

Abbildung 5.21

Die Formen zur Konstruktion dieser Fackel-Grafik bestehen aus insgesamt 20 Übergängen (in Violett hervorgehoben). Die Flamme enthält zahlreiche Bézierkurven, weshalb die meisten Ankerpunkte darin Übergänge sind.

Kombination von PPP und TCM

Sehen wir uns nun eine komplexere Vektorgrafik an. Wie zuvor analysieren wir die Feinskizze und überlegen uns, wie wir unsere ersten Ankerpunkte mithilfe der TCM setzen. Anschließend nutzen wir dann die PPP, um die Grafik präzise aufzubauen (Abbildungen 5.22–5.25).

Beachten Sie, dass das endgültige Design in diesem Beispiel (Abbildung 5.25) symmetrisch ist und wir deshalb nur die Hälfte davon bauen müssen – wir werden die fertigen Pfade kopieren und spiegeln, um unsere endgültige Grafik zu erzeugen. (Im nächsten Kapitel beschäftigen wir uns noch mit weiteren Vorteilen des symmetrischen Designs.)

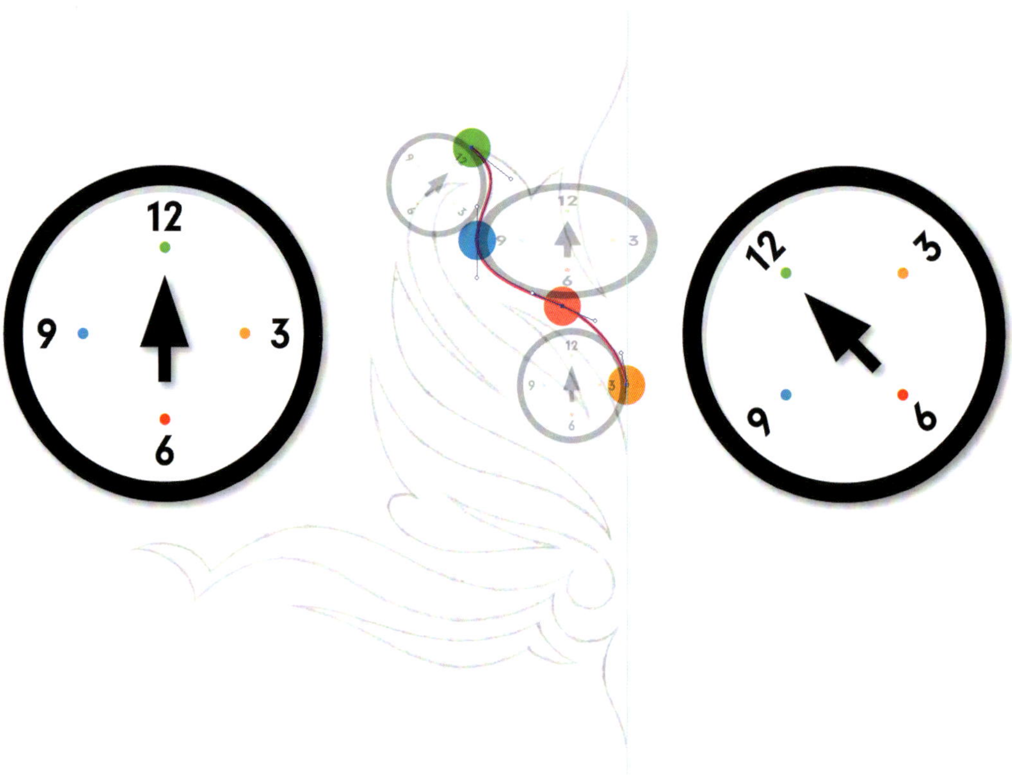

Abbildung 5.22

Mithilfe der TCM beginne ich eine Formanalyse auf meiner Feinskizze, bestimme die Ankerpunktplatzierung und Ausrichtung meines Ziffernblattes und drehe dieses wie gewünscht, um es mit der Form in Übereinstimmung zu bringen.

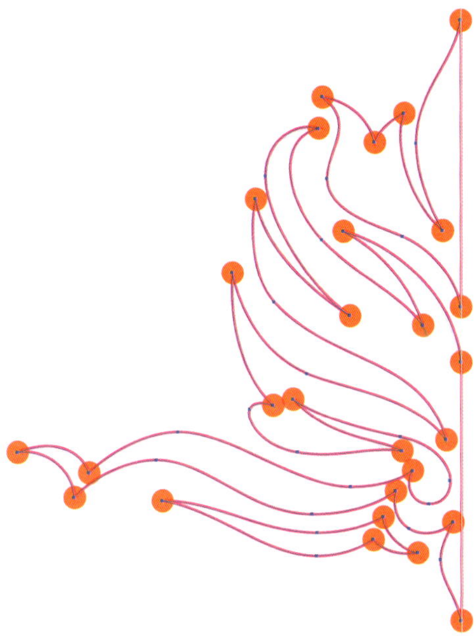

Abbildung 5.23

Alle Ankerpunkte in diesem Vektorornament sind vom richtigen Typ, entweder Eckpunkte oder Übergänge, abhängig von ihrer PPP. Die Eckpunkte sind orange hervorgehoben.

Abbildung 5.24

Violett eingefärbt sehen Sie hier die Übergänge, die die Bézierkurven steuern, die im Bogen von einer auf die andere Seite des Ankerpunktes verlaufen.

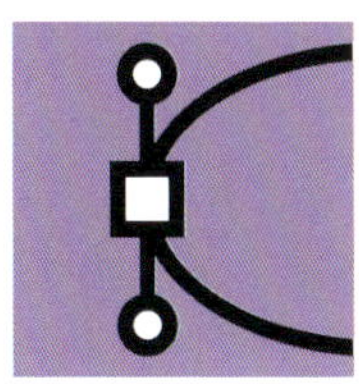

Abbildung 5.25
Die endgültige Vektorgrafik für dieses Ornament wurde erzeugt, indem die Pfade aus den vorherigen Schritten kopiert und gespiegelt wurden.

Das Yin und Yang der Ankerpunkte

Gehen Sie nicht davon aus, dass Ihnen die Anwendung der TCM immer richtig gelingt. Niemand ist vollkommen. Und wenn Sie mit anderen zusammenarbeiten, dann sind Sie vielleicht in der Lage, auch in deren Arbeit Problemzonen zu entdecken. Dies sind die häufigsten Probleme:

1. **Falsche Ankerpunkte:** Stellen Sie sicher, dass Sie in Ihrem Pfad den richtigen Ankerpunkttyp verwenden – entweder Eckpunkt oder Übergang.

2. **PPP ist nicht richtig:** Manche Ihrer Ankerpunkte sind immer noch nicht an der richtigen Position, weshalb Sie die Bézierkurven nicht richtig steuern können. Arbeiten Sie sich durch Ihren Pfad, prüfen Sie dabei jeden Ankerpunkt mit der TCM im Hinterkopf und kontrollieren Sie auch nochmals die PPP.

3. **Nicht genügend Ankerpunkte auf dem Pfad:** Sie haben nicht genügend Ankerpunkte platziert, um die Form richtig abzubilden. Sehr wahrscheinlich werden Sie mit der Anpassung der Bézierkurven, die für die Form des Pfades verantwortlich sind, Probleme bekommen. Prüfen Sie Ihre Form mit der TCM im Hinterkopf und legen Sie auf Ihrem Pfad mit dem Ankerpunkt-hinzufügen-Werkzeug (+) weitere Ankerpunkte an (Abbildung 5.26).

4. **Zu viele Ankerpunkte auf dem Pfad:** Sie haben zu viele Ankerpunkte angelegt, um die Form präzise zu konstruieren. Es wird schwer sein, die Form des Pfades zu steuern und eine elegante Figur zu erhalten. Überprüfen Sie Ihre Form mit der TCM im Hinterkopf und entfernen Sie unnötige Ankerpunkte vom Pfad mithilfe des Ankerpunkt-löschen-Werkzeugs (-) (Abbildung 5.27). Eine gut konstruierte Vektorform sollte nur die notwendige Anzahl an Ankerpunkten enthalten, um sie zu umreißen – nicht mehr und nicht weniger.

Abbildung 5.26
Es wurden nicht genügend Ankerpunkte platziert, um die Form richtig zu konstruieren. Ein deutliches Zeichen sind übermäßig weit herausgezogene Anfasser.

Abbildung 5.27

Hier wurden zu viele Ankerpunkte platziert, was die wohlgeformte Form des Designs zerstört. All die kleinen Anfasser zu verwalten, macht die Formung von Kurven zu einem einzigen Ärgernis.

Ein Beispiel: Die Ankerpunkte in der Grafik in Abbildung 5.26 haben tatsächlich eine korrekte PPP, aber der Pfad enthält nicht genügend platzierte Ankerpunkte, um die Form präzise zu konstruieren. Ein deutliches Zeichen für einen Mangel an Ankerpunkten sind übermäßig weit herausgezogene Anfasser.

Die Konstruktion präziser Vektorpfade mit übermäßig weit herausgezogenen Anfassern gleicht dem Versuch, ein Bild mit einem zwei Meter langen Pinsel zu malen: Damit könnten Sie nicht nah genug an der Leinwand stehen, um die Formen beim Malen zu kontrollieren – und das würde man dem künstlerischen Ergebnis zweifellos ansehen. Das Gleiche gilt für übermäßig herausgezogene Anfasser. Wenn Sie die Formen nicht präzise steuern können, wird Ihre Grafik darunter leiden.

Viele der Ankerpunkte in der Grafik in Abbildung 5.27 haben die richtige PPP, aber der Pfad enthält viel zu viele Ankerpunkte, um die Form gefällig zu gestalten. Sie sieht letztendlich plump aus.

Abbildung 5.28

Alle Ankerpunkte haben die richtige PPP und die Formen enthalten eine ausgewogene Anzahl an Ankerpunkten, um die endgültige Form passend zu konstruieren. Das Endergebnis ist eine elegantere Form.

Ein unnötiger Ankerpunkt kann per Definition nie an einer richtigen PPP stehen. Entfernen Sie diese Punkte von Ihrem Pfad und vereinfachen Sie die Form.

Ihr ultimatives Ziel ist Ausgewogenheit (Abbildung 5.28). Nachdem Sie die Ankerpunkte platziert und die Bézierkurven mit ihren Anfassern in Form gebracht haben, werden Sie sofort wissen, ob Sie nicht genug oder zu viele Punkte für eine korrekte Umsetzung eingesetzt haben. Gehen Sie bei der Analyse sehr genau vor – und Ihr Design wird sich deutlich verbessern.

Je mehr Sie die TCM einsetzen, desto häufiger werden Sie diese verbreiteten Stolperfallen für Vektorgrafiken umgehen. Es ist wichtig, dass Sie problematische Eigenschaften in Ihrer eigenen Grafik wie auch im Design Ihrer Kollegen erkennen können, um die Qualität und Ihre Fähigkeiten zu verbessern.

Analyse des Vektormonsters

Fühlen Sie sich überfordert? Zerlegen wir ein echtes Designprojekt mit der TCM und PPP einmal im Kopf. Anschließend sind Sie fit, um die verschiedenen Konstruktionsmethoden zu erlernen, die in Kapitel 6 vorgestellt werden.

Ich habe diese Illustration für einen Verlag entworfen. Der Einsatz von TCM und PPP zur Konstruktion der grundlegenden Formen spielte eine bedeutende Rolle beim Erstellen der endgültigen Vektorgrafik.

Natürlich spielten auch raffinierte Vektorkonstruktionsmethoden eine bedeutende Rolle für den Erfolg dieses Projektes. Diese werden wir im nächsten Kapitel noch detaillierter unter die Lupe nehmen. Grundsätzlich aber ist es ein wenig wie mit der Liebe und der Ehe: Man sollte das eine nicht ohne das andere haben. Und deshalb ist es wichtig, alles im Zusammenhang zu betrachten, wie eben hier.

1. **Die Ziffernblattmethode (TCM):** Zunächst habe ich die Formen in meiner Feinskizze mithilfe der TCM analysiert, wie Sie in Abbildung 5.29 sehen.

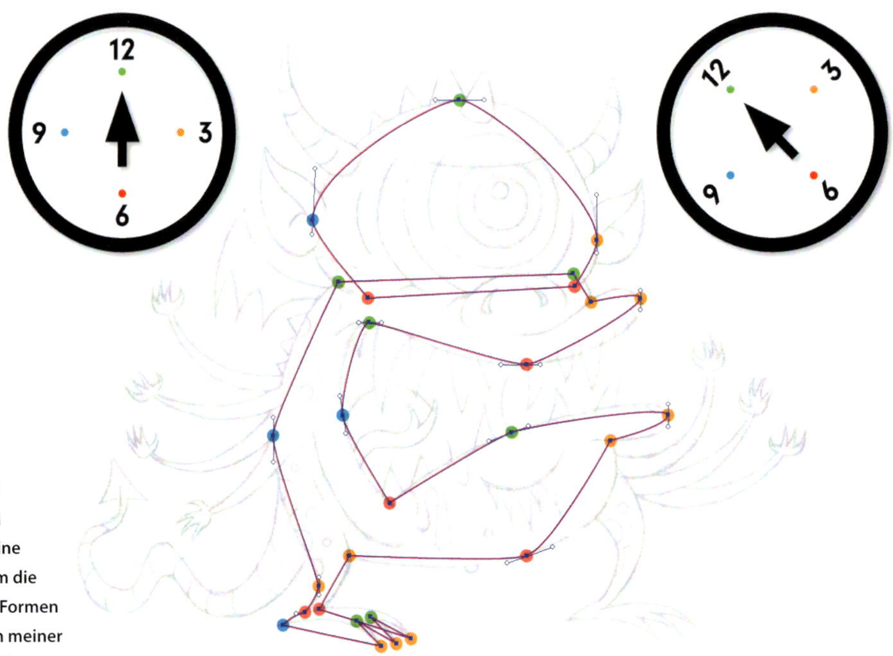

Abbildung 5.29
Mithilfe der TCM platziere ich meine Ankerpunkte, um die grundlegenden Formen zur Konstruktion meiner Grafik zu entwerfen.

2. **Primärpunktplatzierung (PPP):** Nun kann ich meine Ankerpunkte heranzoomen und sie an noch präzisere Positionen ziehen, um richtige Bézierkurven zu ermöglichen – wie Sie es in Abbildung 5.30 sehen.

3. **Vektorkonstruktionsmethoden:** Ich fahre damit fort, jede für meine Grafik benötigte Vektorform mithilfe von TCM, PPP und weiteren Vektorkonstruktionsmethoden zu erstellen, die wir in Kapitel 6 besprechen (Abbildungen 5.31 und 5.32).

4. **Finale Grafik:** Sobald alle meine grundlegenden Formen konstruiert sind, gehe ich zum Einfärben meiner Vektorgrafik über. Nach dem Kolorieren fahre ich wiederum mit TCM, PPP sowie weiteren Vektorkonstruktionsmethoden aus dem nächsten Kapitel fort, um die Details meiner finalen Grafik auszuarbeiten (Abbildung 5.33).

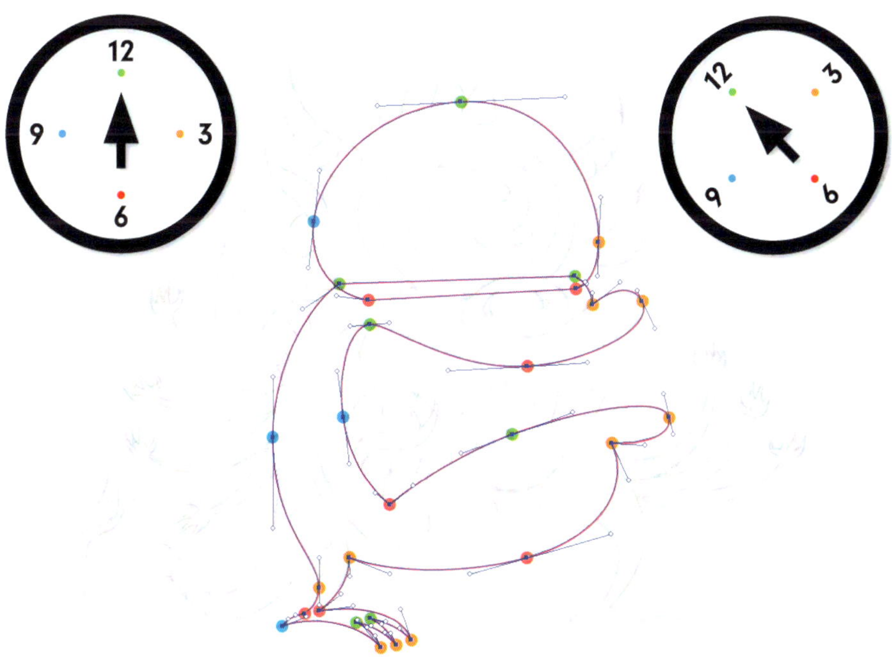

Abbildung 5.30

Nach der Fixierung der PPP ziehe ich meine Anfasser für die Bézierkurven heraus und schließe die Konstruktion meiner grundlegenden Formen ab.

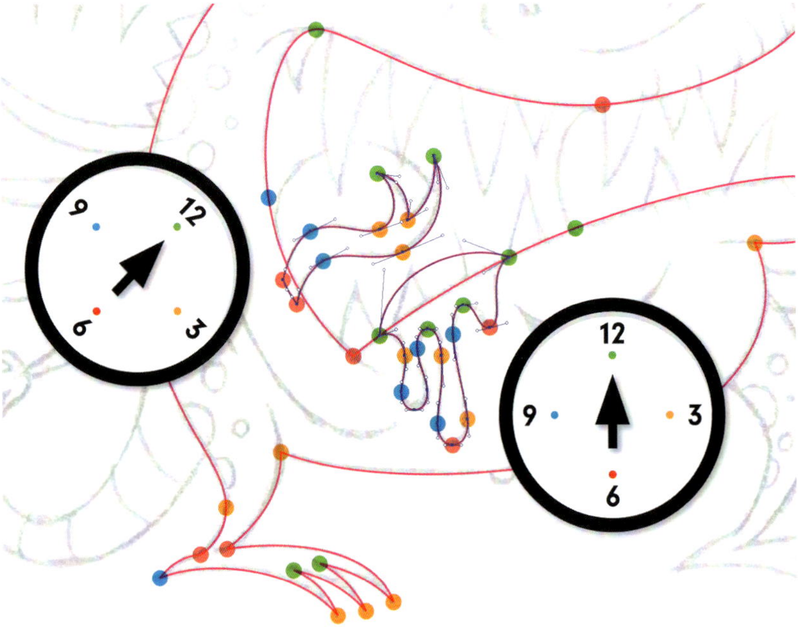

Abbildung 5.31
Ich baue jede Vektorform nach Möglichkeit mittels der Punkt-für-Punkt-Methode (die wir im nächsten Kapitel behandeln werden).

Abbildung 5.32
Alle Vektorformen, die ich für die Erzeugung meiner finalen Grafik benötige, sind nun konstruiert – und zwar mittels der TCM, PPP und weiteren Konstruktionsmethoden, die wir uns in Kapitel 6 näher ansehen.

Abbildung 5.33
Die endgültige vektorbasierte Illustration des Monsters – sein Name ist »Blinky«.

Notizen

Urteilsvermögen für Formen verbessern

Wenn Sie draußen unterwegs sind, versuchen Sie die verschiedenen Formen um sich herum wahrzunehmen. Vielleicht ist es ein Schatten auf dem T-Shirt eines Passanten, ein Profil oder Gesicht oder ein Strauch. Sobald Sie eine Form erkannt haben, durchdenken Sie die folgenden Fragen rund um die Umsetzung in Vektorform:

- Wo würden Sie die Punkte mithilfe der TCM platzieren?
- Welche Ankerpunktarten würden Sie einsetzen?
- Welche Bereiche der Form würden Bézierkurven benötigen?
- Wie viele individuelle Formen würden für die endgültige Form benötigt werden?

Kreative Übungen wie diese mögen Ihnen unorthodox vorkommen, aber ich garantiere Ihnen, dass sie dabei helfen werden, Ihr Urteilsvermögen für Formen zu verbessern.

Schrittweise Verbesserung

Die Konstruktion von Vektorformen mithilfe des systematischen kreativen Workflows, den ich hier beschreibe, mag selbst für ein einfaches Design wie eine ungeheuerliche Aufgabe wirken. Eine komplexe Grafik zu verwalten, die schnell einmal tausende von Punkten und hunderte Pfade enthalten kann, mag unmöglich erscheinen. Aber mit etwas Übung und Zeit wird alles einfacher und der Workflow geht Ihnen bald in Fleisch und Blut über.

Sie werden Ihre PPP nicht jedes Mal auf Anhieb absolut richtig hinbekommen. Aber je mehr Sie sich die TCM zur Gewohnheit machen, desto zuverlässiger werden Ihre Ankerpunkte bei der Konstruktion an der richtigen »Postleitzahl« für Ihre Vektoren ankommen.

Die TCM sowie PPP sind in der Tat die ersten Schritte in der Punkt-für-Punkt-Methode, die wir in Kapitel 6 kennenlernen werden. Diese Methode wird Ihnen sogar noch mehr helfen. Und in Kapitel 8 lernen Sie, Ihr eigener Artdirector zu sein – ein unschätzbar wertvolles Mittel für Kreativität und Selbstmanagement.

Designübungen

Ziffernblätter erkennen

Wenn Sie die Ziffernblattmethode (TCM) für die Konstruktion von Vektorgrafiken verinnerlicht haben, werden Sie plötzlich in jedem vektorbasierten Design Ziffernblätter erkennen – ob Sie es nun selbst gestaltet haben oder nicht. Und das ist gut so. Um uns mit dieser Angewohnheit vertraut zu machen, werfen wir einen Blick auf einige Designs aus meinem Portfolio und schauen, wo die Ziffernblätter liegen.

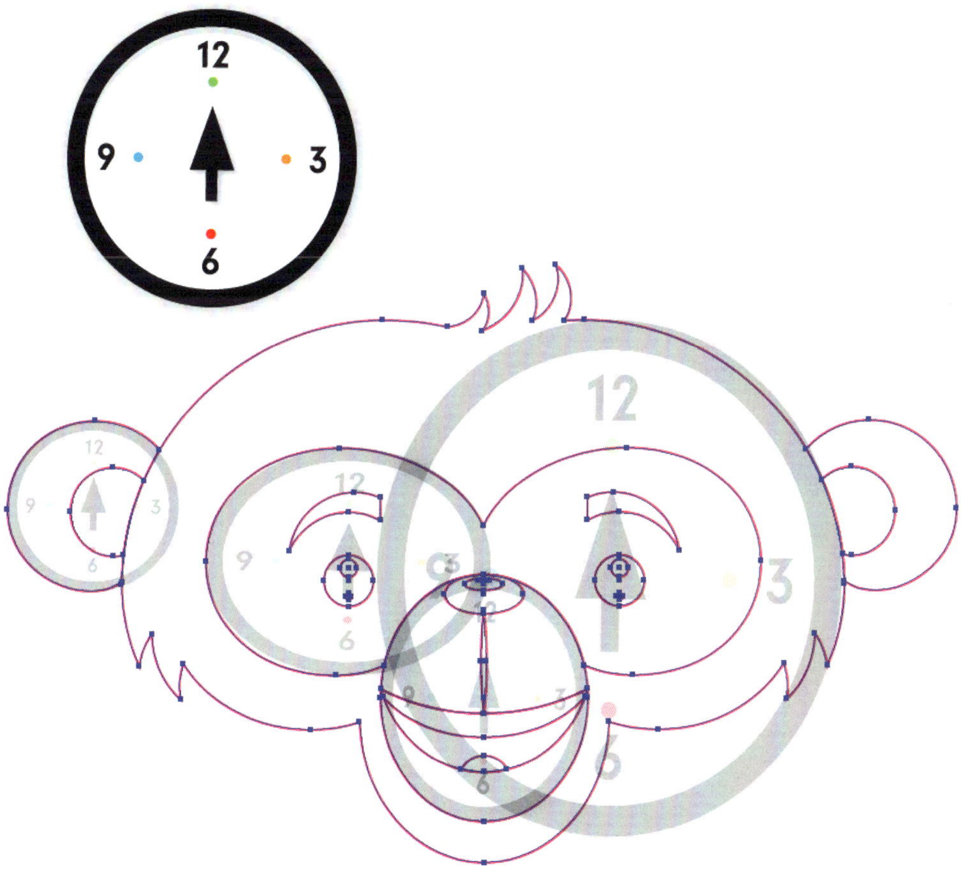

Abbildung 5.34

Manchmal bildet das Ziffernblatt, das Sie mit einer Form verbinden, die gesamte Form. Und manchmal wird es nur dabei helfen, einen Teil der Form zu konstruieren.

Abbildung 5.35

Diese Illustration eines Schimpansen entstand für einen Kinderspielplatz in Utah.

Abbildung 5.36
Hier nutzte ich die TCM als Führung bei der Konstruktion von Buchstabenformen in einem Logoschriftzug

Abbildung 5.37
Konzept eines Logoschriftzuges für eine neue Serie von Pepsi-Getränken

Abbildung 5.38
Erinnern Sie sich: Dies ist ein gedanklicher Trick zur Beurteilung von Ankerpunktplatzierungen. Möchte Polly eine Uhr?

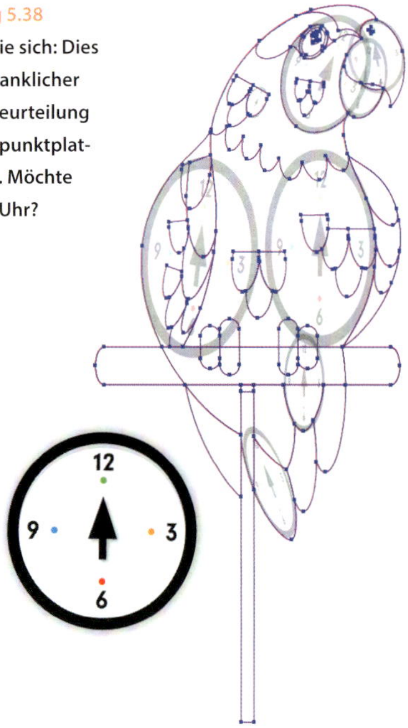

Abbildung 5.39
Dieses Konzept einer Illustration für Verpackungen der Marke ZuPreem – einer exotischen Produktserie für Tierfutter – fand bei der Agentur und dem Kunden großen Anklang, fiel aber schließlich beim Testmarketing durch.

Kapitel 6

Vektorformen konstruieren

Wenn Sie beginnen, ein Design in eine Vektorgrafik umzusetzen, sollten Sie wissen, wie Sie diese Aufgabe angehen, das heißt, welche spezifische Konstruktionsmethode für Ihr Design am besten funktioniert, damit Ihre finale Grafik sowohl präzise als auch professionell aussieht.

In Kapitel 5 haben wir uns mit zwei Techniken zur Analyse von Formen beschäftigt: der Ziffernblattmethode (TCM) und der Primärpunktplatzierung (PPP). In diesem Kapitel werden wir diese beide Techniken mit einer weiteren von mir entwickelten vervollständigen: der Punkt-für-Punkt-Methode. Wie bereits in Kapitel 5 erwähnt, bringen Sie mit der TCM Ihre Punkte in die richtige Umgebung und mit der PPP an die richtige Adresse. Mit der Punkt-für-Punkt-Methode bilden Sie die eigentliche Struktur.

In diesem Kapitel lernen Sie darüber hinaus noch eine weitere Technik kennen: die Formkonstruktionsmethode. Sie tut genau das, was ihr Name verspricht: Sie konstruiert Formen (praktischerweise schon mit richtig platzierten Ankerpunkten) mithilfe bekannter Illustrator-Werkzeuge.

Für die meisten Vektorgrafiken, die Sie konstruieren, werden Sie sowohl die Punkt-für-Punkt- als auch die Formkonstruktionsmethode einsetzen müssen. Gemeinsam arbeiten die Methoden wie ein gutes Team bei der Konstruktion von Vektorformen zusammen. Aber wann setzen Sie nun welche Methode ein? Das hängt von der Form ab, die Sie schaffen möchten.

- Die Punkt-für-Punkt-Methode ist für alle Formen geeignet, die frei fließen und organisch sind. Sie lässt sich für jede Form verwenden, die viele Rundungen besitzt und daher komplexe Bézierkurven erfordert (**Abbildung 6.1**).

- Die Formkonstruktionsmethode können Sie bei der Erstellung von Formen einsetzen, die eher geometrisch oder auf ein Symbol reduziert sind. Für einfache Formen, die mithilfe eines 90-Grad-Winkels gebaut werden können oder kreisrunde bzw. quadratische Formen enthalten, ist die Formkonstruktionsmethode ideal geeignet (**Abbildung 6.2**).

  Übrigens: Wenn Sie an Ihrem Konzept zeichnen und Ihr Design eine kreisrunde Form erfordert – oder einen anderen Typ einer geometrischen Grundform –, dann bemühen Sie sich nicht zu sehr, es in Ihrer Feinskizze perfekt hinzubekommen. Das können Sie später mit der Formkonstruktionsmethode schnell erledigen.

Bevor Sie mit dem Erstellen von Vektorformen loslegen, versuchen Sie festzulegen, welche Teile die Punkt-für-Punkt-Methode und welche die Formkonstruktionsmethode zur Erstellung erfordern. Je häufiger Sie diese beiden Konstruktionsmethoden für Ihre Vektorgrafik einsetzen, desto leichter wird es Ihnen fallen, sich für die richtige zu entscheiden. Wie bei Wein wird sich Ihre Fähigkeit für die richtige Wahl der einzusetzenden Methode mit dem Alter verbessern.

Abbildung 6.1

Dieses Design wurde fast ausschließlich mit der Punkt-für-Punkt-Methode konstruiert. Lediglich für die kreisrunde Form ganz unten wurde die Formkonstruktionsmethode verwendet.

Abbildung 6.2

Für diese Sammlung von Icons nutzte ich intensiv die Formkonstruktionsmethode, um all diese stark reduzierten Formen umzusetzen. Nur einige wenige erforderten den Einsatz der Punkt-für-Punkt-Methode.

Die Punkt-für-Punkt-Methode

In Kapitel 4 habe ich mich auf die guten, schlechten und hässlichen Eigenschaften von Ankerpunkten konzentriert. Und in Kapitel 5 haben wir uns ausführlich angesehen, wie man die korrekte Platzierung von Ankerpunkten bestimmen kann.

Die Punkt-für-Punkt-Methode, die ich in diesem Kapitel vorstelle, nimmt die mittels TCM oder PPP grob erstellten Formen auf und gibt der finalen Grafik den letzten Schliff. Hier sehen Sie, wie das funktioniert.

Ein Punkt nach dem anderen

VIDEO Ai

Wenn Sie mit der Vektorkonstruktion beginnen, dann gibt es nichts Wichtigeres, als Ihre Formen Ankerpunkt für Ankerpunkt zu konstruieren – daher der Name »Punkt-für-Punkt-Methode«. Diese Herangehensweise wird am häufigsten beim Arbeiten mit Vektorgrafiken genutzt. Ich habe eine Methode in vier Schritten entwickelt, die Ihnen dabei helfen soll, diesen Prozess zu optimieren. Die vier Schritte lauten:

1. **Grobkonstruktion:** Mithilfe der TCM sowie der PPP (siehe Kapitel 5) setzen Sie die Ankerpunkte an ihren richtigen Platz, um ganz grob die angestrebte Form zu bilden (Abbildung 6.3). Wenn ein Ankerpunkt als Übergang erscheinen soll, dann ziehen Sie die Anfasser gerade so weit heraus, dass Sie diese später einfach anklicken können (in Schritt 4). Versuchen Sie im Moment noch nicht die Form zu detailliert zu konstruieren. Sie sollten sich wirklich nur um die korrekte Platzierung der Ankerpunkte kümmern.

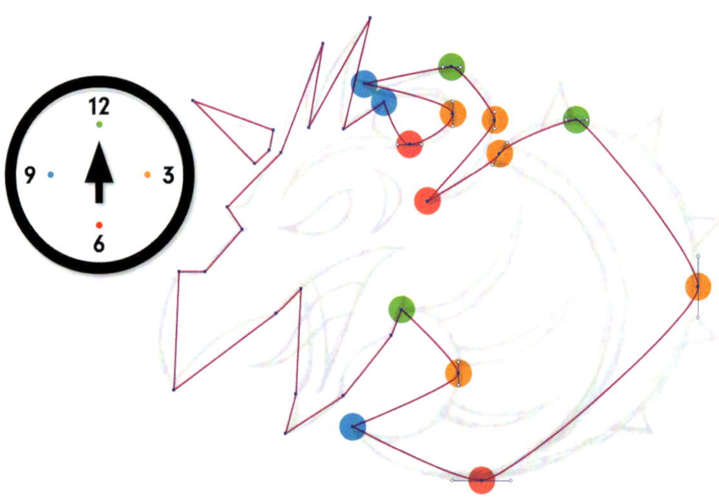

Abbildung 6.3
Platzieren Sie Ihre Ankerpunkte mithilfe der TCM sowie PPP wie in Kapitel 5 besprochen.

2. **Mit PathScribe in Form bringen:** Wenn Sie die Ankerpunkte und ihre zugehörigen Pfadsegmente positioniert haben, können Sie nun das Path-Scribe-Werkzeug nutzen, welches Teil des VectorScribe-Plug-ins ist (siehe Kapitel 2). Fassen Sie Ihren Pfad einfach an einer beliebigen Stelle (zwischen zwei Ankerpunkten) an und ziehen oder schieben ihn, um die gewünschte Form zu erreichen (Abbildung 6.4), indem Sie die Bézierkurven des Vektorpfades mit der darunterliegenden Zeichnung in Übereinstimmung bringen (Abbildung 6.5). Kümmern Sie sich nicht um die verunstalteten Übergänge; wir werden das im nächsten Schritt korrigieren und noch weiter verbessern.

Hinweis

Seit der Version Illustrator CC können Sie auch mit dem Ankerpunkt-Werkzeug ein Pfadsegment anfassen und verschieben.

Abbildung 6.4

Formen Sie alle Pfadsegmente mit dem PathScribe-Werkzeug (in Grün hervorgehoben), indem Sie den Pfad einfach irgendwo anfassen und mittels Schieben und Ziehen alles in Form bringen – ein echtes Kinderspiel.

Abbildung 6.5

Um sich der angestrebten Form anzunähern, werden Sie bei Ihrer weiteren Arbeit auch direkte Anpassungen an den Bézierkurven vornehmen müssen.

3. **Übergänge definieren:** Wählen Sie nun mit dem Direktauswahl-Werkzeug alle Ankerpunkte in Ihrem Design, die als Übergang ausgeführt sein sollen – nicht als Ecken (Abbildung 6.6). Wenn Sie alle ausgewählt haben, wählen Sie im Steuerungsbedienfeld bei der Option *Konvertieren* den Button ganz rechts namens *Ausgewählte Ankerpunkte in Übergang konvertieren* (Abbildung 6.7). Nun ist Ihre Vektorgrafik bereit zur Reinzeichnung. w(Mehr Informationen rund um Ankerpunkte finden Sie in Kapitel 4).

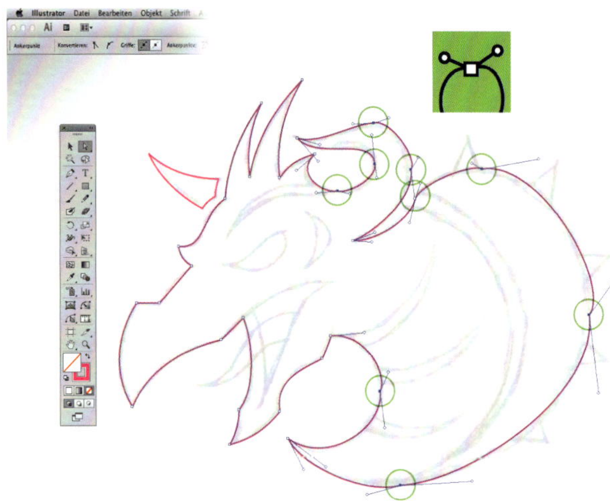

Abbildung 6.6
Alle Ankerpunkte, die als Übergang ausgeführt werden müssen, sind hier markiert (grün hervorgehoben).

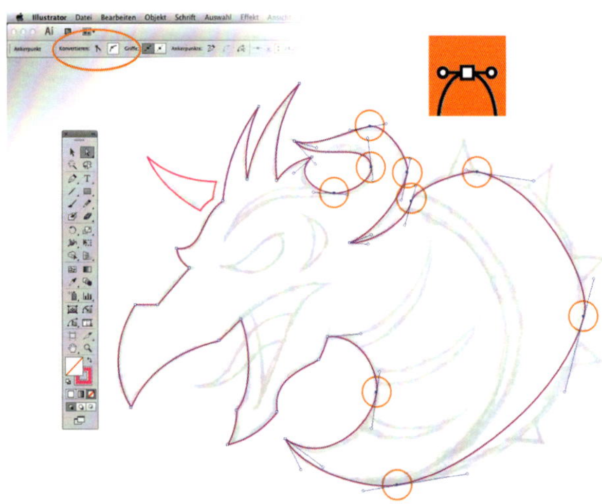

Abbildung 6.7
Nach einem Klick auf den Befehl *Ausgewählte Ankerpunkte in Übergang konvertieren* im Steuerungsbedienfeld sind alle markierten Ankerpunkte zu Übergängen geworden (orange hervorgehoben).

4. **Feinkonstruktion:** Nun ist es an der Zeit, dass wir uns näher mit den Bézierkurven beschäftigen und ihre Anfasser herausziehen, um die Form des Pfades noch genauer auszuführen. Sie sehen in **Abbildung 6.8**, dass die Anfasser überall dort parallel stehen, wo es notwendig ist, um die Konstruktion präziser Kurven sicherzustellen. Außerdem sollten Sie nochmals die Platzierung Ihrer Ankerpunkte genau überprüfen und jede auch noch so kleine Korrektur der PPP vornehmen, um eine schöne Vektorform zu erhalten. (Sehen Sie sich dazu nochmals die Primärpunktplatzierung in Kapitel 5 genauer an.)

Abbildung 6.8
Nehmen Sie sich ausreichend Zeit und achten Sie sowohl auf Ihre PPP als auch darauf, dass die Anfasser nicht zu weit herausgezogen sind. Formen Sie elegante Pfade, die der zugrunde liegenden Zeichnung entsprechen.

Abbildung 6.9
Konstruieren Sie nun die übrigen Vektorformen, die für Ihre finale Grafik notwendig sind. (Beachten Sie: Einige der neuen Formen wie die Bögen, die sich mit dem Vordergrund überschneiden und den hinteren Teil des Nackens unseres Charakters definieren, wurden mithilfe der Formkonstruktionsmethode erstellt, die wir später in diesem Kapitel behandeln werden.)

Abbildung 6.10
Hier sehen Sie die finale Vektorgrafik und einige andere Designs für Avatare, die ich für ein Rollenspiel entworfen habe. Für meine Vektorkonstruktion habe ich die TCM, PPP und die Punkt-für-Punkt-Methode sowie die Formkonstruktionsmethode (die ich später in diesem Kapitel beschreibe) verwendet.

Diese vier Schritte mögen auf den ersten Blick sehr aufwändig erscheinen, wenn Sie nicht daran gewohnt sind, Vektorgrafiken auf diese Art und Weise zu konstruieren. Doch mit der Zeit werden Ihnen alle Methoden, die ich in diesem Buch vorstelle, in Fleisch und Blut übergehen. Sobald Sie sich daran gewöhnt haben, werden Sie nicht mehr über jeden Schritt nachdenken müssen. Es wird alles einfach ein Teil des natürlichen Workflows sein. Nutzen Sie beständig diese Methoden bei Ihrer Arbeit und Sie werden bald feststellen, wie sich die Zeit für die Konstruktion verkürzt und Ihre Präzision zunimmt.

Also kein Grund zum Jammern: Bleiben Sie konsistent und stellen Sie sich darauf ein, sich hier durchzukämpfen, bis es Ihnen in Fleisch und Blut übergeht. Sie werden es nicht bereuen.

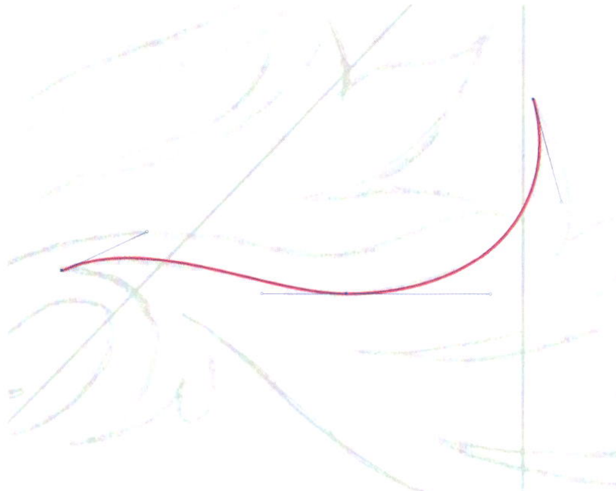

Abbildung 6.11
Um die Bézierkurve elegant und präzise zu kontrollieren, habe ich drei Ankerpunkte verwendet, um dieses Ornament exakt zu formen.

Definieren Sie einen vernünftigen Abstand

Immer dann, wenn Sie in Ihrem Design eine Bézierkurve definieren, müssen Sie die Länge dieses gebogenen Pfades analysieren und festlegen, wie viele Ankerpunkte Sie für eine präzise Umsetzung benötigen.

Die Ankerpunkte richtig zu setzen, ist ein Balanceakt zwischen gerade ausreichend vielen für eine exakte Ausführung und nicht zu vielen, um die Kontrolle der Form Ihres Vektorpfades nicht zu erschweren. Wir haben dieses Thema in den Kapiteln 4 und 5 schon gestreift; da es sich aber um einen grundlegenden Aspekt der Punkt-für-Punkt-Methode handelt, müssen wir uns nun noch genauer darauf konzentrieren. In den Abbildungen 6.11–6.13 zeige ich Ihnen, wie Sie die Balance zwischen zu vielen und zu wenigen Ankerpunkten finden können. Denken Sie stets an TCM und PPP.

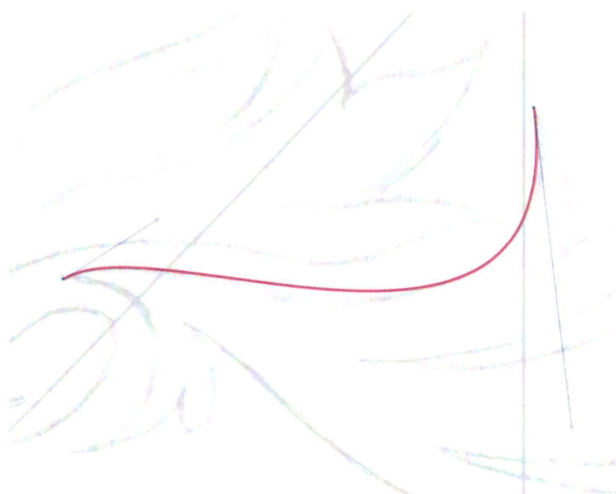

Abbildung 6.12
Es wäre technisch korrekt, dieselbe Bézierkurve mit nur zwei Punkten zu formen – aber ästhetisch falsch, weil es ganz einfach nicht der Zeichnung entspricht, wie ich sie ursprünglich gemacht habe. Diese Liebe zum Detail unterscheidet den Profi vom Amateur. Ein Profi wird sich die Zeit nehmen, die Form noch weiter zu verfeinern, wohingegen ein Amateur üblicherweise sagen wird: »Das ist gut genug.«

Abbildung 6.13
Finale Vektorgrafik für dieses Ornament

Formkonstruktionsmethode

Die Formkonstruktionsmethode, die ich Ihnen in diesem Abschnitt vorstelle, eignet sich ideal zur Erstellung von geometrischen Formen. Ihre Grafik mit einem einzigen durchgängigen Pfad Punkt für Punkt zu erstellen, ist nicht immer sinnvoll und meist auch wenig effizient.

Hier kommt die Formkonstruktionsmethode ins Spiel. Das ist ein einfacher und schneller Weg, präzise Formen mithilfe eines oder aller folgenden Werkzeuge in Adobe Illustrator zu erstellen: dem Rechteck-Werkzeug (M), dem Ellipse-Werkzeug (L) und dem Pathfinder-Bedienfeld (Shift + Cmd + F9 / Shift + Strg + F9). Es ist wesentlich unaufwändiger, einfache geometrische Formen mithilfe der Formwerkzeuge zu konstruieren, weil sie die komplette benötigte Form mit sämtlichen richtig platzierten Ankerpunkten automatisch erstellen. Dies nimmt weniger Zeit in Anspruch und wird zudem präziser, als wenn Sie selbst versuchen, manuell jeden Ankerpunkt zu positionieren und dann mehrere Bézierkurven anzupassen.

Um die Formkonstruktionsmethode zu demonstrieren, werden wir in drei einfachen Schritten ein Palmenblatt konstruieren.

1. **Basisvektorformen:** Mit der Skizze als Führung klicken Sie auf das Rechteck-Werkzeug und halten die Maustaste so lange gedrückt, bis Sie aus dem Aufklappmenü das Ellipse-Werkzeug (L) wählen können. Damit erzeugen Sie sechs Kreisformen, die der Kontur der Skizze aus Abbildung 6.14 entsprechen (siehe Kapitel 2 für mehr Informationen zu diesem Werkzeug).

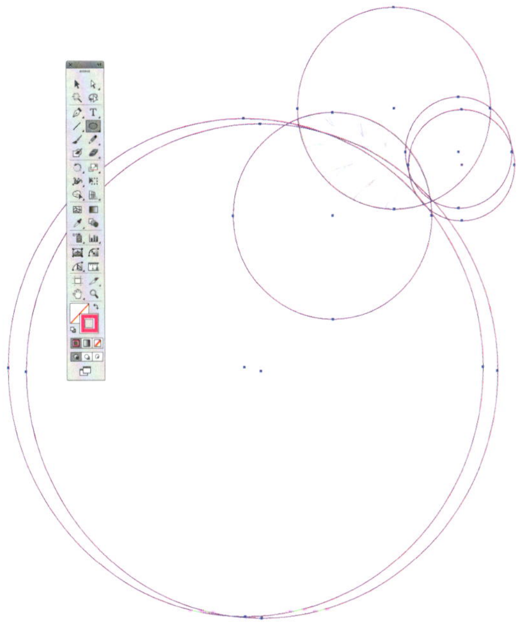

Abbildung 6.14
Verwenden Sie das Ellipse-Werkzeug (L), um alle Kreisformen zu erzeugen, die Sie beim Konstruieren Ihrer Grafik benötigen.

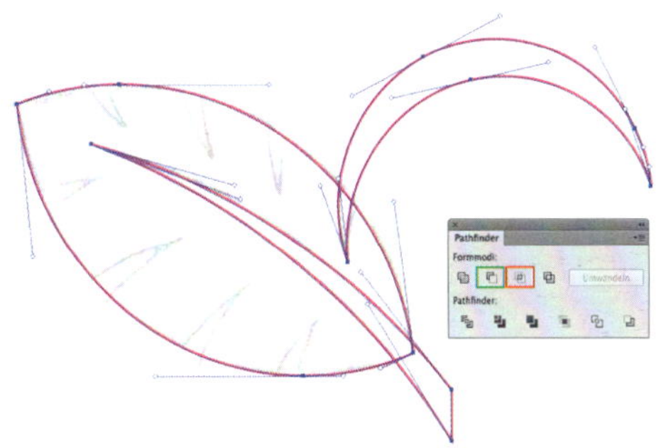

Abbildung 6.15
Das Ellipse-Werkzeug (L) und das Pathfinder-Bedienfeld (Shift + Cmd + F9 / Shift + Strg + F9) sind zwar einfache, aber auch sehr mächtige Vektorkonstruktionswerkzeuge. Ich habe nur diese beiden Werkzeuge verwendet, um die vorliegende Grafik zu erstellen.

2. **Pathfinder-Bedienfeld** (Shift + Cmd + F9 / Shift + Strg + F9): Wählen Sie die beiden Kreise, die die grafische Form des Palmenblattes definieren, und klicken Sie auf den Button *Schnittmenge bilden* (in Abbildung 6.15 in Rot hervorgehoben). Damit erzeugen Sie eine neue Form aus genau jenem Bereich, in dem sich die beiden Formen überschneiden. Um die anderen vier kreisartigen Formen zu erstellen, die den Zweig und die Einkerbungen des Blattes konstruieren, wählen Sie zwei beliebige Formen und klicken im Pathfinder-Bedienfeld auf den Button mit der Funktion *Vorderes Objekt abziehen* (in Grün hervorgehoben), um die benötigten Pfade aus der Basisvektorform auszustechen (Abbildung 6.15). (Siehe Kapitel 2 für mehr Informationen zu den Pathfinder-Funktionen.)

3. **Finale Formkonstruktion:** Sobald Sie alle notwendigen Formen richtig platziert haben (Zweig und Einkerbungen), um Ihre finale Grafik wie in **Abbildung 6.16A** zu konstruieren, wählen Sie alle aus (zunächst V, dann mit gedrückter Shift-Taste anklicken) und klicken anschließend auf den Button mit der Funktion *Vereinen* im Pathfinder-Bedienfeld (Shift + Cmd + F9 / Shift + Strg + F9) (in Rot hervorgehoben), um einen zusammengesetzten Pfad zu erstellen (**Abbildung 6.16B–6.17**).

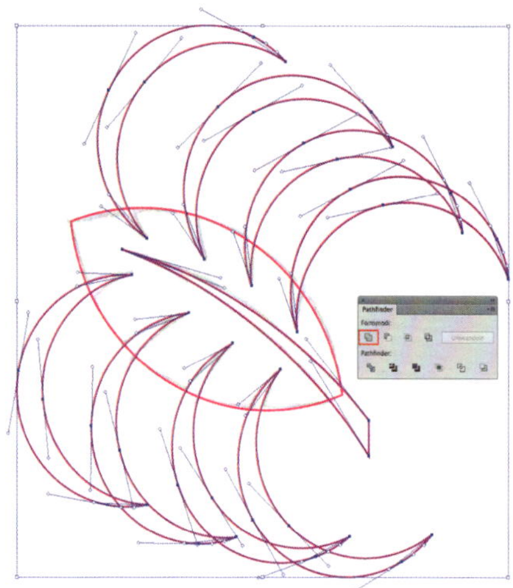

Abbildung 6.16A

Wählen Sie eine der Einkerbungen an der Außenseite des Blattes. Anschließend kopieren Sie diese in die Zwischenablage, fügen sie ein und drehen die Einkerbung noch weitere sieben Mal, um dieselbe Form für alle anderen Einkerbungen im Palmenblatt einzusetzen. Nach dem Markieren aller Formen klicken Sie auf die Funktion *Vereinen* im Pathfinder-Bedienfeld. (Sehen Sie sich dazu auch das Video zur Formkonstruktionsmethode – Shape Building Method – im Demomaterial zu diesem Buch an.)

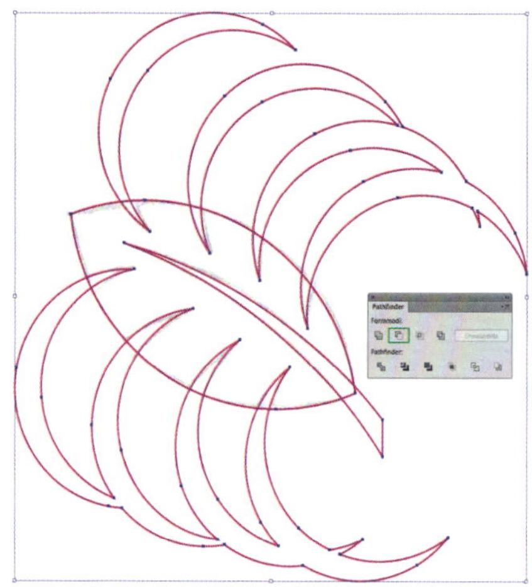

Abbildung 6.16B

Ich wähle die neue Gruppe und die Basisform der Palme und klicke auf den Button mit der Funktion *Vorderes Objekt abziehen* im Pathfinder-Bedienfeld (in Grün hervorgehoben), um die Form der finalen Grafik zu konstruieren (wie in Abbildung 6.17 gezeigt).

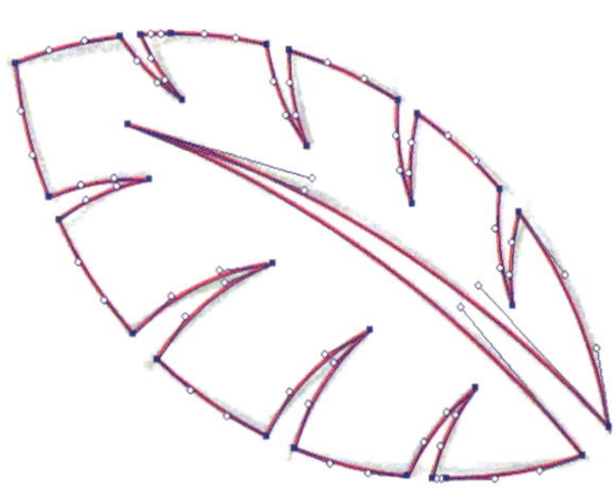

Abbildung 6.17

Die fertige Vektorform des Palmenblattes, die mithilfe der Formkonstruktionsmethode erstellt wurde.

Abbildung 6.18
Endgültige Vektorgrafik im Logo

Das Palmenblatt ist nur ein Teil des generellen Designs, das in Abbildung 6.18 zu sehen ist. Für einen Großteil dieser Grafik kam die Punkt-für-Punkt-Methode zum Einsatz. Bei den Palmenblättern hielt ich es allerdings für sinnvoller, die Formkonstruktionsmethode zu verwenden.

Wann kommt welche Methode zum Einsatz?

VIDEO Ai

Die Entscheidung, wann Sie die Formkonstruktionsmethode oder die Punkt-für-Punkt-Methode einsetzen, hängt von der Form ab, die Sie erstellen wollen. Selten, wenn überhaupt, werden Sie Ihr gesamtes Projekt mit nur einer einzigen Methode bestreiten. Bei einem Großteil Ihrer Projekte werden Sie die Konstruktion Ihrer Vektorgrafik mittels der Punkt-für-Punkt-Methode beginnen und im Verlauf des Prozesses für einen bestimmten Teil des Designs zur Formkonstruktionsmethode wechseln.

Es geht also jeweils darum, die Form, die Sie konstruieren müssen, zu bestimmen und zu erkennen, dass es in einem Fall weit einfacher und präziser ist, eine bestimmte Form mithilfe der Formwerkzeuge umzusetzen, und in einem anderen Fall, die Ankerpunkte manuell zu setzen und mittels Anfassern anzupassen. Sehen wir uns ein Design an, das beide Methoden erfordert (Abbildungen 6.19–6.24).

Abbildung 6.19

Ich verwende die Feinskizze meiner Figur als Vorlage für die Konstruktion von Vektorformen in meinem Zeichenprogramm.

Abbildung 6.20

Da ich mir die Zeit genommen habe, meine Formen zeichnerisch genau auszuarbeiten, weiß ich auch, wie ich sie konstruieren soll, was mir eine Menge Rätselraten erspart. Ich nutze die Punkt-für-Punkt-Methode zur Konstruktion der Formen für die Augenbraue, weil diese eher organisch und frei geformt ist und mit keinem der Formwerkzeuge konstruiert werden kann. Zur Erzeugung der kreisrunden Formen für die Augenform der Figur verwende ich das Ellipse-Werkzeug (L), weil die Augen einfache geometrische Formen sind, die manuell Punkt für Punkt viel schwieriger zu bauen wären. Das sind Beispiele einfacher Entscheidungen im Zuge der Konstruktion Ihrer Vektorformen in Illustrator.

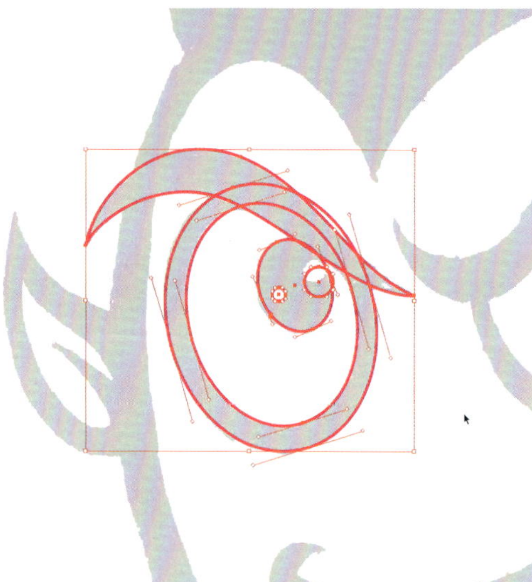

Abbildung 6.21

Auch zur Erstellung der kreisrunden Formen der Konturen für die Arme und Hände meiner Figur nutze ich weiterhin das Ellipse-Werkzeug (L). Diese Formen sind mehr geometrisch als organisch, daher eignen sich dafür die Formwerkzeuge viel besser als ein manuelles Setzen von Ankerpunkten. Mithilfe derselben Methode, die wir für die Erstellung des Palmenblattes (Abbildung 6.14–6.17) verwendet haben, wähle ich zwei kreisrunde Formen aus und klicke im Pathfinder-Bedienfeld auf den Befehl *Vorderes Objekt abziehen* (in Grün hervorgehoben) –, um Arm und Hand zu erstellen, wie in Abbildung 6.22 zu sehen ist.

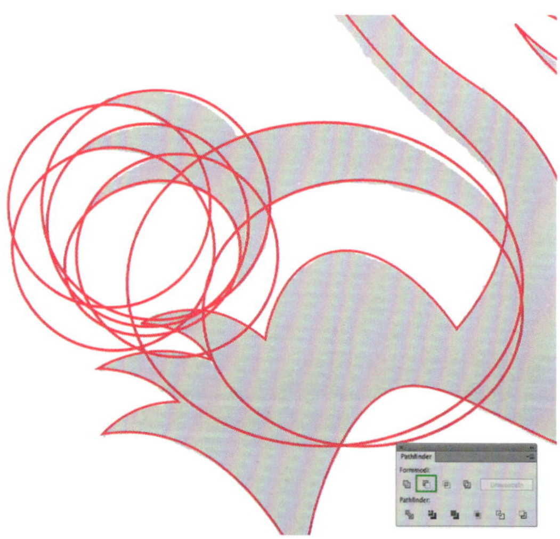

Abbildung 6.22
Das Endergebnis der Konstruktion

Abbildung 6.23
Während der weiteren Erstellung meiner Vektorgrafik setze ich weiterhin TCM und PPP (in Kapitel 5 vorgestellt) zur Bestimmung der Ankerpunktplatzierung im Verlauf der Punkt-für-Punkt-Konstruktion ein. Ich nutze die Formkonstruktionsmethode auch für den anderen Arm, die Zähne, den Flügel, die Zunge, die Mundwinkel und eines der Hörner. Alles andere wurde mithilfe der Punkt-für-Punkt-Methode konstruiert.

Abbildung 6.24
Dieses endgültige Design war Teil eines Werbeagentur-Pitchs für die Figur eines Fanta-Teufelchens.

Der Einsatz beider Vektorkonstruktionsmethoden hilft Ihnen dabei, die Erstellung von Formen zu meistern. Lassen Sie sich von einer komplexen Form nicht einschüchtern. Gehen Sie die Aufgabe lieber mit kreativem Selbstvertrauen an und denken Sie daran, dass Sie mit diesen Methoden jede Vektorherausforderung in Angriff nehmen können.

Wegwerfformen

Wenn Sie die Formkonstruktionsmethode verwenden, erstellen Sie bestimmte Formen einzig und allein dafür, um damit anderen Formen genauer auszubilden. Diese »geopferten« Formen sind wichtig, aber sie werden nie in der endgültigen Grafik erscheinen (**Abbildungen 6.25–6.26**).

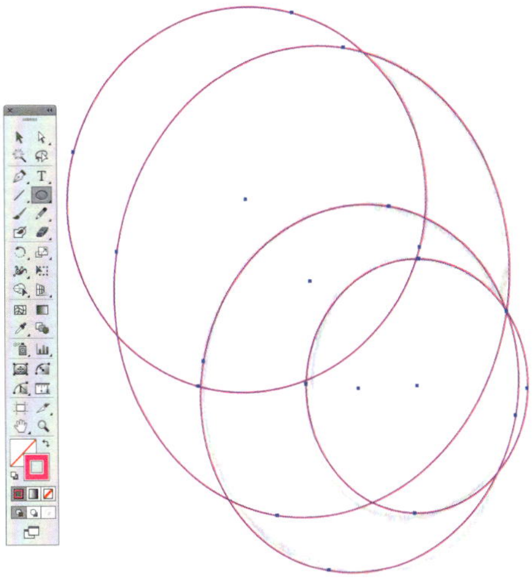

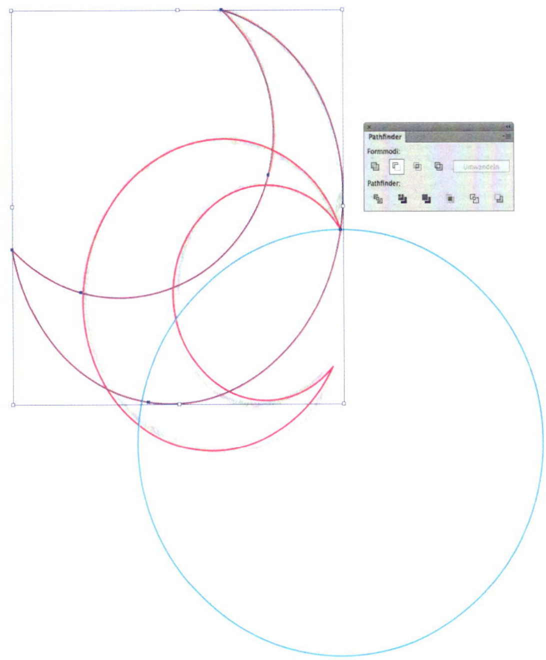

Abbildung 6.25
Beginnen Sie für dieses einfache Design mit dem Erstellen von vier kreisrunden Formen mithilfe des Ellipse-Werkzeugs (L) (links in der Abbildung). Markieren Sie jeweils zwei Formen und klicken Sie im Pathfinder-Bedienfeld auf die Funktion *Vorderes Objekt abziehen* (rechts in der Abbildung). Erstellen Sie dann eine weitere Kreisform, die zu unserer Wegwerfform wird (in Blau).

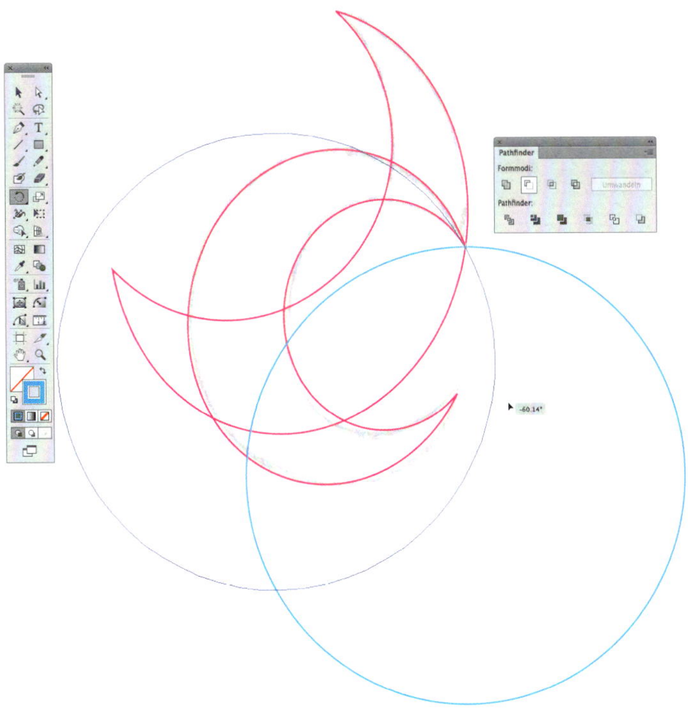

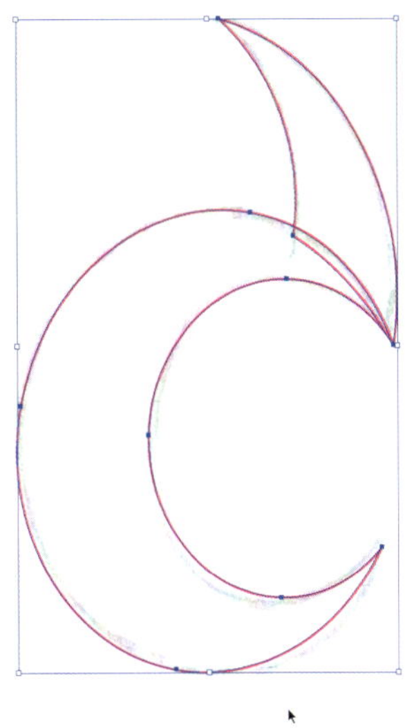

Abbildung 6.26
Mithilfe des Drehen-Werkzeugs (R) positioniere ich die Wegwerfform genau dort, wo ich sie brauche (links in der Abbildung). Dann markiere ich sowohl meine Wegwerfform als auch die andere Form und klicke im Pathfinder-Bedienfeld auf die Funktion *Vorderes Objekt abziehen* (rechts in der Abbildung), um die endgültig benötigte Vektorform zu erzeugen.

Plug-in VectorScribe

Wenn Sie Ihre Vektorgrafik mithilfe der Formkonstruktionsmethode erstellen, könnte Ihre endgültige Form noch zusätzliche Verfeinerung benötigen. Das Plug-in VectorScribe von Astute Graphics kann Ihnen bei dieser Aufgabe helfen.

Redundante Punkte entfernen

Es gibt ein Problem mit dem Pathfinder-Bedienfeld von Adobe Illustrator, das redundante Punkte in Ihrer Grafik zur Folge haben kann. Gemeint ist, dass ein Punkt buchstäblich direkt auf einem anderen Punkt sitzt. Wenn Sie eine Form auswählen, mag alles normal aussehen, aber diese Redundanzen können später für erheblichen Ärger sorgen.

Das Plug-in VectorScribe beinhaltet im Bereich PathScribe eine Funktion mit der Bezeichnung *Remove redundant points on one or more selected paths*. Damit ist es möglich, diese doppelten Ankerpunkte auf einem Pfad zu entfernen. Sehen wir uns genauer an, wie dieser Befehl des Plug-ins funktioniert (Abbildung 6.27).

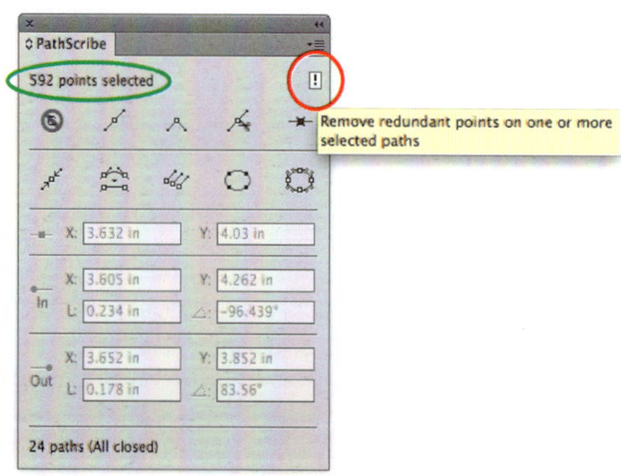

Abbildung 6.27

Wählen Sie Ihre Vektorform. Im *PathScribe*-Bedienfeld von VectorScribe sehen Sie die Anzahl der ausgewählten Punkte Ihrer Form auf der linken Seite (in Grün hervorgehoben). Wenn ein Ausrufezeichen auf der rechten Seite erscheint (hier in Rot hervorgehoben), so enthält Ihre Grafik redundante Punkte. Bei immer noch ausgewählter Form klicken Sie auf das Ausrufezeichen. Sie sehen sofort eine neue Gesamtanzahl an Punkten im Bedienfeld. Das gibt Aufschluss darüber, wie viele redundante Punkte aus Ihrer Grafik entfernt werden konnten. In unserem Fall wurden sechs redundante Punkte entfernt.

Smart Remove

Egal ob Sie Ihre Vektorgrafiken mittels der Punkt-für-Punkt- oder der Formkonstruktionsmethode aufbauen – es passiert oft schneller als erwartet, dass redundante Punkte entlang Ihres Pfades entstehen. Oder Sie entscheiden später, dass Sie einfach einen oder mehrere Ankerpunkte, die Sie ursprünglich gesetzt hatten, nicht mehr brauchen.

Sie können das Smart-Remove-Werkzeug von PathScribe verwenden, um zusätzliche Ankerpunkte von einem Pfad zu entfernen und immer noch die Form der Grafik zu erhalten. Lassen Sie mich Ihnen zeigen, was ich meine (Abbildung 6.28).

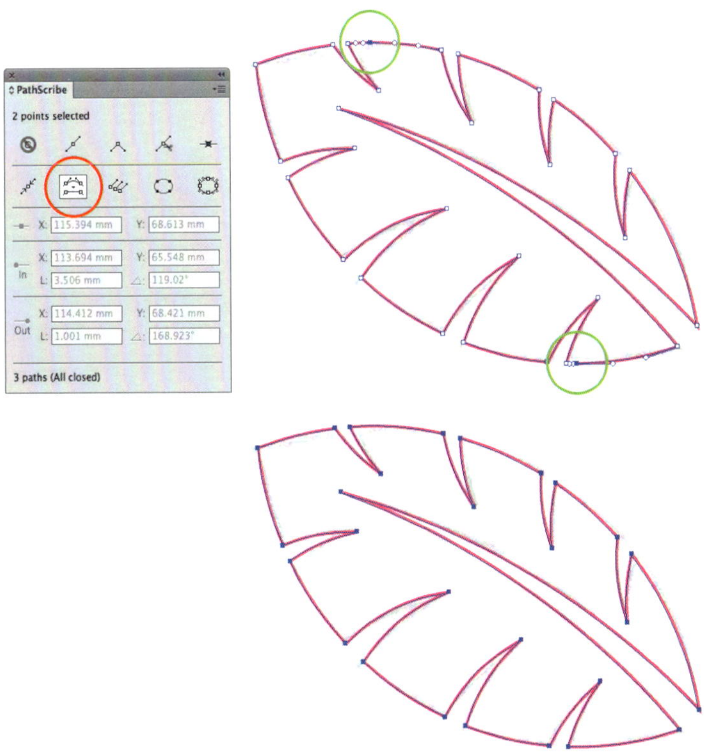

Abbildung 6.28
Die endgültige Vektorform des Palmenblattmotivs enthält eine Reihe zusätzlicher Ankerpunkte (in Grün hervorgehoben), die wir entfernen wollen, ohne die generelle Form in Gefahr zu bringen. Um dies zu erreichen, wählen Sie einfach die problematischen Ankerpunkte aus, wechseln zum PathScribe-Bedienfeld und klicken auf den Button *Smart Remove* (in Rot eingekreist). Unnötige Ankerpunkte werden entfernt und Ihre Vektorform bleibt erhalten (unteres Bild).

E pluribus constructio

Die Worte »e pluribus unum« findet sich auf den Münzen der Vereinigten Staaten von Amerika. Das ist Lateinisch und bedeutet »aus vielen einer«.

Dieser Spruch kann auch auf unseren kreativen Prozess angewendet werden, vor allem wenn es um die Konstruktion von Designs geht. Bei der Erstellung von Vektorformen, sei es mit der Punkt-für-Punkt- oder der Formkonstruktionsmethode, empfiehlt es sich, Ihr Design in besser kontrollierbare individuelle Formen aufzuteilen und später in jener endgültigen Form zusammenführen, die Sie benötigen.

Wir haben den nun folgenden Workflow in Kapitel 3 kennengelernt und Sie werden ihn in zahlreichen anderen Illustrationen innerhalb dieses Buches ebenso wiederentdecken.

Ihr Design aufteilen

Jedes Design kann aus einer Vielzahl komplexer Formen aufgebaut sein. Wenn es sich beispielsweise um einen maßgeschneiderten Logoschriftzug handelt, müssen die Formen konsistent und präzise ausgeführt sein, um die Buchstabenformen lesbar zu halten.

Ein solches Projekt wird viel einfacher, wenn Sie Ihr Design in viele kleine und individuelle Formen aufteilen. Das ermöglicht Ihnen, sich auf jeden Teil zu konzentrieren und diesen richtig auszuführen.

Das Aufgliedern der Formen in Abbildung 6.29 in kleinere Teile war mir eine große Hilfe dabei, die Kontinuität meines Inhalts zu erhalten. Wenn Sie zum Beispiel den Buchstaben H im Wort »Church« aus Abbildung 6.29 genauer betrachten, erkennen Sie, dass ich seine Breite als Vorlage für die weitere Konstruktion der Buchstabenbreiten von B, U und R genutzt habe. Wenn ich versucht hätte, die Buchstaben als einzelnen Pfad zu konstruieren, hätte das viel mehr Zeit und Aufwand gebraucht, um die Form präzise herzustellen (Abbildungen 6.29–6.34).

Egal ob Sie Ihr Design mithilfe der Punkt-für-Punkt-Methode oder der Formkonstruktionsmethode aufbauen – das Aufteilen des Designs wird innerhalb eines systematisch kreativen Prozesses sehr gut funktionieren.

Abbildung 6.29
Eine grobe Miniaturskizze für ein Schriftzugkonzept

Abbildung 6.30
Meine Reinzeichnung. Ich nutze diese als Vorlage zur Konstruktion in meinem Zeichenprogramm.

Abbildung 6.31
Ich konzentriere mich auf individuelle Formen in meinem Design und unterteile diese sogar in noch kleinere individuelle Formen, um die Vektorgrafik schneller und mit mehr Präzision zu konstruieren.

Abbildung 6.32
Dieses Bild zeigt alle individuellen Formen, die den Logoschriftzug aufbauen. Um meine endgültige Form zu schaffen, kombiniere ich die individuellen Formen mithilfe des Pathfinder-Bedienfelds.

Abbildung 6.33
Sie sollten in Ihrem kreativen Workflow immer Raum für Verbesserung lassen. Niemand ist vollkommen. Ich habe Bereiche in meinem Design entdeckt, die verbessert werden könnten. Dieses Bild zeigt die Formen, die ich zu den Buchstaben entweder hinzufügen oder abziehen werde. Wir sehen uns das noch detaillierter in Kapitel 8 an, wenn wir den »frischen Blick« behandeln.

Abbildung 6.34
Hier sehen Sie den endgültigen Logo-Schriftzug. Beachten Sie, dass ich die inneren Schnörkel auf dem Buchstaben C entfernt habe. Dies verbessert die Lesbarkeit und gehört ganz einfach zu Ihrer eigenen Rolle als Artdirector, über die ich in Kapitel 8 noch sprechen werde.

Symmetrie ist dein Freund

Es gibt eine zusätzliche Konstruktionstechnik, die mit der Punkt-für-Punkt- und der Formkonstruktionsmethode kombiniert werden und Ihre Arbeit wirklich beschleunigen kann: symmetrisches Arbeiten.

Bei symmetrischen Designs müssen Sie nur die Hälfte der Grafik bauen (oben links in Abbildung 6.35). Anschließend können Sie die gesamte Grafik erzeugen, indem Sie die benötigten Formen einfach klonen und mithilfe des Spiegeln-Werkzeugs auf die andere Seite klappen.

Das funktioniert folgendermaßen:

4. Erzeugen Sie eine Vektorgrafik auf Basis Ihrer Reinzeichnung. Wählen Sie die Vektorformen aus (Shift + V) (siehe oben links in Abbildung 6.35) und klonen Sie diese. Ich habe mir diesen Befehl auf die Funktionstaste F3 gelegt (siehe Kapitel 2).

5. Wählen Sie nun – bei immer noch ausgewählten Vektorformen – das Spiegeln-Werkzeug (O) und fahren Sie damit auf einen der Ankerpunkte in der Mitte (in Rot hervorgehoben). Halten Sie die Maustaste und gleichzeitig die Shift-Taste gedrückt und ziehen Sie die Maus nach links, um die Grafik zu spiegeln. (Die gespiegelte Vektorgrafik ist in Abbildung 6.35 oben rechts in Grün hervorgehoben.)

6. Nun, da Sie alle Ihre Formen am richtigen Platz haben, kombinieren Sie diese mithilfe der Werkzeuge im Pathfinder-Bedienfeld, um die endgültige Form zu erzeugen. Wählen Sie einfach die verschiedenen Formen und klicken auf die Funktion *Vereinen* (wenn Sie Formen zusammenfassen möchten) oder *Vorderes Objekt abziehen* (wenn Sie Formen eliminieren wollen), um alle endgültigen Vektorformen zu schaffen, die für Ihr Design notwendig sind (unten links in Abbildung 6.35).

Die endgültige Ausführung der symmetrischen Grafik der Figur wurde mithilfe der Punkt-für-Punkt-Methode, der Formkonstruktionsmethode sowie Symmetrie konstruiert. Sie sehen diese in Abbildung 6.35 rechts unten. Je einfacher es Ihnen fällt, die in diesem Buch vorgestellten Konstruktionsmethoden miteinander zu kombinieren, desto produktiver wird Ihr Workflow ausfallen (Abbildungen 6.36–6.45).

Abbildung 6.35

Sehr einfaches symmetrisches Konstruieren kann sehr hochwertige Ergebnisse erzielen.

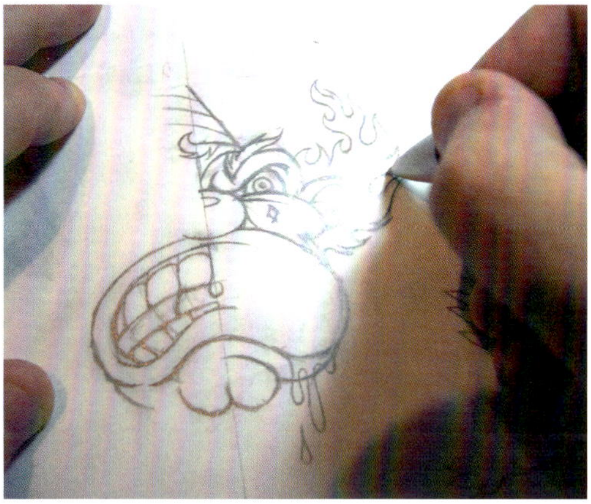

Abbildung 6.36
Miniaturskizze für meine Illustration

Abbildung 6.37
Reinzeichnung der Illustration. Ich verwende sie als Vorlage zur Konstruktion meiner Vektorformen in Illustrator. (Beachten Sie: Der Sabber auf der rechten Seite wird nicht Teil der symmetrischen Elemente sein.)

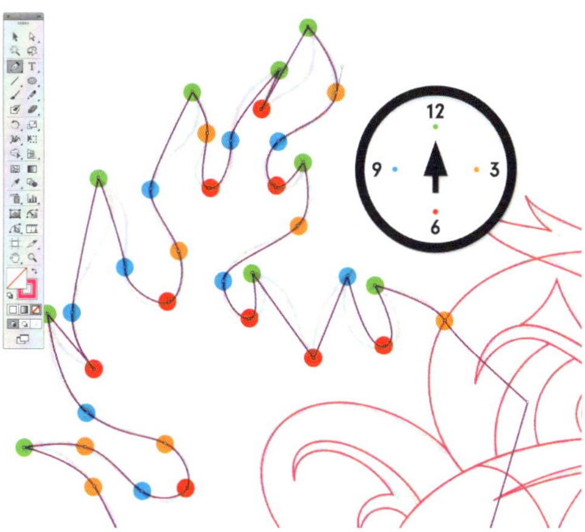

Abbildung 6.38
Mithilfe von TCM und PPP (in Kapitel 5 behandelt) bestimme ich die Positionen meiner Ankerpunkte und konstruiere meine Vektorgrafik mit der Punkt-für-Punkt-Methode, um die flammenartige Haarform zu schaffen.

Abbildung 6.39
Das Endresultat des Punkt-für-Punkt-Workflows in vier Schritten erzeugt eine Vektorgrafik, die sich mit meiner zugrunde liegenden Zeichnung deckt. Auch für die restlichen Vektorformen setze ich weiter diese Methode ein.

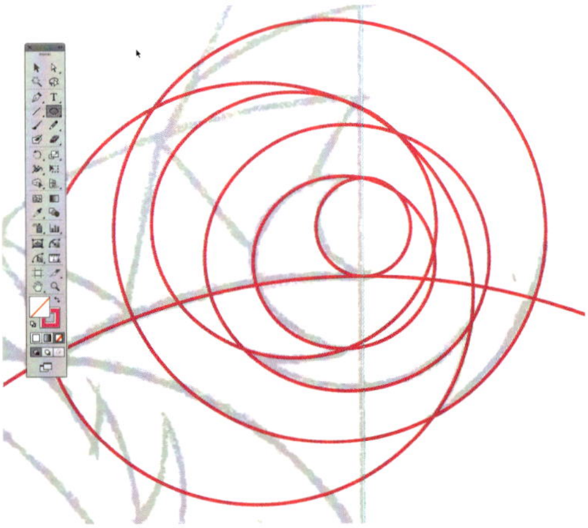

Abbildung 6.40

Unter Anwendung der Formkonstruktionsmethode erstelle ich sechs kreisrunde Formen mit dem Ellipse-Werkzeug (L), um die Haarlocke auf der Stirn zu erzeugen.

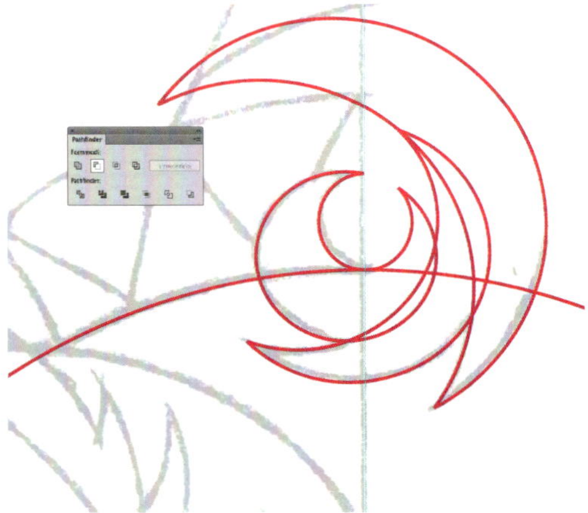

Abbildung 6.41

Ich wähle dann verschiedene Formen und klicke auf den Button im Pathfinder-Bedienfeld mit der Funktion *Vorderes Objekt abziehen*, um die Bereiche der Kurve zu entfernen, die in meiner endgültigen Grafik nicht erscheinen sollen. Das Resultat ist eine gebogene Form, die mehr nach Haaren als nach einem Kreis aussieht.

Abbildung 6.42

Im weiteren Verlauf meiner Konstruktion wähle ich die Formen aus und klicke zusammen mit einer anderen Wegwerfform auf die Funktion *Vereinen* im Pathfinder-Bedienfeld, um den Haarschopf zu erzeugen.

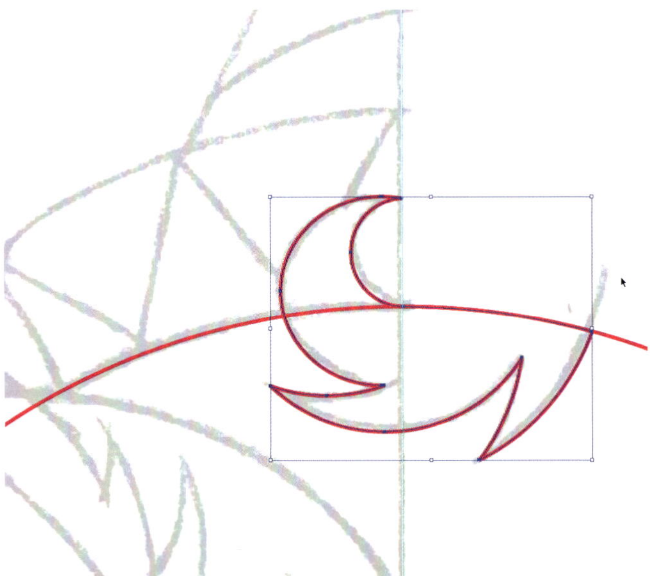

Abbildung 6.43
Dieses Bild zeigt alle finalen, symmetrisch angelegten Formen, die ich klonen werde, um das endgültige Bild fertigzustellen.

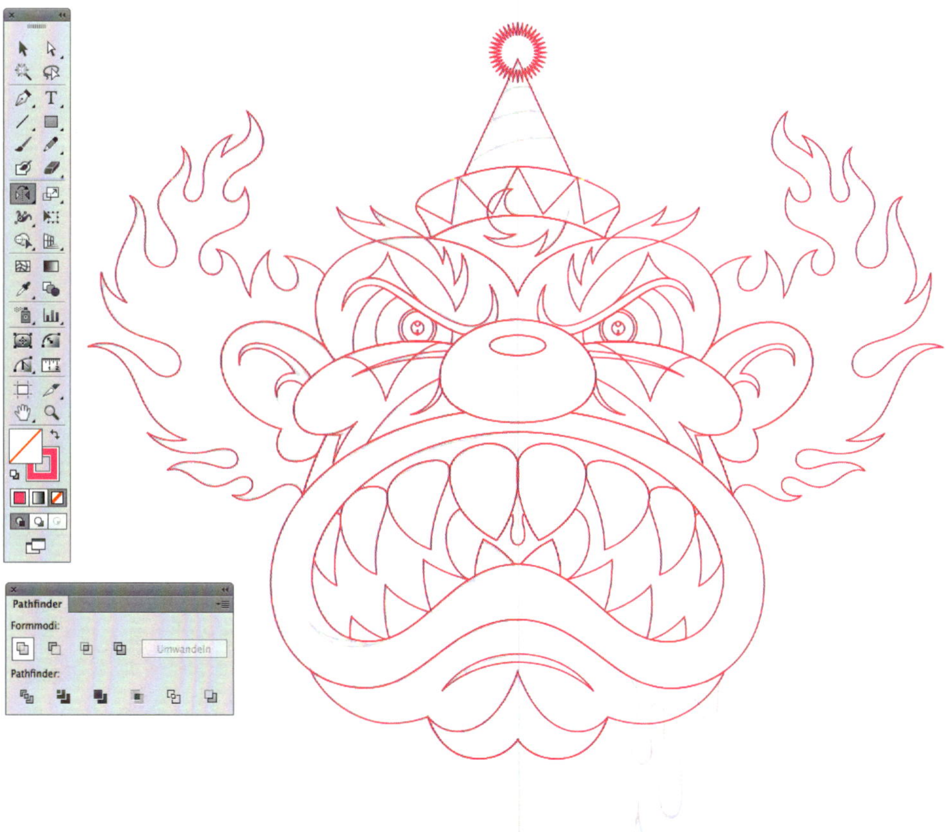

Abbildung 6.44
Ich klone (Cmd + C / Strg + C dann Cmd + F / Strg + F) die Vektorformen und spiegele die Form mit dem Spiegeln-Werkzeug (O) . Sobald die Illustration gespiegelt ist, wähle ich verschiedene Formen aus und klicke auf die Funktion *Vereinen* im Pathfinder-Bedienfeld, um die benötigten Vektorformen für die endgültige Grafik zu schaffen. Ich entferne alle redundanten Ankerpunkte mithilfe der PathScribe-Funktion des VectorScribe-Plug-ins. (Eine Anleitung zu diesem Plug-in finden Sie etwas weiter oben in diesem Kapitel.)

Abbildung 6.45
Die finale Grafik habe ich »Tickles, der böse Clown« genannt. Tickles hat zahlreiche Auszeichnungen für Illustrationen gewonnen, außerdem war ein großformatiger Druck Teil einer Ausstellung der New York Society of Illustrators.

Ein solider kreativer Workflow

Ich habe meine verschiedenen Konstruktionsmethoden in diesem Kapitel getrennt behandelt, damit ich Sie durch jede einzelne begleiten konnte. Danach habe ich erläutert, wie ich die Methoden kombiniert im größeren Zusammenhang eines systematisch kreativen Workflows einsetze.

Doch der kreative Workflow ist keineswegs immer so geordnet. Oft wird Sie ein Projekt dazu zwingen, hin und her zu springen, zuvor verwendete Methoden später im kreativen Workflow erneut einzusetzen, um grafisch das gewünschte Ziel zu erreichen.

Ein typisches Beispiel für dieses Vor und Zurück zeigen die Abbildungen 3.34–3.36. So wird es auch bei Ihren eigenen Projekten laufen, wenn Sie die Punkt-für-Punkt- und die Formkonstruktionsmethode einsetzen, die wir in diesem Kapitel behandelt haben.

Ein solidert kreativer Workflow sollte flexibel, anpassungsfähig und offen für den Einsatz jeder benötigten Methode zu jedem beliebigen Zeitpunkt sein, um das Endergebnis zu optimieren

Notizen

Skullduggery

In den Demodateien finden Sie eine Datei namens »Skullduggery.ai«. Darin sind die folgenden acht Basisvektorformen enthalten:

- 3 Kreise
- 3 Rechtecke
- 1 Quadrat
- 1 Dreieck

Ihre kreative Herausforderung besteht darin, die acht Formen in dieser Datei – Sie dürfen sie skalieren, aber nicht verzerren – und einen Totenkopf mithilfe der Formkonstruktionsmethode zu erstellen, die wir in diesem Kapitel kennengelernt haben.

Wie ist es Ihnen ergangen? Vergleichen Sie Ihre Vektorkonstruktion mit diesem Bild: *http://goo.gl/XVJnh*

VIDEO

Ai

Designübungen

Schnell und einfach

Wie wir bereits etwas weiter oben in diesem Kapitel gesehen haben, vereinfacht das Aufteilen Ihrer Vektorgrafik in kleinere, besser verwaltbare Teilformen den gesamten Vorgang beim Aufbau Ihrer Grafik und führt zu kürzeren Konstruktionszeiten, insbesondere wenn Sie komplexe Designs erzeugen.

In diesem Abschnitt habe ich einige meiner eher komplexen Designs zusammengestellt, damit Sie sehen können, wie ich jedes einzelne aufgeteilt habe. In jeder Grafik wurde das Ganze in kleinere Teile unterteilt, die viel einfacher zu handhaben waren.

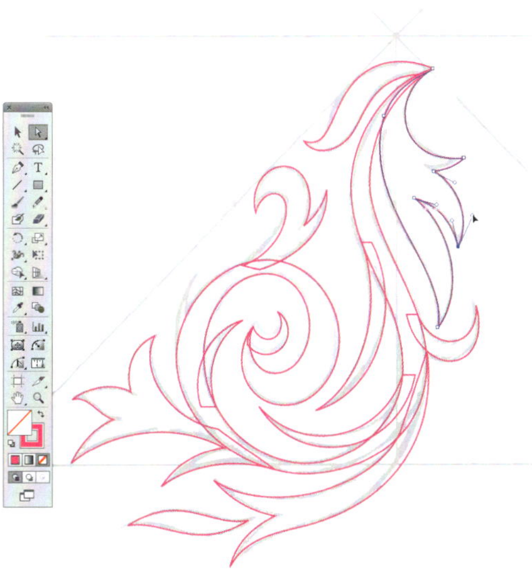

Abbildung 6.46
Dieses Ornament habe ich durch die Unterteilung der Gesamtform in viele Einzelformen erstellt. Wenn die verschiedenen Teile mit den Funktionen im Pathfinder-Bedienfeld miteinander vereint werden, entsteht ein großer zusammenhängender Pfad.

Abbildung 6.47
Die endgültige Ornamentform wird dupliziert, dann horizontal und vertikal mit dem Spiegeln-Werkzeug (O) gespiegelt, um ein komplettes Rahmenmotiv für ein Publishing-Projekt zu schaffen.

Abbildung 6.48

Wann immer Sie Ihre Arbeit unterteilen und von der Symmetrie profitieren können, reduzieren Sie Ihre Konstruktionszeit deutlich, weil Sie im Endeffekt Ihre Arbeitslast halbieren. Hier musste ich beispielsweise nur die Hälfte des Designs erzeugen. (Für mehr Informationen zum Unterteilen sehen Sie sich nochmals Kapitel 6 an.)

Abbildung 6.49

Ein Bär im Tribal-Tattoo-Stil – Illustration für St. Martin's Press

Abbildung 6.50

Eine komplexe Illustration wie dieser Tiger ist viel einfacher auszuführen, wenn Sie das Design in kleinere, voneinander unabhängige Teile untergliedern. Das erlaubt Ihnen ein schnelleres Arbeiten, während Sie sich zugleich auf kleinere Details konzentrieren können.

Abbildung 6.51
Diese Illustration eines Tigers wurde von einer lokalen Non-Profit-Organisation in Auftrag gegeben und kam auf einem Veranstaltungsplakat anlässlich einer Spendenaktion für die Diabetes-Forschung zum Einsatz.

Kapitel 7

Der passende Stil

Im kreativen Umfeld gibt es weithin die irrtümliche Auffassung, dass man einen charakteristischen visuellen Stil bräuchte, um Ruhm, Vermögen und einen sicheren Job zu erlangen. Doch es gibt schlicht und einfach keinen Designstil, der auf alles passt, und es wäre unrealistisch und unpassend, die eigene Kreativität mit einem festen persönlichen Stil zu erdrosseln. Sich dem Zwang zu unterwerfen, jedes Designprojekt vom gleichen Blickwinkel aus anzugehen, begrenzt Ihre Möglichkeiten und hält Sie davon ab, sich als kreative Persönlichkeit weiterzuentwickeln.

Als Designer müssen wir bei jedem angenommenen Projekt die Zielgruppe studieren und einen Stil für unsere Arbeit wählen, der diese auf authentische Weise anspricht (Abbildung 7.1). Ihr Design mag ästhetisch ansprechend sein, unzählige Auszeichnungen gewinnen und sogar auf ein intelligentes Konzept bauen, doch wenn es die vorgesehene Zielgruppe nicht erreicht, ist es eine bloße Augenweide – ein reiner Leckerbissen, aber nicht sättigend und somit nachhaltig für Sie oder Ihr Unternehmen.

Seien Sie proaktiv in Ihrer Kreativität und setzen Sie vielfältige Stile wirksam ein, um am Ende eine Arbeit abzuliefern, die nicht nur den Anforderungen des Kunden entspricht, sondern diese sogar übertrifft. Das ist eine effektive Taktik, um in einer sich ständig ändernden Branche kreativ bedeutsam zu bleiben.

> *»Es ist nicht schlimm zu versagen.*
> *Aber es ist fatal, sich nicht zu verändern.« – John Wooden*

Design-Chamäleon

Ich liebe es, meinen kreativen Horizont zu erweitern, indem ich neue Stile erforsche. Die Fähigkeit, in einer Vielzahl von Stilen arbeiten zu können, hat zu einer breiteren Streuung von Projekten und Kunden geführt. So wurde ich im Laufe der Jahre zu einem Design-Chamäleon. Viele Artdirectors haben mich engagiert, weil ich mehrere Designrichtungen anbiete – jede in einem unterschiedlichen Stil –, um ihnen beim Ausloten möglicher Lösungen behilflich zu sein.

Bei jedem neuen Projekt lege ich ziemlich früh fest, welchen spezifischen Stil ich verwenden werde, um all das benötigte Referenzmaterial ordentlich vorzubereiten. Wenn der Stil eher komplex ausfällt, versuche ich zunächst die benötigte Zeit für das Design und die Art der Vektorkonstruktionsmethode zu bestimmen, die am besten für die präzise Umsetzung der Zielgrafik geeignet ist. Es ist von unschätzbarem Wert, diese Informationen zusammenzutragen, bevor der Bleistift oder Kugelschreiber überhaupt das Papier berührt.

Abbildung 7.1
(Seite gegenüber, von links nach rechts und von oben nach unten) Lizenziertes Bild für Wayne Enterprises, linienbasiertes Icon für ein Marketingbuch, maßgeschneiderter Logoschriftzug für ein Fecht-Team, einzigartige Sammelneuheit, Buchcover für St. Martin's Press und ein Kopf sowie ein Schriftzug für eine Biersorte. Jeder einzelne dieser sechs Stile, für die ich mich entschieden habe, ist an die Zielgruppe angepasst.

Sehen wir uns vier echte Projekte Schritt für Schritt an. Für jedes davon musste ich einen ganz eigenen, passenden Stil finden, um genau die überzeugende Vektorgrafik zu produzieren, die mein Kunde benötigte. Ich zeige Ihnen hier nur vier spezifische Stile. Im Verlauf der Jahre habe ich mir mein kreatives Repertoire aufgebaut, um eine stetig wachsende Anzahl von Stilen abdecken zu können – viel mehr, als ich an dieser Stelle zeigen kann. Es sollte auch Ihr Ziel sein, im Verlauf Ihrer Designkarriere neue Stile zu entdecken und zu entwickeln.

Sinestra

TommyKnocker

Abbildung 7.2

Anhand einer groben Miniaturskizze zeichne ich eine Feinskizze des linienbasierten Icons.

Linienbasierter Stil

Dieser Stil mit einer durchgängigen Linie wurde ursprünglich von Pablo Picasso in seinen Zeichnungen eingeführt und ist in unserer Branche zu einem beliebten Konzept geworden, um alles von Versicherungen, Kaffee über medizinische Dienstleistungen, Immobilien, Autos bis zu Banken, wie in diesem Projekt (Abbildungen 7.2–7.14) zu vermarkten. Der lineare Stil passt für diesen Kunden, weil er für digitale Medien oder Drucksachen genauso funktioniert wie für animierte TV-Spots.

Abbildung 7.3

Feinskizzen aller linienbasierten Icons, die ich für den Bankkunden einer Werbeagentur entwickelt habe. Da ich meine Designs zunächst zeichnerisch angefertigt habe, weiß ich genau, welche Vektorformen zu konstruieren sind – und zwar ganz ohne Rätselraten. Die größte Herausforderung wird bei diesem Stil also bereits in der Zeichenphase gemeistert.

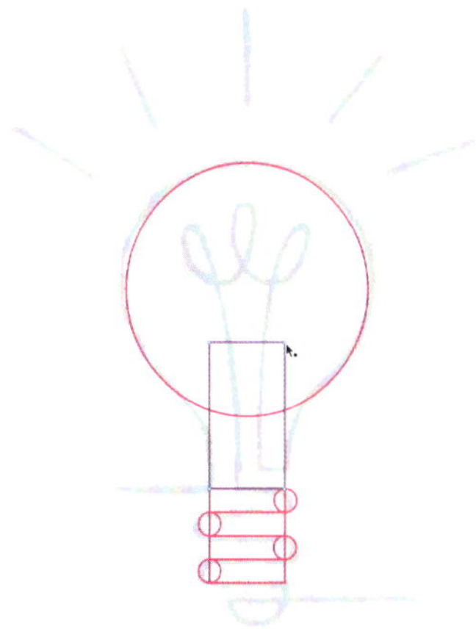

Abbildung 7.4
Die meisten der linienbasierten Icons werden mithilfe der Punkt-für-Punkt-Methode konstruiert. Doch bei dieser Glühbirne kann ich auch die Formkonstruktionsmethode anwenden.

Abbildung 7.5
Feinanpassung meiner Bézierkurve, um den Vektorpfad zu perfektionieren.

Abbildung 7.6
Ich entscheide mich für eine passende Strichstärke meiner endgültigen Kontur, die dann sowohl in großer als auch in kleiner Ausführung gut aussehen wird.

Abbildung 7.7
Ich musste das Logo der Bank im gleichen Stil neu gestalten, da es im selben Umfeld wie die Icons und der Schriftzug erscheinen sollte.

Abbildung 7.8
Hier sehen Sie ein Icon, das zur Gänze mit der Punkt-für-Punkt-Methode konstruiert wurde.

Abbildung 7.9
Die nächsten Bilder spiegeln den Korrekturprozess wider, der oft von Kunden verlangt wird. In diesem Fall war eine abgerundete Nase gewünscht.

Abbildung 7.10
Der Kunde wollte außerdem, dass sich der Mund über das gesamte Gesicht erstreckt, daher habe ich meine Vektorgrafik bearbeitet, um diese Änderung umzusetzen.

Abbildung 7.11
Nun gefielen dem Kunden die Augen nicht und er bat mich außerdem darum, die Schleife in der Nase zu entfernen. Im Großen und Ganzen handelte es sich um vernünftige Änderungen und ich glaube, sie haben zur Verbesserung des finalen Icons beigetragen – was der eigentliche Sinn von Korrekturprozessen ist.

Abbildung 7.12
Der Kunde entschied, dass noch ein weiteres Icon einer Hand benötigt wurde, daher skizzierte ich schnell einen Entwurf.

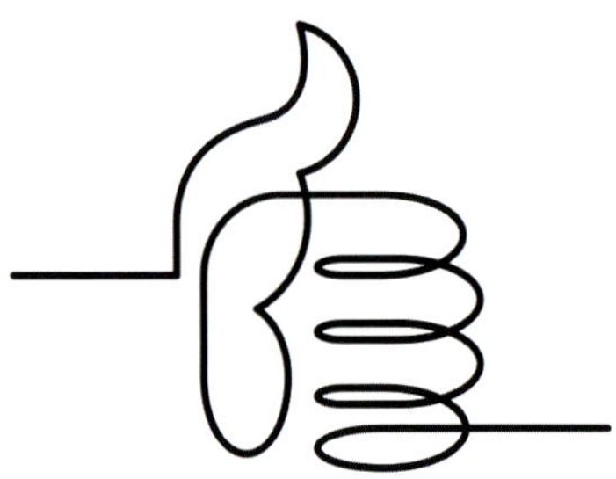

Abbildung 7.13
Das endgültige linienbasierte Hand-Icon, das den hochgestreckten Daumen zeigt.

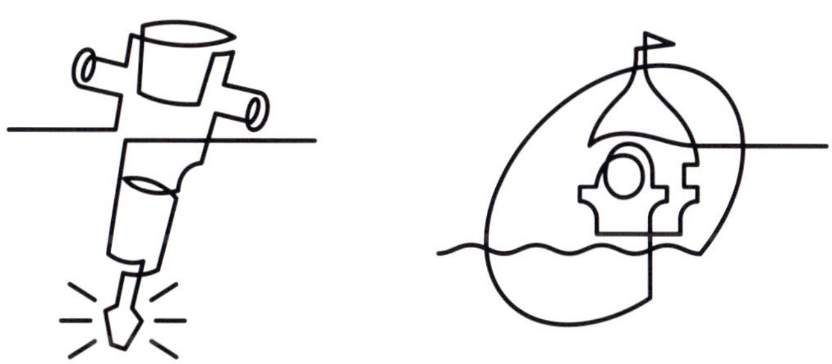

Abbildung 7.14
Dieser lineare Stil entsteht quasi aus einer Animation, in der sich die Linie selbst zeichnet. Genau so verwendete die Werbeagentur die Icons in der Fernsehwerbung für die Bank und setzte sie ebenso für Drucksachen und das Leitsystem ein.

Segmentierter Stil

Wenn ich selbst einen charakteristischen Stil habe, der noch am ehesten als »Von« erkannt wird, dann ist es wohl dieser hier. Wie viele Illustratoren wurde auch ich stark durch Jim Flora beeinflusst, einen Artdirector aus den 1950ern bei RCA Records, vor dessen Arbeit sich mein segmentierter Stil subtil verneigt. Ich habe in diesem Stil bereits Projekte für Adobe, eine nationale Restaurantkette, einen Buchverlag, Magazine und – wie in diesem Beispiel – »Keyboard-Figuren« für die Eigenwerbung realisiert (Abbildungen 7.15–7.26).

Abbildung 7.15
Meine Miniaturskizzen für eine Keyboard-Figur namens »Riled Rover« aus einer größeren Sammlung von Produkten zur Eigenwerbung

Abbildung 7.16
Meine Feinskizze für »Riled Rover«. Manchmal zeichne ich etwas neu und klebe es auf eine vorherige Variante, so wie hier.

Abbildung 7.17
Meine nach Art von Doktor Frankenstein zusammengepuzzelte, aber fertig ausgeführte Skizze ist bereit zum Einscannen und zur Weiterverwendung.

Abbildung 7.18
Die meisten Vektorpfade sind mithilfe der Punkt-für-Punkt-Methode konstruiert; beim Setzen der Ankerpunkte orientiere ich mich an der Ziffernblattmethode (TCM). An den Zähnen verwende ich allerdings die Formkonstruktionsmethode mit dem Ellipse-Werkzeug (L) und das Pathfinder-Bedienfeld.

Abbildung 7.19
Beachten Sie, wie ich meine Vektorgrafik aufbaue, damit diese meiner Skizze entspricht. Die einzigen Bereiche, in denen ich von der Zeichnung abweiche, sind die Teile, die digital einfacher zu konstruieren sind, etwa die spitzen Zähne, das Halsband oder die Zehen, die ich mitttels der Formkonstruktionsmethode in Illustrator erstelle.

Abbildung 7.20

Alle grundlegenden Vektorformen sind fertig.

Abbildung 7.21

Ich beginne nun die flächigen Füllfarben auszuarbeiten.

Abbildung 7.22

Meine endgültige Grafik für die »Riled Rover«-Figur

Abbildung 7.23
Hier drei weitere Keyboard-Figuren aus meiner Sammlung: »Pet Monster«, »DZGN-BOT« sowie »Feed Your Imagination«.

Abbildung 7.24
Druckproof für meine Sammlung an Keyboard-Figuren

Abbildung 7.25
Farbproof für die »Riled Rover«-Figur

Abbildung 7.26
Die fertigen Keyboard-Figuren zur Eigenwerbung

Tribal-Tattoo-Stil

Vor einigen Jahren traf sich eine Gruppe von Illustratoren einmal pro Monat – ich war darunter – und jeder von uns setzte ein zuvor vereinbarten Thema um. Einmal waren »Tattoos« das Thema. Ich hatte schon immer den Grafikstil von Stammestätowierungen gemocht und so entschied ich mich, ein Gesicht zu zeichnen.

Seit dieser einfachen kreativen Entdeckung verwende ich diesen Stil inzwischen für allerlei Kundenprojekte, beispielsweise für Buchcover, maßgeschneiderte Tattoo-Designs, Energydrinks, Sticker und – wie Sie in den Abbildungen 7.27–7.47 sehen – ein Posterdesign für die »Rock and Roll Hall of Fame«. Der Tribal-Tattoo-Stil passt gut zu diesem Produkt, weil die Art des Kunden und seine Geschichte eher extrem sind. Und dieser Stil kommuniziert das sehr gut.

Abbildung 7.27
Meine Miniaturskizze für das Posterdesign

Abbildung 7.28
Wann immer ich mit einem Thema nicht ganz vertraut bin, forsche ich nach und sammle Referenzbilder, damit meine Werke zur angestrebten Zielgruppe (die im Zweifel größere Experten sind als ich) passen. Da ich ziemlich wenig Ahnung von Musik habe, studierte ich vor dem Zeichnen meines Designs erst einmal verschiedene Gitarrenformen.

Abbildung 7.29 und 7.30

Anhand einer schon früher erstellten Illustration im Tribal-Tattoo-Stil beginne ich damit, meine Grafik in die Form einer Gitarre zu zeichnen. Ich erstelle meine Zeichnung auf Pauspapier und experimentiere so lange mit Änderungen, bis ich die präzise gezeichnete Form habe, die ich brauche.

Abbildung 7.31

Hier sehen Sie meine Feinskizze für den Gitarrenteil meines Designs. Der Gitarrenhals ist auf zwei verschiedene Arten gezeichnet, weil ich zu diesem Zeitpunkt noch nicht wusste, für welche Variante ich mich entscheiden würde.

Abbildung 7.32

Ich scanne meine Zeichnung ein und erstelle eine grobe Layout-Komposition, um die generelle Platzverteilung und die Verhältnisse zu fixieren.

Abbildung 7.33
Ich drucke meine grobe Komposition aus und verfeinere dann die Grafik, indem ich die übrigen Designelemente wie die Flammen ausarbeite.

Abbildung 7.34
Ich beginne die Konstruktion meiner Vektorgrafik mit der Punkt-für-Punkt-Methode. Der Tribal-Tattoo-Stil ist einfacher umzusetzen als die meisten anderen. Da die Grafik eine Menge Bereiche enthält, die auf einen Punkt zusammenlaufen, ist es keine allzu große Herausforderung, die korrekte Platzierung der Ankerpunkte vorzunehmen.

Abbildung 7.35
Wie Sie sehen, folge ich meiner Feinskizze ziemlich genau. Jetzt gibt es kein großes Rätselraten, ich setze einfach das um, was ich in meiner eingescannten Feinskizze festgelegt habe.

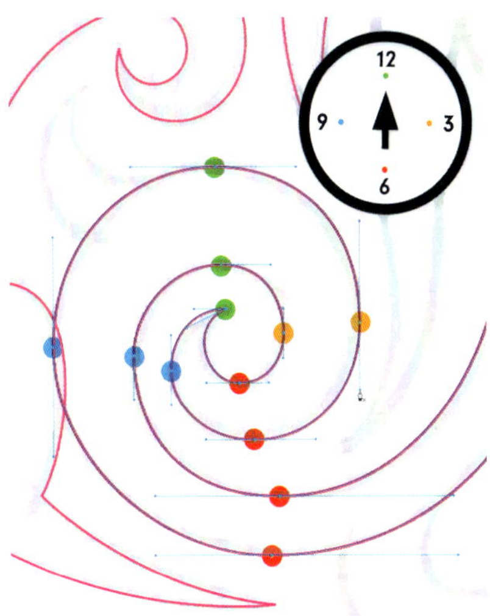

Abbildung 7.36
Mit der TCM im Hinterkopf erzeuge ich alle Kurvenformen in meinem Tribal-Tattoo-Stil.

Abbildung 7.37 und 7.38

Während der digitalen Ausarbeitung (siehe links) drucke ich die Grafik gerne aus und prüfe sie, um etwaige Bereiche zu identifizieren, die unausgewogen wirken oder einfach überarbeitet noch besser aussehen könnten (oben). Diese Rolle als eigener Artdirectior ist essenzieller Teil meines systematischen kreativen Workflows.

Abbildung 7.39

Ich führe alle grundlegenden Vektorformen für das Posterdesign aus und prüfe nochmals alle Bereiche auf grafische Unausgewogenheiten, die weiter behandelt werden müssen. Ich nehme zahlreiche Anpassungen bei den Flammenvektoren rund um die Schrift und den Gitarrenkörper vor. Sie sehen diese Verbesserungen überall dort, wo die Vektorgrafik sich nicht mit der Originalgrafik deckt.

Abbildung 7.40

Ich beginne mit Farbkombinationen zu spielen. Beachten Sie, dass ich mich gegen die feinen Details in den Buchstabenformen entschieden habe. Diese zogen einfach übermäßig viel Aufmerksamkeit auf sich, daher habe ich die Buchstaben vereinfacht, was der allgemeinen Lesbarkeit zuträglich war.

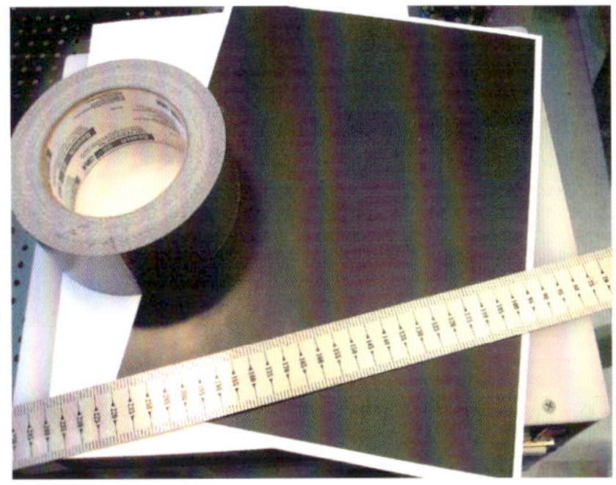

Abbildung 7.41

Oft sehen Vektorgrafiken zu perfekt und zu sauber aus – und in diesem Fall finde ich, dass das Design durchaus einen stärker abgenutzten Stil vertragen könnte. Um dies zu erreichen, nutze ich einfach eine Rolle Klebeband, ein Lineal mit einer harten Kante und einen Ausdruck (sowohl Tintenstrahl- als auch Laserausdruck funktioniert) mit einer großen schwarzen Fläche.

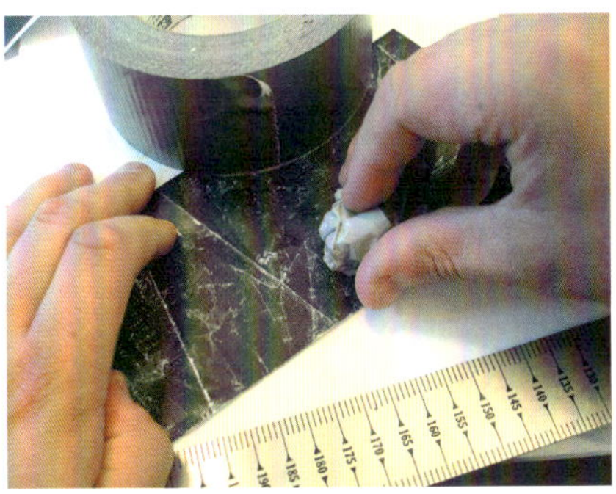

Abbildung 7.42

Ich zerknülle den Ausdruck, damit er an manchen Stellen Toner verliert und dort Flecken oder Striemen zurückbleiben. Dann rolle ich das Klebeband zu einer kleinen Kugel und beginne die Oberfläche abzutupfen, um nach dem Zufallsprinzip weiteren Toner zu entfernen und so einen authentisch abgenutzten Stil zu erreichen.

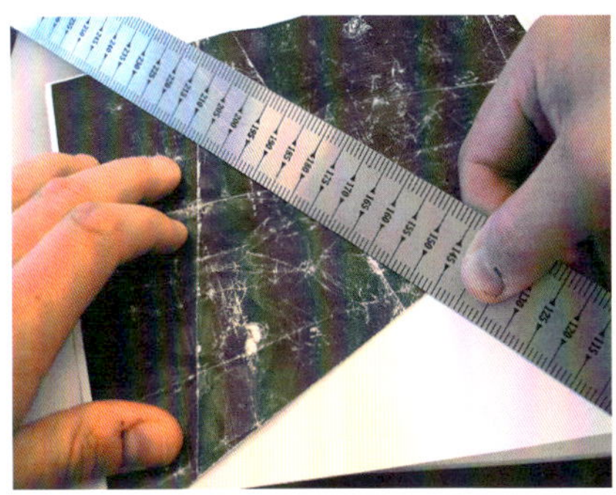

Abbildung 7.43

Ich falte den Ausdruck und ziehe die Kanten der Faltungslinien mit meinem scharfkantigen Lineal nach. Diese Behandlung entfernt noch mehr Toner und erzeugt nette, über die Oberfläche verteilte Rillen. Ich drehe das Blatt und falte verschiedene Winkel, um eine wirklich authentische und interessantere Oberfläche zu schaffen.

Abbildung 7.44

Der fertige abgenutzte Ausdruck ist zum Einscannen bereit.

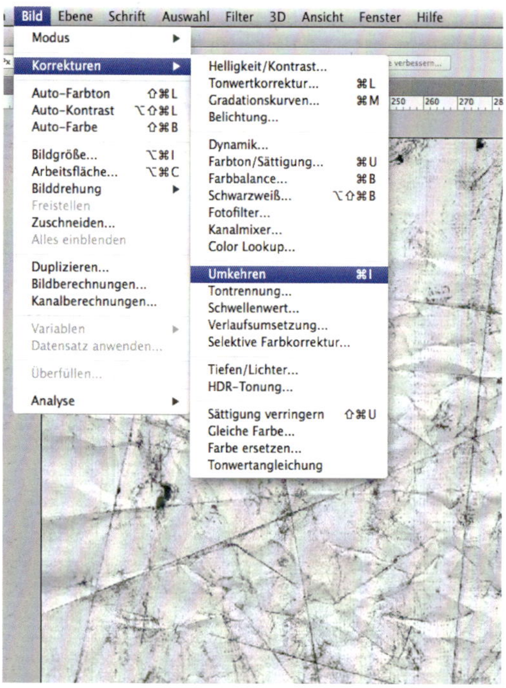

Abbildungen 7.45 und 7.46

Ich scanne das Bild als Graustufen-TIFF ein und invertiere es in Photoshop (*Bild* > *Korrekturen* > *Umkehren*), um ein Positiv als TIFF-Bild zu erhalten. Dann platziere ich das Bild in meiner Vektordatei und lege es auf die oberste Ebene. Schließlich muss ich es noch mit einer Füllmethode aus dem Transparenz-Bedienfeld auf die zugrunde liegende Vektorgrafik anwenden (zum Beispiel *Multiplizieren*). So erhält mein finales Design ein authentisch abgenutztes Aussehen.

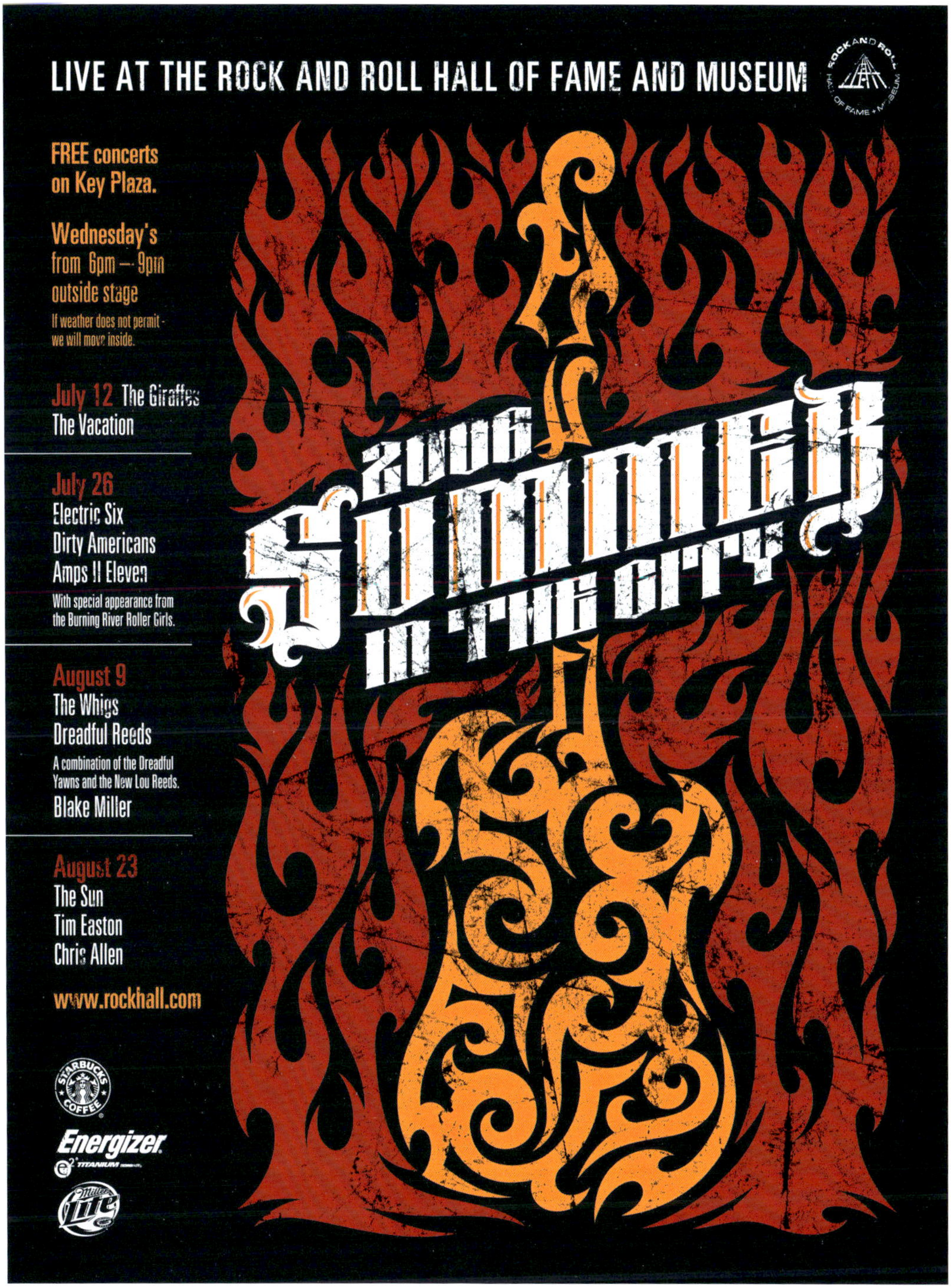

Abbildung 7.47

Das endgültige Posterdesign für die »Rock and Roll Hall of Fame« im Tribal-Tattoo-Stil

Grafischer Stil

Nicht alle Projekte erfordern einen übermäßig illustrativen Zugang. Ein einfacher grafischer Stil kann besser geeignet sein für Projekte wie individuelle Schriftzüge, Icons, Ornamente oder ein Logodesign für ein italienisches Animationsunternehmen (Abbildungen 7.48–7.58). Mit seinem simplen Stil kann dieses Logo viel einfacher und ohne Lesbarkeitsprobleme für verschiedenste Anwendungen angepasst werden.

Doch der Hauptgrund dafür, weshalb ich diese stilistische Richtung gewählt habe, hängt mit meiner Designphilosophie in Bezug auf Markenidentitäten zusammen: Einfach ist besser.

Abbildung 7.48
Ich skizziere meine symmetrische Miniskizze für das Logodesign, scanne sie ein und entwerfe die gesamte Figur, um meinen Schriftzug einzuzeichnen. (»Bocca« bedeutet auf Italienisch »Mund«.) Ich werde diese grobe Zeichnung als Vorlage für meine Feinskizze verwenden.

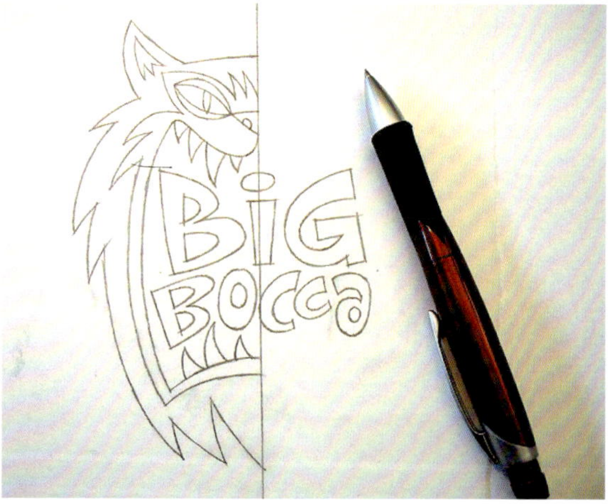

Abbildung 7.49
Auf Basis meiner groben Zeichnung (siehe Abbildung 7.48) führe ich nun meine Feinskizze aus. Da das Design symmetrisch angelegt ist, muss ich nur die Hälfte der Figur aufbauen.

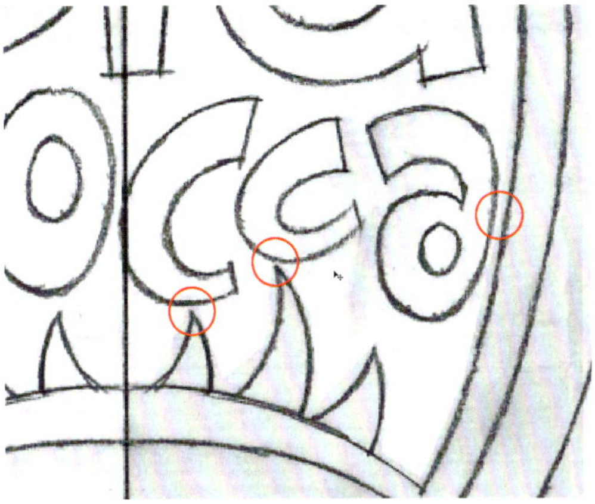

Abbildung 7.50
Mir fallen drei Bereiche auf, in denen die Abstände zwischen den Elementen zu eng sind, was grafisch unausgewogen wirkt. Daher stelle ich im weiteren Verlauf meiner Arbeit sicher, dass diese Bereiche ausgeglichen werden (siehe Kapitel 8 für mehr Informationen zu grafischer Unausgewogenheit).

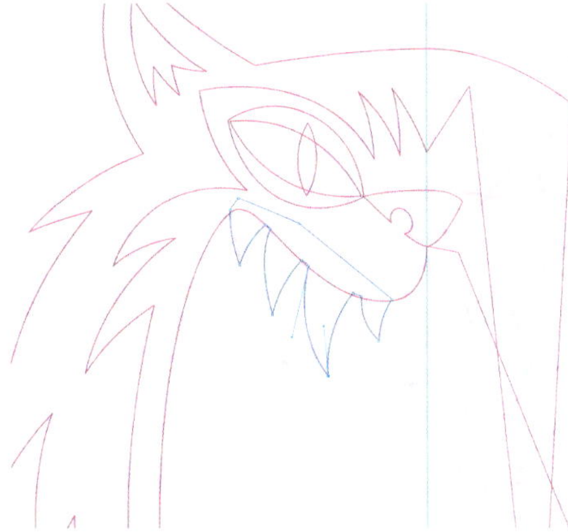

Abbildung 7.51
Den Großteil dieses Designs erstelle ich mithilfe der Punkt-für-Punkt-Methode. Einige Bereiche, beispielsweise die Nasenlöcher und die Pupillen, sind mit der Formkonstruktionsmethode gestaltet.

Abbildungen 7.52–7.54
Da ich nun all meine symmetrischen Vektorpfade erstellt habe, wähle ich alle Formen aus und wendete das Spiegeln-Werkzeug (O) an, um meine endgültige Basisvektorgrafik zu erzeugen.

Abbildung 7.55
Nun arbeite ich mein Farbschema für das Logo aus.

Abbildungen 7.56 und 7.57
Kleine, vermeintlich unscheinbare Details können eine ganze Menge zum Design beitragen. Bei diesem Logodesign hauchen kleine Glanzlichter (weiße Kreise) auf den Augen dem ganzen Logo Leben ein. Das sind besagte kleine Verbesserungen, nach denen Sie suchen sollten, wenn Sie während der Arbeit Ihr eigener Artdirector sind.

Abbildung 7.58
Das endgültige »Big Bocca«-Logodesign – umgesetzt in einem einfachen grafischen Stil

Notizen

Erstellen Sie eine Stil-Tafel

Eine einfache Angewohnheit für den Kreativprozess, die Ihnen passende Stile für verschiedenste Genres zu finden hilft, besteht darin, auf Design in unterschiedlichen Zusammenhängen zu achten. Ich möchte Sie dazu ermutigen, Beispiele für verschiedenste Stile zu sammeln und damit eine Stil-Tafel zu erstellen.

Ein schwarzes Brett in Ihrem Arbeitsbereich oder Büro ist ein passender Platz, um unterschiedliche Stile aufzuhängen, die Ihnen gefallen und die Sie vielleicht auch in Ihren eigenen Projekten ausprobieren möchten. Mit einer so gewachsenen Sammlung werden Sie bestimmt keinen der unterschiedlichen Stile vergessen und mit der Tafel wird Ihre kreative Sicherheit wachsen.

Ein kluger Designer wird stets verschiedene Stile einsetzen, um zu einer effektiveren visuellen Kommunikation zu gelangen. Wenn Sie das Gefühl haben, in einer alten eingefahrenen Spur festzustecken, dann probieren Sie bei Ihrem nächsten Projekt doch einfach mal einen komplett anderen Stil aus, statt sich immer wieder denselben abgenutzten Routinen zu ergeben.

Designübungen

Benutzen oder vergessen

Ein systematischer kreativer Workflow, in dessen Verlauf Sie eine Idee zunächst grob zeichnen, die Skizze anschließend verfeinern und dann in Vektorform umsetzen – mit kontinuierlichen Verbesserungen und benötigten Anpassungen im Verlauf der Arbeit –, ist nur dann erfolgreich, wenn Sie diesen Prozess auf jedes Ihrer Projekte anwenden.

Anders gesagt: Wenn Sie die in diesem Buch vorgestellten Methoden nicht regelmäßig – im Sinne von täglich – einsetzen, dann werden sich die ultimativen Vorteile bei Ihnen über die Zeit nicht einstellen. Benutzen oder vergessen Sie es, es liegt ganz in Ihrer Hand.

Das Figurendesign, das ich Ihnen hier gleich vorstelle, verwendet die Methoden, die ich in diesem Buch ausgeführt habe und sämtlich zur Realisierung eines nützlichen und reproduzierbaren kreativen Workflows essenziell sind.

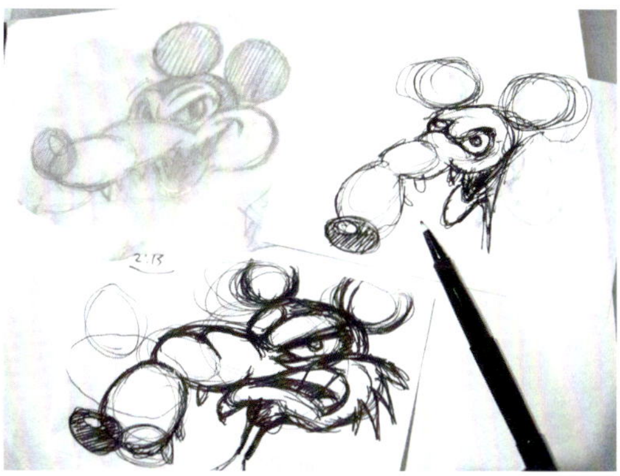

Abbildung 7.59

Miniaturskizzen der Figur »Mickey, die Ratte«, ein klassisches Beispiel für Character Design

Abbildung 7.60

Genauere Ausführung der Figur mit einer detaillierteren Grobskizze

Abbildung 7.61
Weitere Verfeinerung meines Figurendesigns. Ich zeichne Körper und Kopf separat, um etwas Spielraum für die Positionierung zu haben.

Abbildung 7.62
Die fertiggestellte Feinskizze, die ich einscanne und für die Konstruktion meiner Vektorformen verwende.

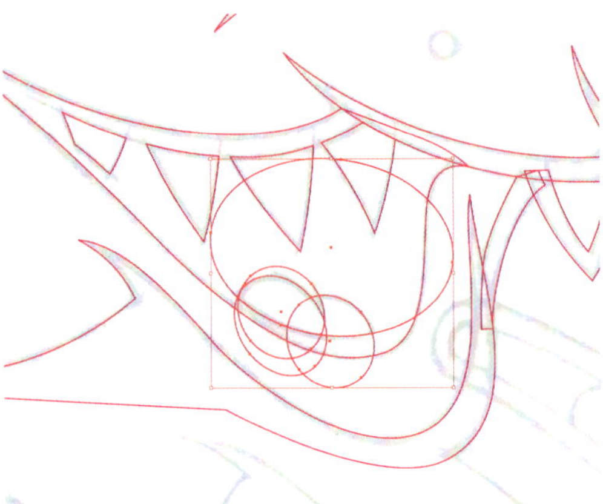

Abbildung 7.63
Für den Großteil dieses Designs verwende ich die Punkt-für-Punkt-Methode, die in Kapitel 6 beschrieben ist, aber für die Erstellung der Zunge entscheide ich mich für die Formkonstruktionsmethode (ebenfalls dort). Zur Konstruktion dieses Elements sind vier elliptische Formen notwendig.

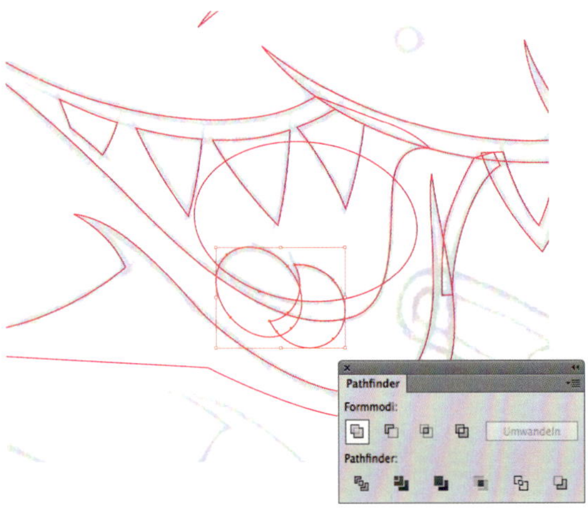

Abbildung 7.64
Für die Bearbeitung im Pathfinder-Bedienfeld wähle ich die Ellipsen aus und beginne damit, die Zunge zu formen.

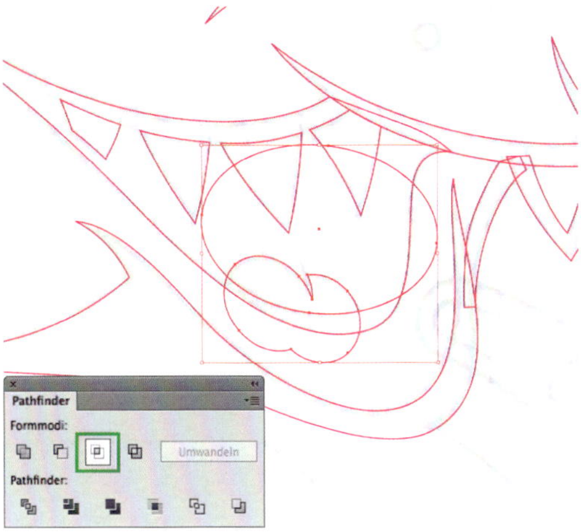

Abbildung 7.65
Nun bleiben nur noch zwei Formen übrig, also wähle ich beide aus und klicke auf den Button *Schnittmenge bilden* (in Grün hervorgehoben).

Abbildung 7.66
Die endgültige Zungenform – vollständig mit der Formkonstruktionsmethode aufgebaut

Abbildung 7.67
In diesem Stadium sind alle Basisvektorformen für den Kopf fertiggestellt.

Abbildung 7.68
Ich erstelle eine Grobkonstruktion des Zigarettenrauchs. Zu diesem Zeitpunkt kümmere ich mich nicht um die Feinanpassung der Bézierkurven, sondern konzentriere mich stärker auf die richtige Ankerpunktplatzierung.

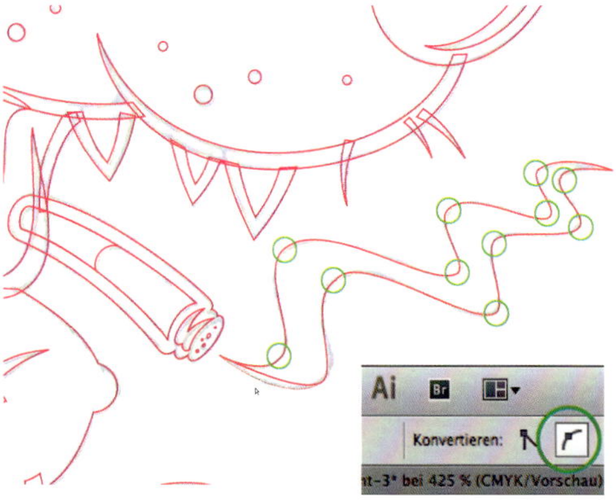

Abbildung 7.69

Mithilfe von *PathScribe* in meinem installierten VectorScribe-Plug-in passe ich den Vektorpfad noch weiter an, um mich der endgültig benötigten Form anzunähern. Dann wähle ich alle Ankerpunkte aus, die als Übergänge gestaltet sein sollen (in Grün hervorgehoben), und klicke im Steuerungsbedienfeld auf den Button *Ausgewählte Ankerpunkte in Übergang konvertieren* oben links auf dem Bildschirm.

Abbildung 7.70

An den nun als Übergang ausgeführten Ankerpunkten ziehe ich die Anfasser etwas heraus, um die eleganten Kurven zu erhalten, die die Form des Rauchs bilden.

Abbildung 7.71

Alle Basisvektorformen für dieses Figurendesign sind nun fertig. In diesem Status speichere ich gerne eine Kopie aller Vektorpfade auf einer neuen Ebene – nur um auf Nummer sicher zu gehen, und setze erst dann meine Arbeit fort.

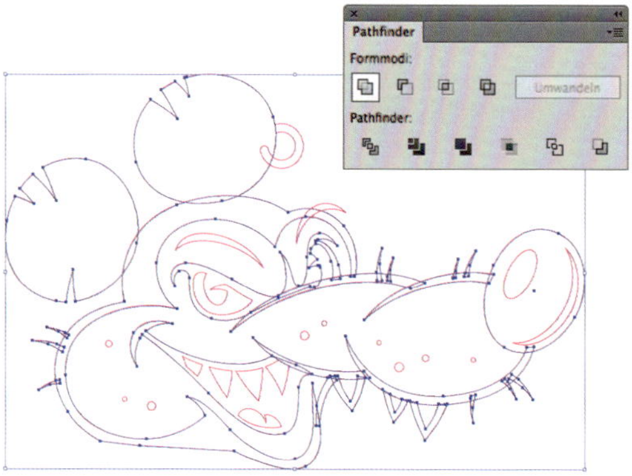

Abbildung 7.72

Ich wähle alle Vektorformen aus, die den Kopf bilden, und klicke im Pathfinder-Bedienfeld auf den Button *Vereinen*, um sie zusammenzufügen und die endgültige Kopfform zu erstellen.

Abbildung 7.73
Damit ist die Grundform für die endgültige Grafik des Kopfes für meine Figur fertig.

Abbildung 7.74
Ich fülle nun die schwarzen und weißen Flächen, um die Formen meiner Grafik dann im Ausdruck besser studieren zu können.

Abbildung 7.75
In der gleichen Abfolge konstruiere ich den Körper der Figur und drucke ihn dann aus. Nun ist es an der Zeit, in die Rolle des Artdirectors zu schlüpfen. Auf den Ausdrucken markiere ich die Bereiche, an denen Detailanpassungen nötig sind und meine Grafik noch weiter verfeinert werden muss.

Abbildung 7.76
Nachdem die Detailanpassungen beendet sind, beginne ich mit den Farben zu spielen. Ich rühre keine Farben an, bevor nicht alle Formen korrekt ausgeführt sind.

Abbildung 7.77
Es ist noch einmal Zeit für das Zeichnen. Ich drucke meine eingefärbte Grafik aus und male die Schattierungen an der Figur mit einem einfachen 2B-Bleistift ein. Erinnern Sie sich: Der Prozess ist im gesamten Verlauf des kreativen Workflows sowohl analog als auch digital.

Abbildung 7.78
Ich verwende gerne einen roten Filzstift, um die Bereiche der Glanzlichter einzuzeichnen.

Abbildung 7.79
Endgültige Illustration der Figur »Mickey, die Ratte«

Kapitel 8

Der eigene Artdirector sein

In der Branche der grafischen Kommunikation gibt es eine große Zahl kreativer Menschen, die sich alle auf dem globalen Marktplatz behaupten müssen. Dabei fungiert das Internet als omnipräsentes Instrument, das diese Form des Wettbewerbs erst ermöglicht. Meinungen zu Designs ändern sich schnell, Trends verebben und wir können unsere Arbeit mehr Menschen als je zuvor präsentieren.

Die Qualität der Arbeit dieser Legion von Designern reicht von furchtbar bis hin zu himmlisch. Was die Besten vom Rest dieser grafischen Kakophonie unterscheidet, ist meistens die individuelle Fähigkeit, die eigene Arbeit ehrlich zu prüfen, Nachteile zu erkennen, Schwächen zuzugeben, den kreativen Workflow zu korrigieren und mit jedem neuen Projekt die eigenen Fähigkeiten zu verbessern. Mit anderen Worten: Der Illustrator muss sein eigener Artdirector sein können.

Bei der Tätigkeit des Artdirectors geht es nicht so sehr um die Korrektur von Fehlern, sondern vielmehr um die Ausformung der Wahrnehmung. Wenn Sie Ihr eigener Artdirector sind, streben Sie danach, eine Ästhetik zu erschaffen, die einen gewünschten Effekt bei der anvisierten Zielgruppe auslöst.

Stellen Sie es sich so vor: Das Design ist tendenziell ein wunderbares Paradoxon, in dem objektive Methoden kreative Ergebnisse erzeugen, die subjektiv wahrgenommen werden.

Der frische Blick

Kreative Menschen verbringen so viel Zeit mit dem Blick auf ihre Arbeit, dass es für sie sehr schwer wird, potenzielle Probleme zu erkennen. Alles beginnt ineinanderzufließen. Wenn das geschieht, fehlt es an ehrlicher Kritik und damit an den nötigen Verbesserungen.

Dies ist eine gefährliche Situation, da sie zu suboptimalen Ergebnissen führen kann. Auch Ihr Kunde wird so schneller auf Probleme aufmerksam. Er wird das fehlende Achten auf Details direkt mit Ihnen als kreativer Person in Verbindung bringen.

Eine einfache Methode zur Vermeidung dieser Situation ist der Einsatz des – wie ich ihn nenne –»frischen Blickes«. Wenn Sie verschiedene Stadien Ihrer Arbeit erreicht haben, legen Sie diese zur Seite und arbeiten Sie eine Zeit lang an etwas ganz anderem. Eine Stunde ist ideal, aber auch schon 15 Minuten können genug sein, um den Speicher im Gehirn zu entleeren und die eigene Wahrnehmung aufzufrischen. Wenn Sie Ihre Arbeit später nochmals begutachten, können Sie sie mit einem frischen Blick prüfen – was es Ihnen ermöglicht, Bereiche zu erkennen, die noch weiter verbessert werden können. Was genau verbessert werden muss sowie das Ausmaß dieser Verbesserungen oder benötigten Anpassungen wird bei jedem anders ausfallen – abhängig von den Fähigkeiten des Einzelnen und in welcher Phase des kreativen Prozesses sich seine Arbeit befindet.

Abbildung 8.1
Meine ursprüngliche Feinskizze für den Azteken-Krieger im Tribal-Tattoo-Stil

Abbildung 8.2
Eine neue Feinskizze nach erneuter Begutachtung mit frischem Blick

Als ich von einer Getränkefirma beauftragt wurde, einen Aztekenkrieger im Tribal-Tattoo-Stil zu entwerfen, zeichnete ich zuerst eine Feinskizze, die Sie in Abbildung 8.1 sehen. Ich verbrachte viel Zeit damit, aber irgendetwas fühlte sich einfach nicht richtig an. Wann immer das passiert, ist es für mich ein Zeichen, das Projekt niederzulegen, mich abzuwenden und später nochmals mit einem frischen Blick daranzugehen. Daher legte ich diesen Auftrag weg und entschied mich dazu, die Arbeit daran erst am nächsten Tag wieder aufzunehmen.

Am nächsten Morgen sah ich mir die ursprüngliche Feinskizze nochmals mit frischem Blick an und konnte nun problematische Bereiche in meiner Grafik ausmachen. Der Kopf wirkte insgesamt zu schmal, die Umsetzung war nicht aztekisch genug und die Augen verloren sich im Detail, sodass sie nicht so fesselnd waren, wie sie hätten sein können. Ich führte die notwendigen Ausbesserungen in meiner Feinskizze aus und das Gesamtergebnis war eine authentische Lebendigkeit, die beim vorigen Entwurf fehlte (Abbildung 8.2).

Abbildung 8.3
Konstruktion der Vektorform mithilfe von TCM, PPP und anderen Techniken, die in Kapitel 5 und 6 vorgestellt wurden

Mit meiner nun abgeschlossenen Feinskizze gab mir mein Kunde grünes Licht und ich konnte damit fortfahren, das Design in Vektorform zu konstruieren (Abbildung 8.3).

Abbildung 8.4
Das endgültige Vektordesign, das für die Verpackung eines Energydrinks zum Einsatz kam. Der frische Blick half mir, meinem Kunden eine bessere Arbeit abzuliefern.

In einem kreativen Projekt, das eine schnellere Realisierung erfordert, kann der Einsatz des frischen Blickes unrealistisch erscheinen. Aber ich würde wirklich nicht sagen, dass es unmöglich wäre. Sich selbst zumindest eine kurze Zeit zum Neustart der kreativen Perspektive zu gönnen, ist in jedem Fall empfehlenswert (**Abbildung 8.4**).

Ihr innerer Artdirector

Der eigene Artdirector zu sein, ist in einem systematischen kreativen Workflow nicht auf die Phase des Zeichnens beschränkt. Auch während der Konstruktionsphase Ihrer Vektorgrafik kann der Prozess zum Tragen kommen.

Ein verantwortungsvoller Designer sollte immer nach Möglichkeiten Ausschau halten, sich zu verbessern und kreativ weiterzuentwickeln. Ein Teil dieser Entwicklung basiert auf der Haltung, dem Detail die gebührende Aufmerksamkeit zu widmen, während Sie im kreativen Workflow eines beliebigen Projekts voranschreiten.

Hören Sie auf Ihren inneren Artdirector und achten Sie auf die manchmal nur flüchtigen Eindrücke, die sich subtil während Ihrer Arbeit einstellen. Ignorieren Sie diese nicht, sondern lösen Sie die Probleme, die durch diese Eindrücke aufgedeckt werden. Das in den Abbildungen 8.5–8.13 vorgestellte Projekt verwendet viele der Methoden, die wir in diesem Buch bisher betrachtet haben. Im Verlauf der Arbeit daran hatte mein innerer Artdirector Bereiche in der Grafik gefunden, die ich noch weiter verbessern konnte (Abbildung 8.8).

In Kapitel 3 habe ich erläutert, warum Sie sowohl auf analoge als auch digitale Methoden setzen müssen, um Vektorgrafiken umzusetzen (Abbildungen 3.34–3.36). In diesem Projekt kam es auf dieses Gleichgewicht zwischen analoger und digitaler Technik an. Sobald ich meine Basisvektorgrafik wie in Abbildung 8.7 fertiggestellt hatte, druckte ich eine Schwarz-Weiß-Version aus und begann mit den Details für die Schattierungen (Abbildung 8.8). Schlussendlich scannte ich diese Zeichnung wieder ein und nutze sie als Plan, um die Vektorformen zu konstruieren, die in meinem endgültigen Design für die Schatten zuständig sind (Abbildung 8.12–8.13).

Als ich die Schattendetails in meiner Zeichnung ausführte, störte mich irgendetwas an der Form der unteren Hälfte des Alien-Totenschädels. Mein innerer Artdirector ließ mich die Problemstellen an der Basis des Schädels erkennen, die zu dünn waren und die Form meines Designs irgendwie eigenartig aussehen ließen (Abbildung 8.8). Man sollte sich stets bewusst sein, dass die Rolle des Artdirectors in den meisten Fällen subjektiv ist. Dieser Bereich meiner Grafiken ist nicht notwendigerweise falsch; er wirkt nur nicht so ästhetisch oder ansprechend, wie es sein könnte. Mit anderen Worten: Es gab Raum für Verbesserungen, daher nahm ich Anpassungen vor (Abbildung 8.9–8.11).

Abbildung 8.5
Miniaturskizzen für einen Alien-Totenschädel, der von einem Verlag in England in Auftrag gegeben wurde

Abbildung 8.6
Meine verfeinerte Skizze des Alien-Schädels auf der linken Seite (beachten Sie, dass ich symmetrisch arbeite) und meine Vektorkonstruktion auf der rechten Seite

Abbildung 8.7
Hier sehen Sie die gesamte fertig konstruierte Basisvektorgrafik. Ich drucke sie anschließend in Schwarz-Weiß aus, um die Schattierungen fertig zu zeichnen.

Abbildung 8.8
Ich wende mich also wieder der analogen Arbeitsweise zu und zeichne meine Schattendetails. Schließlich scanne ich die Zeichnung wieder ein und konstruiere darauf aufbauend meine Vektorformen für die Schattierung. Während ich die Schattierungen ausführe, identifiziert mein innerer Artdirector Stellen, die noch verbesserungswürdig sind (hier rot hervorgehoben).

Abbildung 8.9
Dies ist der Bereich, der meinem Gefühl nach verbessert werden kann. Er sieht zu dünn aus und die Schattierung hier widerspricht meiner Herangehensweise im übrigen Design.

Abbildung 8.10
Ich verändere die Pfade in der unteren Hälfte des Alien-Schädels, um die allgemeine Erscheinungsform zu verbessern.

Abbildung 8.11
Anschließend erstelle ich die Vektorformen für die Schattierungen in meinem Design.

Abbildung 8.12
Ich konstruiere alle Formen der Schattierungen anhand der Zeichnung, die ich erneut eingescannt habe. Alles, was nun noch fehlt, ist damit die endgültige Kolorierung.

Abbildung 8.13
Das endgültige Design des Alien-Schädels profitierte davon, dass ich mein eigener Artdirector war.

Ich hätte die Grafik einfach stehen lassen und keine dieser Änderungen vornehmen können, aber ich denke, die nachträgliche Anpassung der Schädelform sowie die hinzugefügten Schattierungen halfen dabei, das Endprodukt zu einer besseren Grafik zu machen.

Das ist selbstverständlich nur meine Meinung. Das Wesen des Artdirectors tendiert zum Subjektivismus, aber es ist genau diese Art kleiner Anpassungen, die Sie im kreativen Workflow durchführen sollten, um Ihren Grafiken den letzten Schliff zu geben. Mit anderen Worten: Geben Sie sich nicht mit »gerade gut genug« zufrieden. Wenn Sie denken, dass noch etwas verbessert werden könnte, ist das ein guter Grund, es auch zu tun (Abbildung 8.13).

Kleine und konsistente Verbesserungen im Verlauf Ihres gesamten Projektes sind ein sicheres Zeichen für einen funktionierenden kreativen Workflow.

Keine Arbeit ist perfekt, wenn sie in Druck geht. Wenn Sie über die Jahre mit anderen Menschen zusammenarbeiten, werden diese ganz bestimmt Probleme bzw. ungenutzte Potenziale aufdecken, für die Sie selbst blind sind. Nehmen Sie diese Kritik nicht persönlich; es ist wichtig, all diese Hinweise zu Ihrer Arbeit aufzunehmen, damit Sie lernen, wachsen und der Beste werden können, der Sie sein können. Die Tatsache, dass Sie dieses Buch lesen, zeigt, dass Sie für diese Art von Input gut gerüstet sind – und das ist ein vielversprechendes Zeichen.

Abbildung 8.14
Werfen Sie einen Blick auf diese Grafik und lassen Sie Ihren Blick ganz natürlich dorthin wandern, wo er hindrängt.

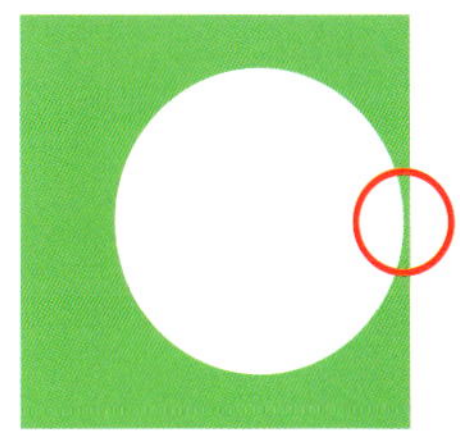

Abbildung 8.15
Bei den meisten Betrachtern bleibt das Auge an der rot eingekreisten Stelle hängen. Der Kreis befindet sich zu nah am Rand des Quadrats. Diese Störung ergibt sich aus dem unausgewogenen Verhältnis zwischen der Form des Quadrats und der des Kreises.

Vermeiden Sie grafische Unausgewogenheit

Die einzelne Form ist zweifellos wichtig, wenn Sie Vektorgrafiken erstellen. Aber wie eine Form zu einer anderen innerhalb des Designkontexts in Beziehung steht, ist von vergleichbarer, wenn nicht sogar von noch größerer Wichtigkeit. Sie mögen eine gut ausgearbeitete und präzise Form produzieren, aber wenn diese mit anderen Formen nicht richtig harmoniert, wird sie ästhetisch darunter leiden. Ich bezeichne diese Art von problematischen Beziehungen zwischen Formen als »grafische Unausgewogenheit«.

Sehen Sie sich Abbildung 8.14 an. Wohin fällt automatisch Ihr Blick, wenn Sie sich diese Formen ansehen? Höchstwahrscheinlich wird Ihr Auge ganz natürlich in dem Bereich hängenbleiben, der in Abbildung 8.15 in Rot hervorgehoben wurde, weil er grafisch nicht ausgewogen ist.

VIDEO Ai

Abbildung 8.16
Sie können die grafische Unausgewogenheit auflösen, indem Sie den Kreis weiter vom Rand des Quadrats wegschieben und so dem Verhältnis der Formen untereinander mehr Ausgewogenheit verleihen.

Abbildung 8.17
Sie können die grafische Unausgewogenheit auch damit auflösen, den Kreis noch näher zum Rand des Quadrats zu rücken und diesen sichtbar überlappen zu lassen. Dies verbessert das Verhältnis der Formen.

Die Unausgewogenheit entsteht dadurch, dass der Kreis zu nahe am Rand des grünen Quadrats steht. Das zieht den Blick ungewollt auf diesen Bereich. Um dies aufzulösen, müssen Sie entweder wie in Abbildung 8.16 den Kreis weiter weg vom Rand oder aber ganz über den Rand schieben wie in Abbildung 8.17.

Die meisten erfolgreichen Designer sind hervorragende Manipulatoren und sehr erfahren darin, das Auge des Betrachters mithilfe der Komposition durch eine Grafik zu führen oder die Aufmerksamkeit auf einen spezifischen Ort in einem gegebenen Kontext zu lenken. Diese Reaktion des Betrachters ist beabsichtigt – eine zweckorientierte Aufmerksamkeit auf wichtige Inhalte, die nicht durch unnötiges oder schwaches Design abgelenkt wird.

Schlechtes Design ist ganz allgemein von grafischer Unausgewogenheit durchsetzt. Je mehr unausgewogene Bereiche es in einer Grafik gibt, desto mehr laufen Sie Gefahr, Kompromisse für die beabsichtigte visuelle Kommunikation einzugehen. Es ist von enormer Bedeutung, als eigener Artdirector Unausgewogenheiten zu erkennen und in Ihrer Grafik aufzulösen. Und wie bei allem ist der erste Schritt der Problemlösung das Erkennen, dass ein Problem vorliegt.

Unausgewogene Bereiche erkennen

Bevor wir uns einem realen Projekt praktisch widmen, das zahlreiche unausgewogene Bereiche enthält, sehen wir uns eine bekannte Grafik an, die wohl jedem vertraut ist: die US-amerikanische Flagge. Ich glaube, wir alle haben dieses Bild oft genug gesehen, um eventuell nicht Passendes leicht erkennen zu können. Wenn Sie Abbildung 8.18 betrachten, sehen Sie eine normale Flagge sowie eine mit zahlreichen Unausgewogenheiten. Können Sie alle 22 Bereiche in dieser Grafik identifizieren? Manche Fehler sind ganz offensichtlich, andere dagegen versteckter.

Ich sollte erwähnen, dass Designer manchmal absichtlich Spannung in Ihre Grafik bringen, um ein bestimmtes Look-and-Feel zu erreichen. In diesen Fällen kann man die Suche nach grafischer Unausgewogenheit getrost einstellen. Aber dies ist die Ausnahme. Außer in jenen Fällen, bei denen das Genre nach einem Stil verlangt, der locker, zufällig oder in seiner Komposition chaotisch ist, sollte grafische Unausgewogenheit in einem Design als negative Eigenschaft betrachtet werden.

Das Beispiel der Fahnen zeigt, dass grafische Unausgewogenheit sowohl offensichtlich als auch subtil sein kann. Letzteres ist schwieriger zu finden. Sie müssen also Ihren Blick schulen, um fehlerhafte Bereiche in jeder beliebigen Grafik auszumachen.

Abbildung 8.18
Es gibt insgesamt 22 fehlerhafte Bereiche in der rechten Flaggen-Grafik. Acht Sterne sind entweder falsch positioniert oder skaliert; der blaue Hintergrund ist verschoben und verzogen; sechs der sieben roten Streifen sind entweder falsch positioniert, verzogen oder skaliert und sieben weiße Streifen teilen dasselbe Schicksal.

Abbildung 8.19
Nun sind 19 der 22 Bereiche in der Flaggen-Grafik korrigiert. Aber drei subtil unausgewogene Stellen sind stehen geblieben. Können Sie sie finden? (Ein Stern ist falsch positioniert und zwei rote Streifen sind verzogen oder falsch positioniert.)

Abbildung 8.20
Dieser Logoschriftzug enthält zahlreiche unausgewogene Bereiche.

Gehen wir eines meiner Projekte durch. Hier habe ich mehrere unausgewogene Bereiche isoliert, um Ihnen zu demonstrieren, wie ich sie aufgelöst habe.

Als ich in diesem handgemachten Logoschriftzug die zahlreichen Konturen hinzufügte, hat mir das viel Unausgewogenheit beschert (**Abbildung 8.20**). Sehen Sie genau hin und Sie erkennen:

1. Der absteigende Balken des Buchstabens K ist zu dünn.
2. Der Buchstabe U sitzt am Rand des Buchstabens K.
3. Der Buchstabe S berührt den Rand des Buchstabens U.
4. Der Buchstabe S verdeckt zu viel vom Buchstaben U.
5. Zwischen den Buchstaben S und K ist zu viel Raum.
6. Beide Balken des Buchstabens K sind zu dünn.
7. Der Buchstabe K sollte den Buchstaben O überlappen.
8. Das Ausrufezeichen ist zu dünn und kurz.

Unausgewogenheit kann von jeder Art schlecht konzipierter Beziehung zwischen Formen herrühren. Jedes Mal, wenn Ihr Blick auf einen unbeabsichtigten Bereich gezogen wird, ist das ein klares Indiz für eine Unausgewogenheit im Design.

Wenn wir die fehlerhaften Bereiche identifiziert haben, können wir sie korrigieren (**Abbildung 8.21**). Beachten Sie, wie ich auch die eigenartigen Splitter des durchscheinenden Hintergrunds aufgelöst habe, die durch die Kontur rund um die Buchstaben U und S entstanden sind.

Abbildung 8.21
Vergleichen Sie das Vorher und Nachher dieses Logoschriftzuges. In der unteren Grafik sind alle fehlerhaften Bereiche aufgelöst, um eine gute Ausgewogenheit in das Design zu bringen. Nach Unausgewogenheit zu suchen, mag Ihnen zunächst etwas fremd vorkommen, aber im Laufe der Zeit werden Sie einen Blick dafür entwickeln und dadurch die Fehler leichter auffinden und lösen können.

Abbildung 8.22
Die endgültige Vektorgrafik für die Verpackung von Kindersnacks. Ich habe sehr genau aufgepasst, um beim Hinzufügen der Figur des Bären nicht neue fehlerhafte Bereiche in der Zielgrafik zu erzeugen.

Notizen

Unausgewogene Bereiche aufspüren

Wo immer Sie sich gerade befinden – nehmen Sie sich die Zeit, das Design Ihrer Umgebung genau zu analysieren. Es mag die Beschilderung auf einem Gebäude, eine Grafik auf einem T-Shirt, ein Buchcover oder eine Werbung in einem Magazin sein. Alles gilt. Testen Sie, wie lange Sie brauchen, um Elemente grafischer Unausgewogenheit zu entdecken.

Ein einfaches Ziel für diese Übung sind die »Gelben Seiten«, die ich gerne als das Jahrbuch für schlechtes Design bezeichne. Wenn Sie darin wirklich kein Beispiel für Unausgewogenheiten finden, dann sollten Sie schnellstens Ihren Beruf wechseln.

Abgefahrener kreativer Boogie

Wenn Kreativität eine Antithese besitzt, dann muss es wohl die Nachlässigkeit sein.

Um als Kreativer zu wachsen, ist es besonders wichtig, die eigene Komfortzone zu verlassen, um neue Dinge auszuprobieren, auch mal Risiken im Design auf sich zu nehmen und bereit zu sein, neue Methoden wie den frischen Blick anzuwenden, um Unausgewogenheiten zu finden und zu korrigieren –und all dies, während Sie neue Stile für sich selbst und Ihre Kunden entwickeln.

Machen Sie sich bewusst: Wenn Sie diese Dinge tun, werden Sie sicher das eine oder andere Mal scheitern, aber das trägt nachhaltig zu Ihrer kreativen Entwicklung bei.

Ihr eigener Artdirector zu sein, bedeutet, dass Sie selbst Ihr schärfster Kritiker sein müssen. Geben Sie sich nicht mit »gerade gut genug« zufrieden. Halten Sie Ihren kreativen Standard auf einem hohen Niveau und streben Sie unerbittlich nach exzellentem Design, wann immer möglich – bis es schließlich zur Normalität wird.

Verweigern Sie sich, den einfachen Weg in Richtung Stillstand einzuschlagen. Bündeln Sie ganz im Gegenteil Ihre kreativen Kräfte – und Sie werden einen abgefahrenen kreativen Boogie aufs Parkett legen!

Designübungen

Springen Sie auf den Zug auf

Es gibt nichts, was Methodik besser lehrt, als Wiederholung, Wiederholung und noch mal Wiederholung. Wir werden uns durch ein weiteres Designprojekt arbeiten, um den gesamten kreativen Workflow in Ihrem Kopf zu zementieren. Lassen Sie uns diesmal einen Blick auf ein Illustrationsprojekt namens »ThugBunny« werfen und dabei ansehen, welche Methoden für die endgültige Vektorgrafik zum Einsatz kamen.

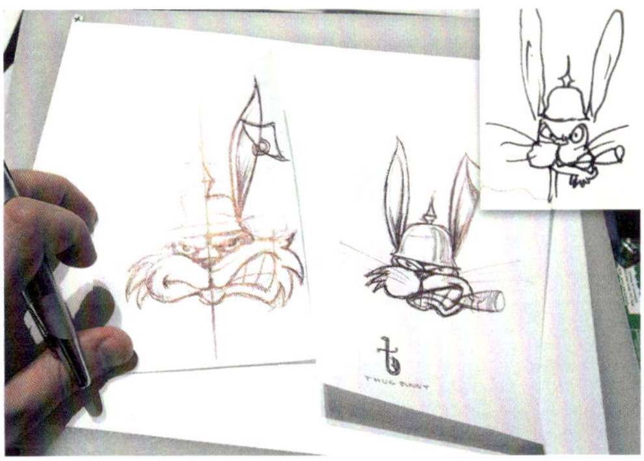

Abbildung 8.23

Wir starten mit dem Zeichnen von Miniaturskizzen unserer Figur »ThugBunny«. Lassen Sie Ihren Computer ausgeschaltet und nehmen Sie lieber Bleistift und Papier zur Hand. Ideen aufzuzeichnen, bevor man in Illustrator weiterarbeitet, ist besonders wichtig für das Erstellen präziser Illustrationen.

Abbildung 8.24

Beim Verfeinern der Figur mit einer genaueren Grobskizze zeichne ich nur die Hälfte der Grafik, scanne sie ein und spiegele sie, als ich den Eindruck gewonnen habe, grafisch auf dem richtigen Weg zu sein.

Abbildung 8.25

Mithilfe der genaueren Grobskizze als Vorlage führe ich nun meine Feinskizze aus.

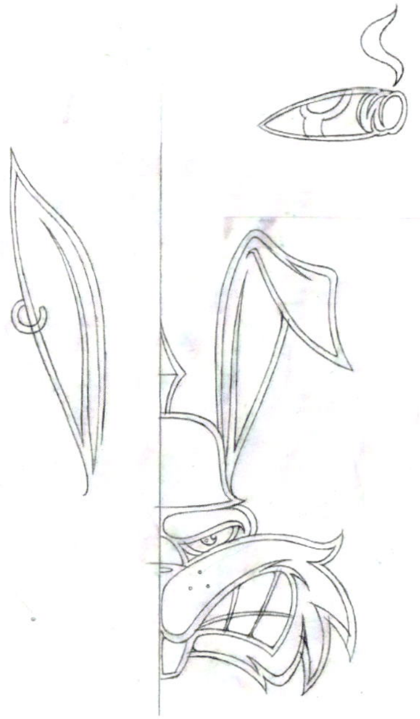

Abbildung 8.26
Dies ist die fertige Zeichnung, die ich anschließend einscanne und für die Konstruktion meiner Vektorformen verwende. Vergessen Sie nicht: Wir verlassen uns für die Fertigstellung des Bildes auf unseren guten Freund namens Symmetrie.

Abbildung 8.27
Erste Grobkonstruktion des Gesichtes. Das Einzige, worum ich mich hier wirklich kümmere, ist die Platzierung der Ankerpunkte an ihren korrekten Positionen. Ich gehe dazu Punkt für Punkt vor (siehe Kapitel 6).

Abbildung 8.28
Mit den Ankerpunkten in der richtigen PPP setze ich nun das VectorScribe-Plug-in zum Formen meiner Bézierkurven ein. Ich passe die Anfasser so an, dass sich die Kurven mit meiner darunterliegenden Zeichnung decken.

Abbildung 8.29
Beachten Sie, wie ich mein Design in kleinere, einfacher zu handhabende Formen unterteilt habe. Nun nutze ich das Pathfinder-Bedienfeld (Shift + Cmd + F9 / Shift + Strg + F9), um meine Vektorformen zu vereinen (in Grün hervorgehoben).

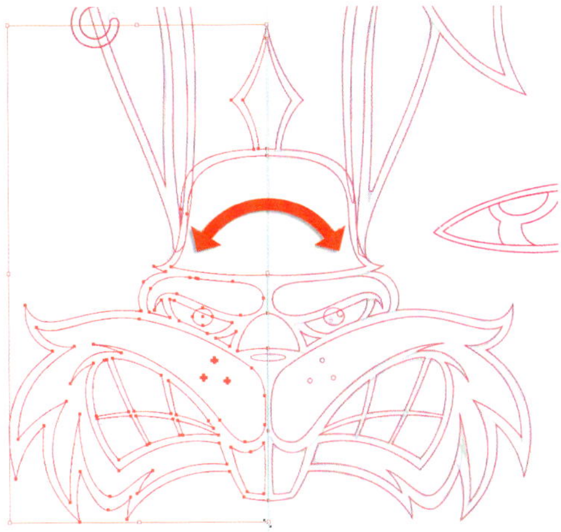

Abbildung 8.30
Nach Vollendung aller wichtigen Vektorformen kopiere ich sie in die Zwischenablage und nutze das Spiegeln-Werkzeug, um sie auf die andere Seite zu bringen (mehr Informationen über den Einsatz von Symmetrie finden Sie in Kapitel 6).

Abbildung 8.31
Nachdem ich alle Elemente miteinander verschmolzen habe, kann ich anschließend meine Grafik mit Schwarz und Weiß füllen.

Abbildung 8.32
Nach dem Ausfüllen mit Schwarz und Weiß nehme ich mein Design nochmals genau unter die Lupe, um Bereiche zu finden, die noch zu verbessern sind. Manchmal drucke ich meine Grafik auch aus und korrigiere sie mit einem roten Stift, aber bei diesem Projekt prüfe ich sie nur am Bildschirm.

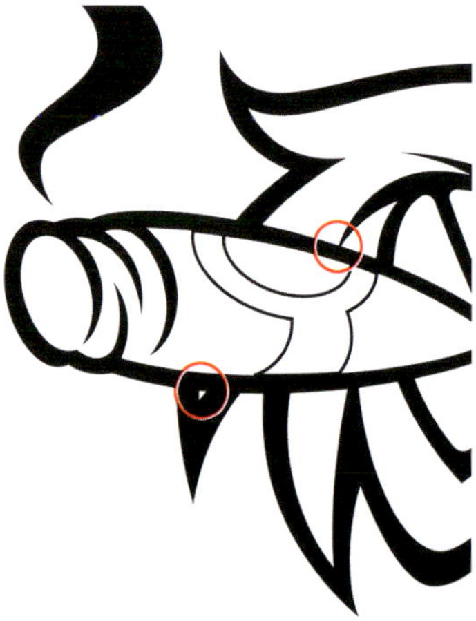

Abbildung 8.33
Ich bemerke unausgewogene Bereiche.

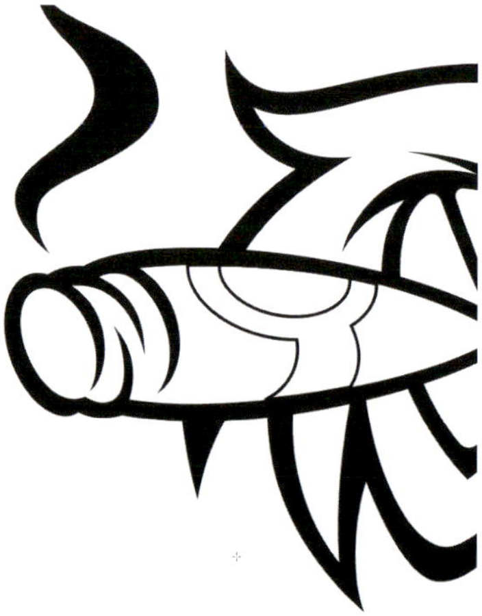

Abbildung 8.34
Ich korrigiere die beide fehlerhaften Bereiche, indem ich die Zigarrenform ein wenig nach unten schiebe. (Für genauere Informationen zu grafischer Unausgewogenheit sehen Sie sich Kapitel 8 nochmals an.)

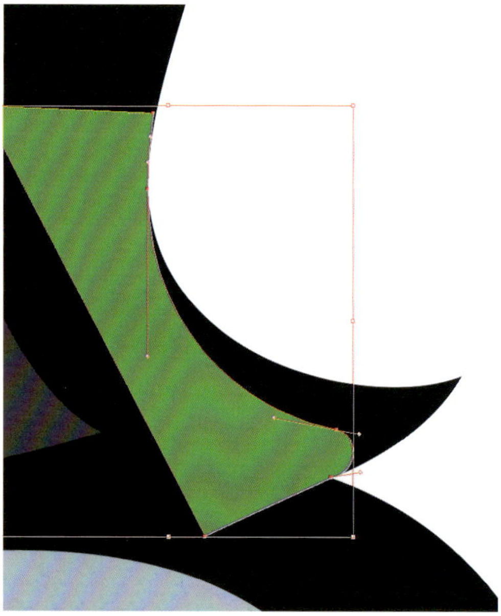

Abbildung 8.35
Nachdem ich das Projekt einige Stunden beiseitegelegt habe und mit einem frischen Blick zurückgekehrt bin, bemerke ich, dass der Rand des Helms viel zu stark auf einen Punkt zusammenläuft. Daher konstruiere ich diesen Teil neu (in Grün dargestellt).

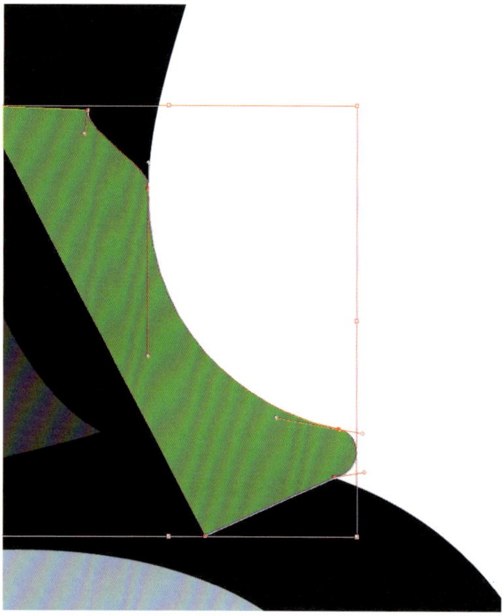

Abbildung 8.36
Ich passe meine Schwarz-Weiß-Grafik an und vereine den Helm mit diesem neuen Teil (grün eingefärbt) über das Pathfinder-Bedienfeld. (Für mehr Informationen zu den t-Funktionen sehen Sie sich Kapitel 2 nochmals an.)

Abbildung 8.37
Dieses Bild zeigt den Helm vor der notwendigen Bearbeitung.

Abbildung 8.38
Dieses Bild zeigt den Helm danach.

Abbildung 8.39
Es ist an der Zeit, wieder zu analogen Methoden zurückzukehren. Hier zeichne ich die Schattierungsdetails in mein ausgedrucktes Figurendesign ein.

Abbildung 8.40
Ich scanne diese gezeichneten Schattierungen anschließend ein und nutze sie als Vorlage zur Konstruktion in Illustrator.

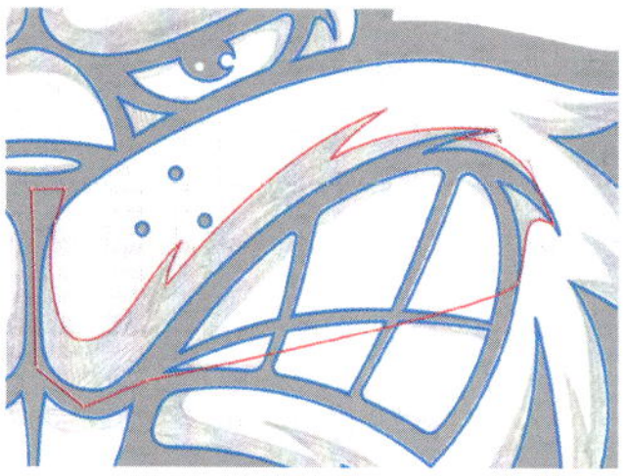

Abbildung 8.41
Wie in meiner ursprünglichen Feinskizze dient mir diese Schattierung als Vorlage.

Abbildung 8.42
Kurz vor Ende des Projektes fiel mir auf, dass der Helm noch zu leer aussah. Da hatte ich eine Logoidee und setzte sie um. Am Ende wäre »ThugBunny« nicht halb so cool, wenn er nicht sein eigenes Logo als Emblem auf dem Helm hätte.

Abbildung 8.43
Die endgültige Illustration meiner Figur »ThugBunny«

Kapitel 9

Hilfreiche kreative Gewohnheiten

Egal ob Sie Designer oder Illustrator sind – man erwartet von Ihnen, dass Sie täglich Kreativität abliefern. Es kümmert niemanden, ob Sie in der Stimmung für kreatives Schaffen sind oder nicht. Nur selten können Sie sich den Luxus erlauben, einfach zu warten, bis die Inspiration einschlägt und erst dann ein Designprojekt fortzuführen.

Doch wie halten Sie Ihre Kreativität wach und wappnen sich für die sich täglich stellenden Designherausforderungen? Die Antwort ist einfach: Machen Sie sich hilfreiche kreative Arbeitsweisen zur Gewohnheit (**Abbildung 9.1**). Sie helfen dabei, die Produktivität zu steigern, die Effizienz zu verbessern, die Qualität zu erhöhen, die kreative Leidenschaft zu befeuern, die Inspiration zu entfachen, neue Möglichkeiten aufzudecken, Krebs zu heilen, Obdachlosigkeit zu beseitigen und andauernden Weltfrieden zu schaffen … gut, die letzten drei Dinge vielleicht doch nicht.

In diesem Kapitel werde ich einige kreative Arbeitsweisen aus meinem Berufsalltag vorstellen, die für mich effektiv sind. Ich möchte Ihnen sehr empfehlen, sie selbst auszuprobieren. Außerdem ermutige ich Sie, im Verlauf Ihrer berufli-

Abbildung 9.1
Regelmäßiges Skizzieren kann die endgültige Ausführung beflügeln, wie Sie in diesem Editorial-Design namens »Digital Lifestyle« sehen.

chen Entwicklung konstant auf der Jagd nach passenden kreativen Arbeitsweisen zu bleiben. Bemühen Sie sich, gute kreative Gewohnheiten zu etablieren und dabei zu bleiben – so wird Ihre Quelle der Inspiration niemals austrocknen.

> *»Die Einsicht eines Moments ist manchmal so viel wert wie die Erfahrung eines ganzen Lebens.« – Oliver Wendell Holmes*

Heftmappen für Skizzen

Alle Designer sollten zeichnen – Punkt.

Im systematischen kreativen Workflow, den ich im Verlauf dieses Buches gezeigt habe, wird immer wieder die Bedeutung guten Zeichnens bei der Konstruktion präziser Vektorgrafiken betont. In Kapitel 3 ist dargestellt, wie das Zeichnen helfen kann, Ideen besser zu formulieren und das eigene kreative Potenzial zu erweitern. Das heißt jetzt nicht, dass alle Designer danach streben sollten, Illustratoren zu werden. Aber regelmäßiges Skizzieren ist eine großartige Möglichkeit, Ihre Zeichenmuskeln zu trainieren und sie zu einem neuen und bedeutenden Teil Ihres Kreativprozesses zu machen. Zeichnen, zeichnen, zeichnen – überall, egal wo, immer.

Die erste kreative Arbeitsweise, die Sie sich angewöhnen sollten, ist das Kritzeln. Es funktioniert am besten spontan, ohne irgendein Ziel. Sie sollten dennoch vorausplanen, um diese Art von kreativer Energie des Zufalls zu erhalten und zu speichern. Dazu ein paar einfache Tipps:

1. **Halten Sie Stift und Papier bereit:** Ob es ein Moleskin-Skizzenbuch oder einfach ein Block ist – haben Sie es jederzeit verfügbar, bei sich am Arbeitsplatz, in Ihrem Wohnzimmer, Ihrem Auto, auf einer Reise, neben dem Telefon, in Ihrer Tasche etc. Sie sollten in jedem Augenblick bereit sein, einen Moment in einer Skizze festzuhalten (Abbildung 9.2).

Abbildung 9.2
Sie können auf allem Möglichen kritzeln. Der Styroporbecher hier diente diesem Zweck sehr gut und wurde von meiner Tochter Savannah gestaltet. (Natürlich beanspruche ich den vollen genetischen Verdienst für diese Kreativität.)

2. **Heben Sie Ihre Kritzeleien auf:** Wann immer Sie eine neue Skizze erstellen, heben Sie sie gut auf. Ich schneide meine gerne aus dem Papier aus, auf dem ich sie gezeichnet habe (vorzugsweise Zeichenblöcke), und lege sie in meiner Skizzenmappe ab (Abbildung 9.3).

3. **Archivieren Sie Ihre Skizzen:** Wenn Ihre Skizzenmappe nahezu aus allen Nähten platzt, ist es an der Zeit, Ihren Zeichnungen ein stabileres Zuhause zu geben. Ich nehme meine gesammelten Skizzen, klebe sie auf gewöhnlichen Karton, schiebe diesen in eine Plastikhülle und hefte die Seiten in einer Mappe ab.

Abbildung 9.3
Egal für welchen Zweck: Ich archiviere alle meine Skizzen und hebe sie bis zum möglichen Einsatz bei einem konkreten Designprojekt in einer Heftmappe auf.

Mit der Zeit können Sie so eine unglaubliche Bibliothek erstellen, die Ihre spontanen und zufälligen Eingebungen dokumentiert. Meine eigenen Skizzenhefter gehen nun schon 20 Jahre zurück, und wenn ich sie durchsehe, vergegenwärtigen sich mir meine damaligen kreativen Gedanken (Abbildung 9.4). Ich habe auch alte Ideen Jahre später noch verwendet, die ohne die Gewohnheit der Archivierung schon lange in Vergessenheit geraten wären.

Neben den praktischen Vorzügen des Kritzelns und Archivierens macht es einfach auch richtig Spaß! Diese Begründung allein unterstützt meine Argumentation, es zu einem wichtigen Teil der gewohnten kreativen Arbeit zu machen.

Ebenen sind deine Freunde

VIDEO Ai

Ich liebe es, mit anderen Designern an kreativen Projekten im Team zu arbeiten. Das mit dieser Zusammenarbeit verbundene Brainstorming und das gemeinsame Arbeiten an Konzepten auf ein kollektives Ziel hin ist eine großartige Erfahrung und – vielleicht noch wichtiger – führt zu unglaublichen Designlösungen.

Das sprichwörtliche Haar in dieser kollaborativen Suppe liegt für mich meistens in den Unterschieden bei den kreativen Gewohnheiten – ganz konkret etwa darin, wie andere Designer ihre Dateien organisieren und grafische Inhalte verwalten.

Sobald der Prozess der Zusammenarbeit abgeschlossen ist und mir ein Designerkollege seine oder ihre finale Grafik sendet, weiß ich schon, was ich zu erwarten habe, da ich mir während des kreativen Workflows bereits den internen Aufbau der Dateien angesehen habe. Zu diesem Zeitpunkt brauche ich also lediglich noch Zugang zu den Dateien mit der Vektorgrafik.

Wenn ich die Dateien öffne, ist es allerdings häufiger der Fall, dass ich Vektorgrafiken zu Gesicht bekomme, die für das bloße Auge gut aussehen, aber so schrecklich konstruiert sind, dass die weitere Arbeit damit nicht nur schwer, sondern wirklich schmerzhaft ist.

Ich gebe zu, dass ich in Bezug auf meine Dateiverwaltung sehr pingelig bin, aber es gibt wirklich keine Ausrede dafür, keine Ebenen zu verwenden oder an einer guten Ordnung der Vektorinhalte zu scheitern. Das ist bloße Faulheit bei der Konstruktion, die fast zwangsläufig Probleme bei der weiteren Arbeit nach sich zieht.

Abbildung 9.4

Ich archiviere alle meine Skizzen in Heftmappen, um sie einfach zu finden und sicher aufzubewahren. Die Heftmappen sind zudem eine großartige Inspirationsquelle.

Welche Probleme? Die folgenden Szenarien zeigen einige Schwierigkeiten, in die Sie mit Designdateien ohne Ebenen schlittern können:

1. **Konstruktionszeit:** Wenn Sie Ihr Design mit jedem neuen Teil in Ebenen organisieren, sparen Sie später eine Menge Zeit dabei, die Inhalte im Design zu finden und als Bestandteile zu isolieren. Die Verwendung von Ebenen beschleunigt nicht nur Ihre Konstruktionszeit, sondern erleichtert auch erheblich jede spätere Bearbeitung. Außerdem erlaubt Ihnen der Einsatz von Ebenen eine bessere Kontrolle über die Hierarchie bei den Füllmethoden, damit Sie den visuellen Effekt erhalten, den Sie anstreben. (Um zu sehen, wie hilfreich der Einsatz von Ebenen beim Anwenden von Füllmethoden ist, analysieren Sie das Projekt »Tickles the Evil Clown« in den Beispieldateien)

2. **Durcheinander:** Das Arbeiten ohne Ebenen führt dazu, dass Sie während der Erstellung Ihrer Vektorgrafik ständig alles im Auge behalten müssen – das kann bei einem komplexen Projekt schnell von der eigentlichen Arbeit ablenken. In der Lage zu sein, sich auf ein spezifisches Element innerhalb Ihres Designs zu konzentrieren, ohne dass andere Inhalte dazwischenkommen, ermöglicht ein zielgerichteteres Arbeiten. Wenn Sie Ebenen verwenden, ist der Zugriff auf die zu einem bestimmten Zeitpunkt benötigten Inhalte weniger verwirrend, weil Sie mittels der Ebenen Inhalte einfach sichtbar und unsichtbar schalten können.

3. **Erneute Verwendung:** Es ist eine riesige Herausforderung, Vektorgrafiken, die nicht in Ebenen organisiert sind, in weiteren Projekten zu verwenden. Spezifische Vektorformen herauszupicken und sie auszuwählen, wird so zu einem frustrierenden Unterfangen. Sie riskieren zudem, notwendige Inhalte nicht zu erwischen, wenn Sie versuchen, Vektorgrafiken von einer in eine andere Datei zu kopieren – einige essenzielle Dinge könnten sich unter einem Element verstecken, das gerade nicht benötigt wird. Die Verwaltung von Ebenen hilft Ihnen dabei, diese Art von Problemen zu vermeiden.

4. **Auffindbarkeit:** Wie viele Grafiken produzieren Sie pro Jahr? Werden Sie sich noch genau erinnern, wie Sie ein komplexes Design konstruiert haben, wenn Sie die Datei vor fünf Jahren zum letzten Mal geöffnet haben? Ziemlich sicher nicht. Und Sie werden viel Zeit damit vergeuden, die Grafik wieder so zu verstehen, dass Sie damit arbeiten können. Eine ordentliche Verwaltung der Grafik in Ebenen ermöglicht Ihnen, exakt zu erkennen, wie die Arbeit aufgebaut wurde.

Überlegen Sie sich während des Designs praktische Wege, Ihre Vektorgrafiken zu organisieren. Das ermöglicht Ihnen den Aufbau von Dateien, in denen Sie einfacher navigieren können und die benötigten Vektorelemente schneller finden.

Sehen wir uns einige Projekte an und betrachten dabei, welche elementare Rolle die Organisation in Ebenen beim kreativen Workflow einnimmt (**Abbildung 9.5–9.17B**).

Abbildung 9.5
Miniaturskizze für eine Karikatur von Präsident Barack Obama

Abbildung 9.6
Meine Feinskizze der symmetrischen Karikatur ist fertig und ich scanne sie nun ein. Damit wechsle ich von der analogen zur digitalen Welt und konstruiere meine Vektorformen direkt auf der Skizze in meinem Zeichenprogramm. (Mehr zum Zeichnen erfahren Sie in Kapitel 3, weitere Informationen über den Einsatz von Symmetrie in Kapitel 6.)

Abbildung 9.7
Ich verwende sowohl die Punkt-für-Punkt-Methode (oben) als auch die Formkonstruktionsmethode (unten) für die Erstellung meiner Vektorgrafik.

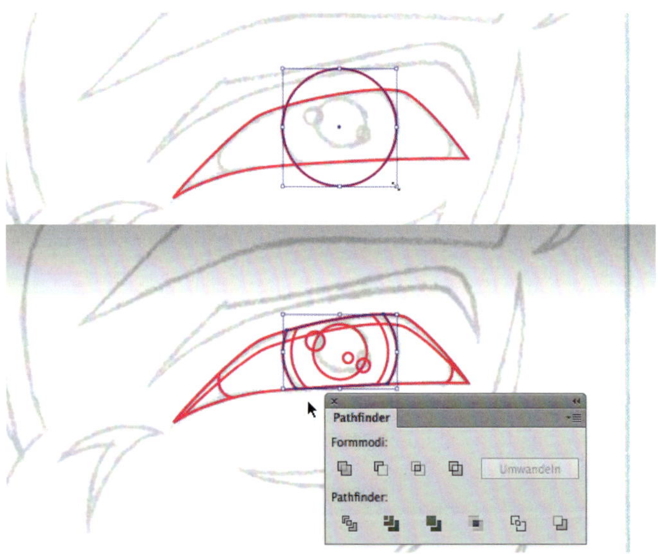

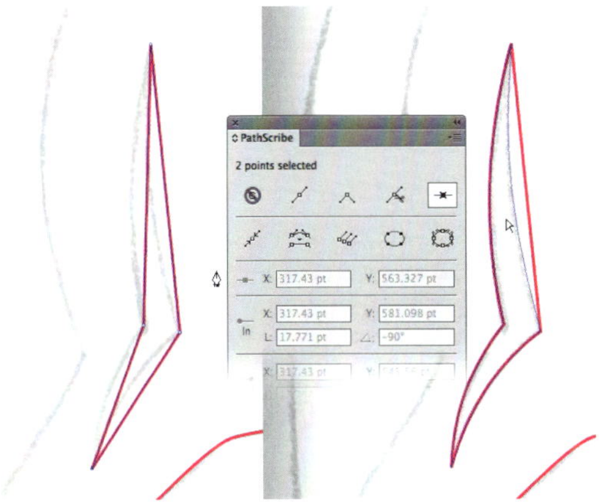

Abbildung 9.8

Mithilfe des VectorScribe-Plug-ins (Astute Graphics), konstruiere ich meine Vektorformen, sodass sie meiner darunterliegenden Feinskizze genau entsprechen.

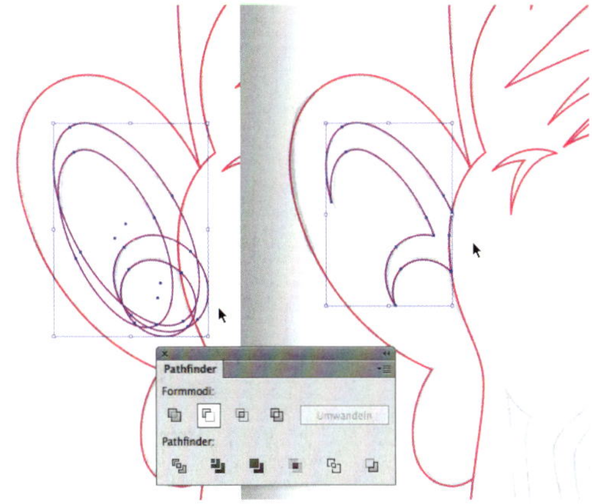

Abbildung 9.9

Immer wenn ich ein Vektorwerkzeug wie das Ellipse-Werkzeug (L) einsetzen kann, um den Inhalt meiner Grafik präzise zu erstellen, verwende ich diese Technik, da sie für diese Art geometrischer Formen schneller anzuwenden ist als die Punkt-für-Punkt-Methode.

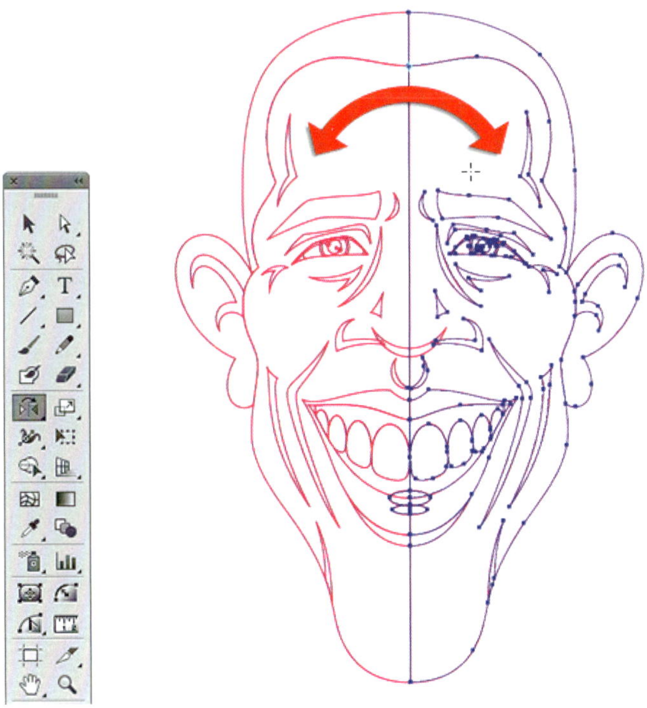

Abbildung 9.10

Da diese Grafik symmetrisch aufgebaut ist, muss ich nur die Hälfte des Inhalts erstellen. Sobald ich damit fertig bin, kopiere ich alles in die Zwischenablage, spiegle es auf die andere Seite (siehe dazu auch »Symmetrie ist dein Freund« in Kapitel 6) und füge es an der Originalposition wieder ein.

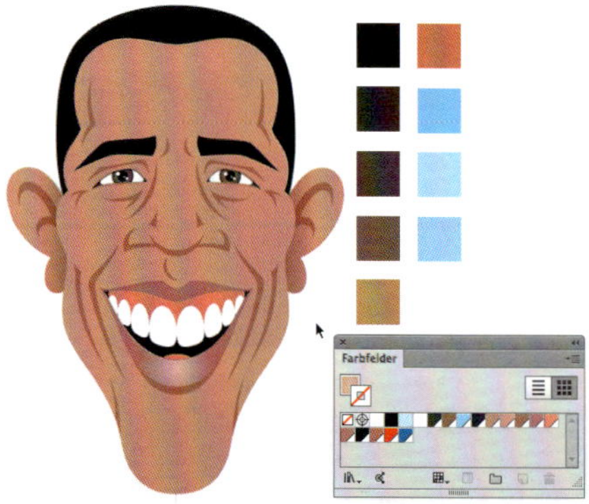

Abbildung 9.11
Sobald ich alle grundlegenden Vektorformen abgeschlossen habe, beginne ich damit, die Farben für das Design zu bestimmen. Es mag sein, dass ich schon vorher über Farben nachdenke, aber ich versuche die wirkliche Arbeit daran so lange zu verzögern, bis ich das Aussehen all meiner Formen festgelegt habe. Ich beginne nun auch damit, meine Datei mithilfe von Ebenen zu organisieren.

Abbildung 9.12
Nun verlasse ich den Computer und kehre zurück in die analoge Welt, indem ich auf einem Ausdruck der Grafik die Formen der Schatten genau so einzeichne, wie ich sie konstruieren werde. (Für mehr Informationen über dieses Vor- und Zurückspringen werfen Sie noch einmal einen Blick auf Kapitel 3.)

Abbildung 9.13
Die nun mit Schattierungen versehene Zeichnung scanne ich ein und kehre wieder zu Illustrator zurück. Dort konstruiere ich die neuen Vektorformen auf Basis meiner Skizzen für die Schatten.

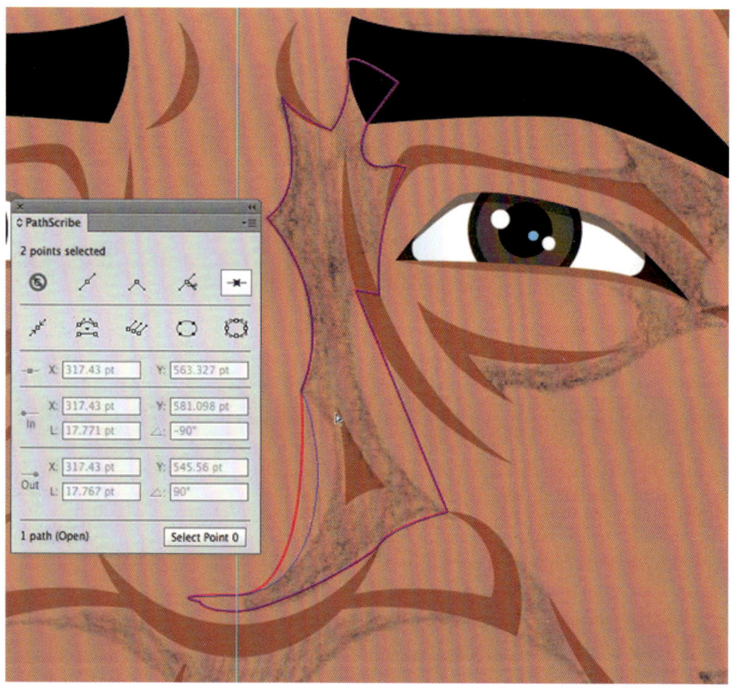

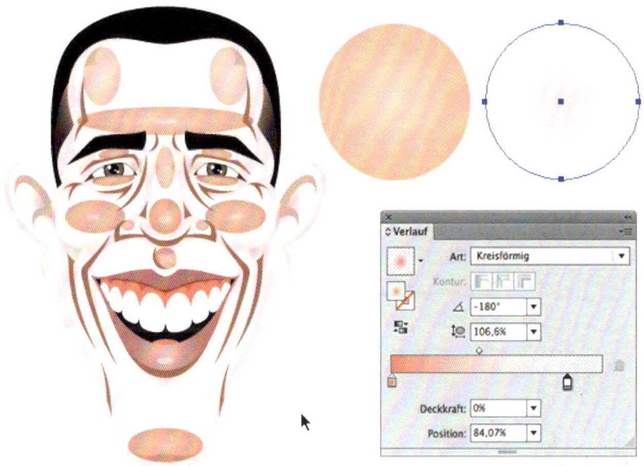

Abbildung 9.14
In einer Illustration wie dieser verwende ich eine Menge kreisförmiger Verläufe. Jeden davon auf einer eigenen Ebene anzulegen, erleichtert deren Anpassung und Veränderung erheblich. (Beachten Sie die Ebene mit den »Gesichtsschattierungen« in Abbildung 9.17B.)

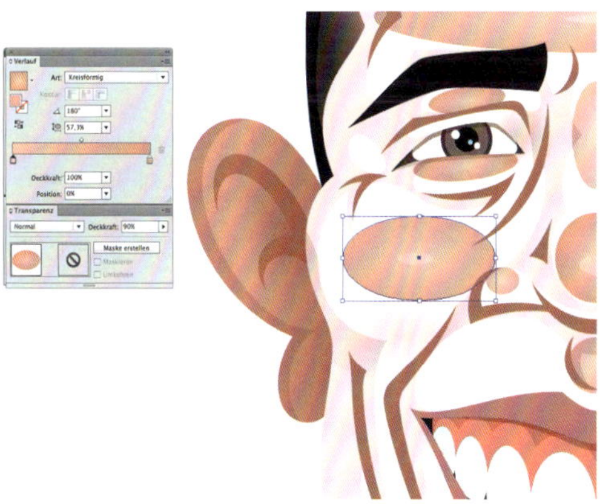

Abbildung 9.15
Jeden kreisförmigen Verlauf auf die eigens dafür bestimmte Ebene »Face Gradients« zu legen, erleichtert außerdem die Feinanpassung der Füllmethoden. Ich kann jede Ebene in der Ebenenhierarchie einordnen, damit sie mit dem logischen Aufbau meines Design zusammenpasst. In dieser Illustration belasse ich sie unter den Vektorformen für die Schattierungen. (Um die Flexibilität kennenzulernen, die durch die Konstruktion mit Ebenen ermöglicht wird, sehen Sie sich den genauen Aufbau der Illustration »Obama« in den Beispieldateien an.)

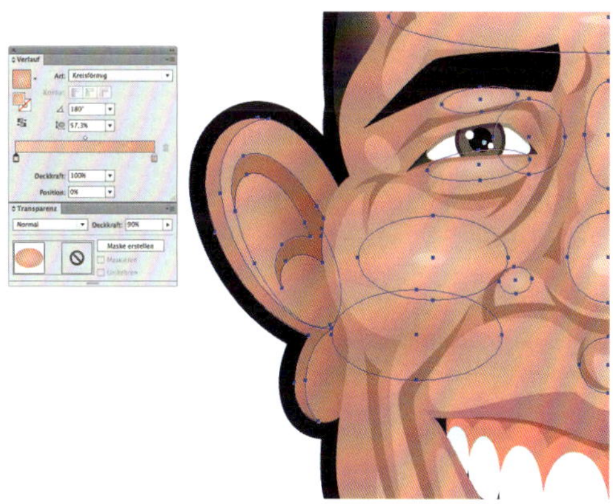

Abbildung 9.16
Der Einsatz von Ebenen hilft mir dabei, den Überblick über alle Details einer Illustration zu bewahren. Indem ich Inhalte isoliere und Ebenen beliebig ein- oder ausschalte, kann ich meine Aufmerksamkeit auf Details konzentrieren und die gewünschten visuellen Effekte erzielen.

Abbildung 9.17A
Die endgültige Karikatur namens »Head of State«. Die Konstruktion und Bearbeitung dieser Grafik war durch den Einsatz von Ebenen viel effizienter, als wenn ich versucht hätte, alles auf einer einzelnen Ebene auszuführen.

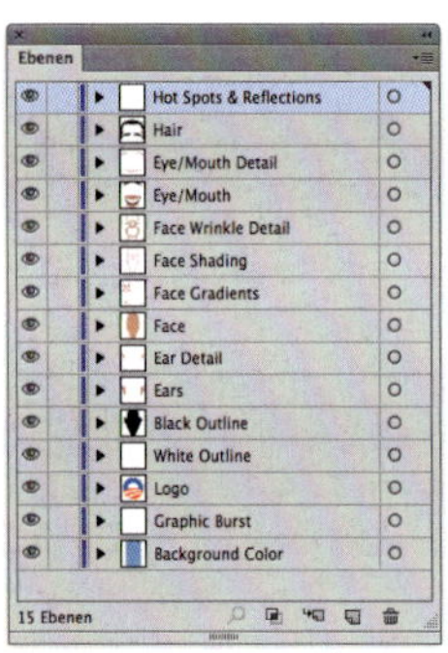

Abbildung 9.17B
Beachten Sie, wie ich den Inhalt dieser Illustration logisch aufgebaut und jede Ebene so benannt habe, dass klar definiert wird, was sie enthält (siehe Ebenen-Bedienfeld links). Wenn ich diese Datei zum Beispiel in vier Jahren nochmals öffne, muss ich nicht rätseln, wie meine Vektoren in Ebenen abgelegt sind. Der Einsatz eines gut organisierten Ebenensystems ist eine gute kreative Gewohnheit, die Sie mit den Jahren mehr und mehr schätzen lernen werden.

So halten Sie Ihr Haus in Ordnung

Alle Zeichenprogramme arbeiten mit Ebenen. Um sie zu sehen, öffnen Sie das Ebenen-Bedienfeld. Darin gibt es die Ebenen und die Objekte. Wenn Sie sich Ihre Zeichnung wie ein Haus vorstellen, sind die Ebenen der ordentliche Wohnbereich, und wenn man sie aufklappt, sieht man, was sich im Schrank alles angesammelt hat.

Jedes Objekt erhält automatisch einen Eintrag im Ebenen-Bedienfeld. Jeder Eintrag dort entspricht einem Objekt auf der Zeichenfläche. Das Ebenen-Bedienfeld bietet nur einen anderen Zugang zu den Objekten: einen, in dem man das Chaos wirklich sieht. Sie können sich das ansehen, indem Sie auf den kleinen Pfeil vor dem Namen der Ebene klicken und sie damit aufklappen. Alternativ können Sie auch in Ihre Illustration mit dem Direktauswahl-Werkzeug klicken, um Objekte auszuwählen.

1. **Ebene:** Wenn Sie Ihr Vektordesign mit etwas architektonischem Verstand anlegen – wie zuvor beschrieben –, müssen Sie eher selten in seine Objekte navigieren. Ich sollte auch hervorheben, dass die passende Benennung Ihrer Ebenen dabei hilft, sich in Ihrem Design zurechtzufinden.

2. **Objekte:** Illustrator erzeugt automatisch die Einträge der den Ebenen untergeordneten Objekte im Ebenen-Bedienfeld. Sie müssen sich das nicht unbedingt dort ansehen. Aber es ist wichtig zu wissen, dass es da ist, wenn man es mal brauchen kann.

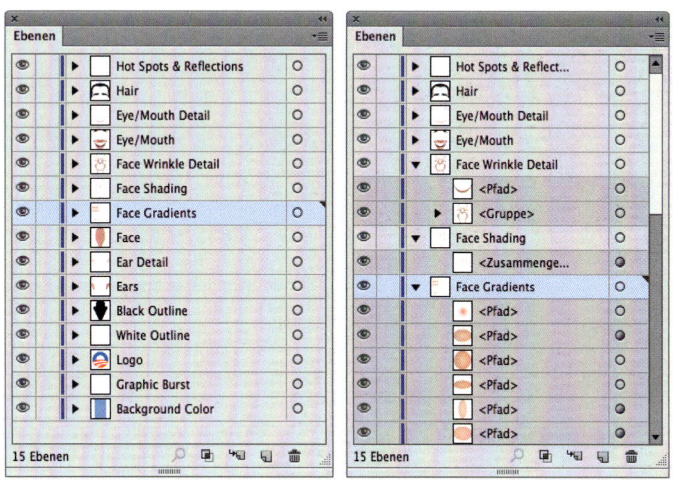

Abbildung 9.18
Schauen Sie sich nun die Obama-Illustration von zuvor nochmals an. Die Struktur der Ebenen sehen Sie links dargestellt, die enthaltenen Objekte sehen Sie wie in einem Wasserfall rechts. Solange Sie Ihre Ebenen in guter Ordnung halten, brauchen Sie fast nie in die untergeordneten Objekte einzutauchen.

Konstruktionsmethoden mit Ebenen kombinieren

In Kapitel 6 haben wir besprochen, wie Ihnen das Aufteilen Ihrer Vektorformen in kleinere, besser zu verwaltende Teile dabei helfen kann, ein größeres Ganzes zu konstruieren. Das gleiche Prinzip kann für die Komposition Ihres gesamten Designs angewendet werden.

Einige Projekte funktionieren am besten, wenn Sie sie modular angehen. Im nächsten Beispiel erstellte ich ein Projekt in zwei Teilen, einem Vorder- und einem Hintergrund, um mich besser auf die jeweiligen spezifischen Eigenschaften konzentrieren zu können. Später fügte ich sie dann zusammen.

In diesem Projekt war ich wirklich auf eine intelligente Aufteilung in Ebenen angewiesen, um alle Details zu im Überblick zu behalten und die Steuerung meiner Vektorgrafiken zu vereinfachen (**Abbildungen 9.19–9.29**).

Abbildung 9.19

Eine Miniaturskizze für ein japanisch inspiriertes Wiederholungsmuster, das als Hintergrund für das finale Projekt dient.

Abbildung 9.20

Meine Feinskizze für das Wiederholungsmuster. Da die Blütenformen geometrisch sind, brauche ich keine Zeit damit zu verschwenden, sie zeichnerisch exakt auszuführen. Ich kann sie einfach mit dem Ellipse-Werkzeug (L) erzeugen.

Abbildung 9.21

Alle Ranken und Blätter werden mithilfe der TCM, PPP und Punkt-für-Punkt-Methode konstruiert, die in Kapitel 5 und 6 behandelt wurden. Der Rest der Grafik ist mit der Formkonstruktionsmethode aus Kapitel 6 erstellt. Ich habe nun alle meine grundlegenden Vektorformen, die das endgültige Muster formen.

Abbildung 9.22 und 9.23

Mithilfe von Ebenen erstelle ich eine Hierarchie in drei Stufen. Um die angestrebte visuelle Ästhetik zu erzielen, erhalten die Stufen verschiedene Transparenzen. Mein Wiederholungsmuster für den Hintergrund ist nun fertig (siehe rechts). Daher mache ich mich an den zweiten Teil des Projektes: den Vordergrund.

Abbildung 9.24
Das war das erste Mal, dass ich in diesem Stil illustrieren musste. Ich verbrachte ungefähr einen Tag damit, meine Zeichnung zu verfeinern, um meine Vektorformen dafür so exakt wie möglich aufzubauen.

Abbildung 9.26
Für die meisten Teile dieser Zeichnung musste ich die Punkt-für-Punkt-Konstruktionsmethode einsetzen, um diesen spezifischen Look zu erzielen. Der einzige Teil, für den ich die Formkonstruktionsmethode verwendete, waren die Pupillen, weil es sich um kreisrunde Formen handelt. Alle anderen Vektorformen wurden mithilfe der TCM sowie der PPP bestimmt. Beachten Sie, wie ich die Vektorformen in kleinere, besser zu handhabende Elemente unterteilt habe. (Sie können sich alle Methoden in den Kapiteln 5 und 6 noch einmal genauer ansehen.)

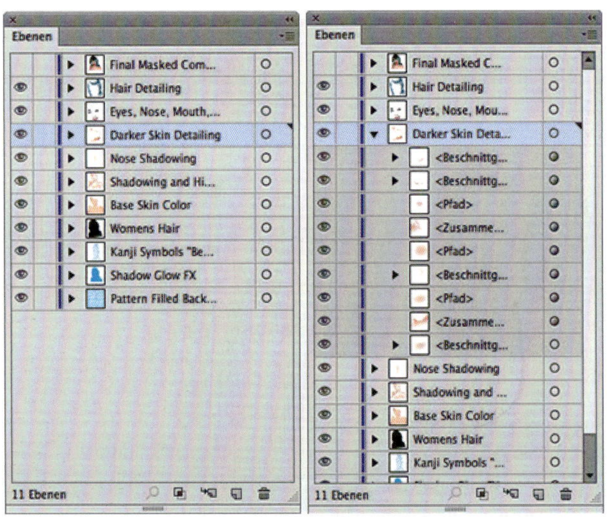

Abbildung 9.25
Im Verlauf der Arbeit an dieser Grafik ordnete ich den Inhalt logisch ausschließlich in Ebenen wie links dargestellt. Illustrator erstellte automatisch zahlreiche den Ebenen zugeordnete Objekte, die rechts zu sehen sind. Allerdings musste ich dort nie arbeiten, um diese Grafik zu erstellen.

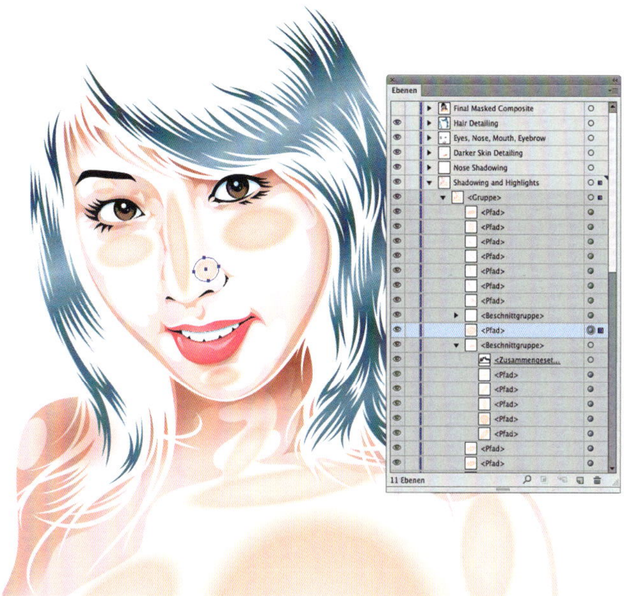

Abbildung 9.27

Wenn Sie Ihre Ebenen gut organisieren, müssen Sie die untergeordneten Objekte nie öffnen. Wenn dies aber trotzdem einmal notwendig ist, klicken Sie einfach auf das graue Pfeilchen auf der Ebene und die Objekte werden darunter sichtbar. Die Objekte in einer komplexen Illustration wie dieser können auf Hunderte anwachsen und sogar noch weitere untergeordnete Objekte enthalten. Dann handelt es sich um Gruppen, zusammengesetzte Formen oder interaktive Malgruppen. Wenn Sie den Schrank Ihrer Grafik öffnen, können Sie ein ziemliches Durcheinander erleben – wie hier abgebildet.

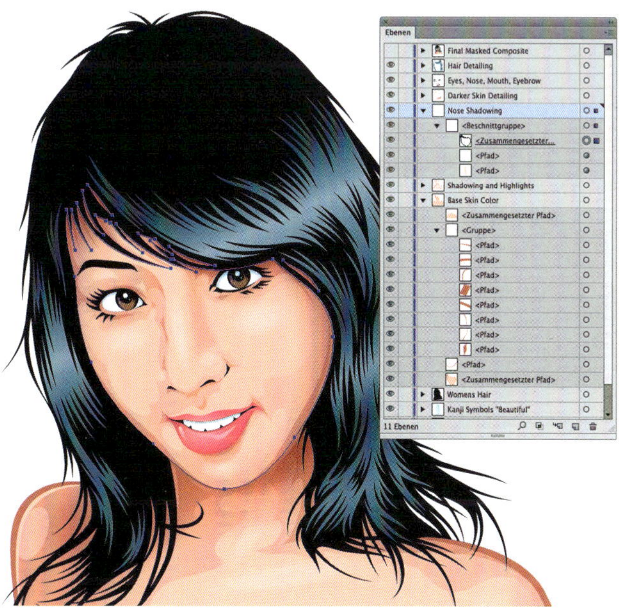

Abbildung 9.28

Wenn Sie sich die Zeit nehmen, Ihre Ebenen durch aussagekräftige Benennung sinnvoll anzuordnen, können Sie die Navigation in den untergeordneten Objekten vermeiden.

Abbildung 9.29

Ich kombinierte das Wiederholungsmuster und meine Illustration in einer vereinheitlichten Komposition, um meine finale Grafik namens »Beautiful« zu erstellen. Die gute kreative Angewohnheit der Aufteilung in Ebenen machte den kreativen Workflow viel einfacher und schneller.

Farben und Dateibenennung

Ich habe lange überlegt, ob ich das Folgende in dieses Buch einschließen soll, weil es sich um eine persönliche Präferenz handelt und wohl dem ein oder anderen auch etwas pedantisch erscheint. Aber ich glaube, es ist trotzdem wichtig, die folgenden Aspekte zumindest kurz zu behandeln, weil wir mit Farben und Dateibenennung jeden Tag zu tun haben. Je mehr Sie bei Ihrer digitalen Arbeit Routinefunktionen automatisieren und als Vorlagen speichern können, desto effizienter und einfacher wird Ihre Arbeit sein.

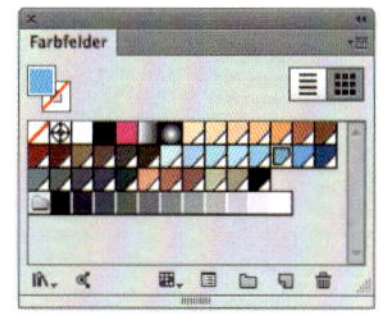

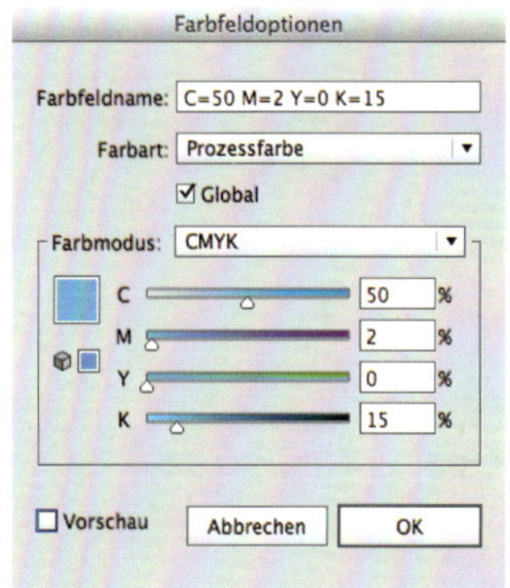

Abbildung 9.30
Jeder Illustrator hat eine eigene spezifische Palette. Meine Projekte benötigen oftmals Hauttöne, daher habe ich sie hinzugefügt. Mit welchen Farben auch immer Sie regelmäßig arbeiten – diese sind gute Kandidaten für Ihre Farbvorlagen.

Wenn es um Farbfelder in Adobe Illustrator geht, ist es ratsam, eine eigene Sammlung von Farben zu erstellen, die Sie regelmäßig einsetzen, um das Rad nicht immer neu erfinden zu müssen, wenn Sie mit einem neuen Projekt beginnen.

Es ist ganz leicht: Fügen Sie einfach Ihre bevorzugten Farben im Farbfelder-Bedienfeld hinzu, doppelklicken Sie auf das Farbfeld und stellen Sie sicher, dass der Haken bei *Global* gesetzt ist (Abbildung 9.30). Das vereinfacht und beschleunigt den Einsatz der gewählten Farben sowie generelle oder globale Anpassungen in Ihrer bevorzugten Palette. Wenn Sie den Haken für *Global* nicht setzen, müssen Sie zunächst manuell jede Vektorform auswählen, die die zu ändernde Farbe enthält, und können dann erst die Änderung ausführen.

Ich bevorzuge es auch, meine Farbfelder visuell so anzuordnen, dass sie von hell bis dunkel aufgelistet sind. Das macht die Auswahl der richtigen Farbe leichter, als wenn ich während der Erstellung meiner Grafik immer wieder ein ungeordnetes Sortiment von Farben komplett durchforsten müsste.

Sobald Sie Ihre eigene Sammlung von Farbfeldern erstellt haben, können Sie diese zu Ihren Dokumentprofilen hinzufügen, sodass jedes neue Dokument, das Sie öffnen, diese Farbpalette bereits enthält (sehen Sie sich dazu auch Kapitel 2 näher an).

Ein typischer Projektordner

Digital Kreative arbeiten täglich mit elektronischen Dateien. Allein auf meiner Workstation finden sich 973.493 verschiedene Dateien in 263.341 Ordnern. Somit ist es wohl klar, dass ein Dateibenennungsstandard das Auffinden spezifischer Dateien viel einfacher macht.

Ich wünschte, jemand hätte mir diesen Tipp bereits in den 1990ern gegeben, als ich mit meiner Arbeit begann. Das hätte mir im Verlauf der Jahre wirklich eine Menge Zeit erspart, in der ich erfolglos nach lange vergessenen Dateinamen suchte und allzu selten eine Vektorgrafik fand, die sich irgendwo in meinem Archiv versteckte.

Wie in Abbildung 9.31 dargestellt, praktiziere ich eine bestimmte Methode bei der Dateibenennung. Diese halte ich möglichst einfach zur Unterstützung bei zukünftigen Suchen. In Abbildung 9.32 sehen Sie, was ein typischer »Glitschka Studios«-Projektordner enthält:

- **Build File (Konstruktion):** die Bühne und Werkstatt für meine kreative Vektorarbeit
- **Refined Sketches (Feinskizzen):** zum Platzieren in meinem Zeichenprogramm
- **Project Specs (Projektdetails):** Sammlung von Notizen für schnelleres Auffinden
- **Email (E-Mail):** Wichtige Kommunikation zwischen dem Kunden und mir
- **Old Files (Alte Dateien):** weniger wichtige Dokumente, Referenzmaterial, Tests, Luftschlösser etc.
- **Files Sent (Gesendete Dateien):** Präsentationen, Ausarbeitungen und endgültige Vektorgrafiken

Die Erstellung von Farbfeldern und das Einhalten von Standards für die Dateibenennung bezeichne ich nicht als kreative Arbeit, aber es handelt sich um gute kreative Gewohnheiten, die Ihren Workflow erleichtern und Ihnen mehr Zeit verschaffen, sich auf das zu konzentrieren, was Sie gerade lieber machen würden. Aus diesem Blickwinkel betrachtet lohnt sich daher der anfängliche Aufwand, Ihr kreatives Haus sauber zu halten.

Abbildung 9.31
Dieses Bild zeigt meine Art der Dateibenennung. *Project_Name_Build.ai* enthält all meine Konstruktionselemente für die jeweils vorgegebene Richtung. Wenn ich später ein Element nutzen möchte, hole ich es mir aus dieser Datei. *Project_Name_Comp.ai* präsentiere ich dem Kunden, um eine Freigabe zu erhalten. *Project_Name_Final.ai* ist die endgültige Grafik. Ich nutze dieselben hierarchischen Standards für jede Variation eines Projektes, das jeweils seine eigenen Dateien hat.

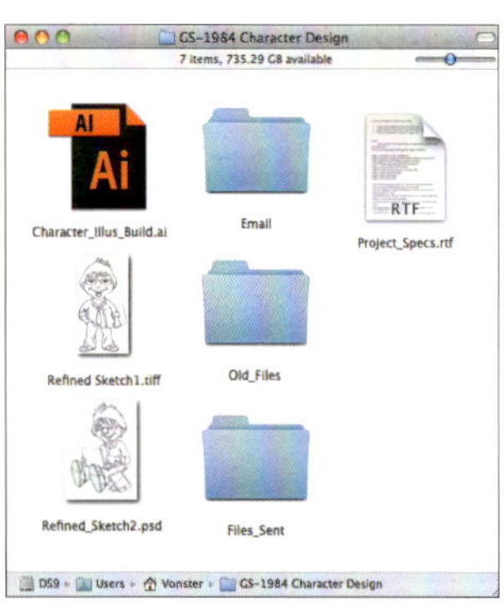

Abbildung 9.32
Dieses Bild zeigt eine typische Projektdatei der »Glitschka Studios«. Die Projektnummer im Ordnernamen korrespondiert mit dem Rechnungslegungssystem, das ich mit meinem Steuerberater eingerichtet habe, um den Versand von Rechnungen für Aufträge zu überwachen.

Last, but not least

Nichts wird Ihnen als kreativem Kopf mehr nutzen, als sich Ihren kreativen Workflow systematisch einzurichten, ständig zu üben und ihn als professioneller Designer kompromisslos zu verbessern. Die damit einhergehenden Vorteile liegen auf der Hand.

Lassen wir aber die allgemeingültigen Regeln nun beiseite – und sprechen wir jetzt einmal unter uns, ganz direkt von Grafiker zu Grafiker: Sie kennen sich selbst am besten. Sie wissen um all die schlechten kreativen Angewohnheiten, zu denen Sie tendieren. Daher bitte ich Sie nachdrücklich, ab sofort dem Hang zum Werkzeugfanatiker zu entsagen (siehe Kapitel 3) und sich einzig und allein auf Ihre persönliche kreative Entwicklung zu konzentrieren. Streben Sie voller Hingabe nach künstlerischer Qualität und der Umsetzung Ihrer Ideen mit präziser Vektorgrafik.

Legen Sie die schlechten kreativen Gewohnheiten ab, die Sie daran hindern, und setzen Sie die Methoden und Einsichten um, die ich Ihnen hier vermittelt habe. Prüfen Sie Ihren Workflow regelmäßig, um sich selbst kreativ im Rennen zu halten. Erweitern Sie Ihren Workflow durch hilfreiche Arbeitsweisen, passen Sie sie an und verbessern Sie diese, um voranzukommen zu gestalten und ein Niveau zu erreichen, das Sie zuvor noch gar nicht kannten.

Hier endet die Lektion.

> *»Es ist nicht schlimm zu versagen. Aber es ist fatal, sich nicht zu verändern.« – John Wooden*

Notizen

»Basistraining Vektorgrafiken« braucht Sie!

Der Lernprozess sollte nie aufhören. Wir sollten alle stetig danach streben, in unseren kreativen Bemühungen zu wachsen – und dafür gibt es keinen besseren Weg, als sein Wissen mit anderen zu teilen.

Nachdem Sie dieses Buch gelesen und die Tutorials aus den Demodaten durchgesehen haben, ermutige ich Sie, sich in der Facebook-Gruppe *Drawing Vector Graphics* anzumelden. Dort können Sie Ihre eigenen Methoden, Erkenntnisse und guten kreativen Gewohnheiten mit anderen in der Design Community teilen, damit wir alle davon profitieren.

Melden Sie sich hier in der Facebook-Gruppe an: *http://goo.gl/esQ9D*

Designübungen

Die Top-Acht-Liste

Eine der schwierigsten Fragen, die mir als Kreativem gestellt werden, ist die nach meiner Lieblingsgrafik. Normalerweise antworte ich immer dasselbe: »Die Grafik, an der ich gerade arbeite.«

Um ehrlich zu sein, werde ich ziemlich schnell unzufrieden mit meiner eigenen Arbeit.

Dennoch mag ich die folgenden Grafiken besonders gerne – entweder aufgrund ihrer sehr persönlichen Aussage oder wegen der Erfahrung, die ich damit verbinde.

Ich hoffe, Ihnen gefallen meine Grafiken in diesem Buch, aber noch wichtiger: Ich hoffe, dass Sie von den vorgestellten Methoden profitieren, sodass Ihnen die Arbeit an eigenen Grafiken fortan noch mehr Freude bereitet.

Abbildung 9.33
Diese Eule wird immer einen ganz speziellen Platz in meinem Herzen einnehmen, weil sie meine erste Grafik war, die in die New York Society of Illustrators aufgenommen wurde. Zu wissen, dass meine Arbeit an denselben Wänden hing wie Norman Rockwells Werke, ist einfach unglaublich cool.

Abbildung 9.34

Ich arbeite normalerweise nicht im Bereich politischer Kunst, aber es war sehr erlösend, all die Nöte, Verschwörungstheorien und Elemente der Pop-Kultur, die mein eigenes Denken zu dieser Zeit bestimmt haben, in einem fesselnden Posterdesign mit dem Namen »Last Daze« zu vereinen, das Teil einer amerikanischen Wanderausstellung namens »Propaganda III« war.

Abbildung 9.35

Manchmal erstelle ich eine Grafik – und wenn ich dann fertig bin, weiß ich absolut nicht mehr, was meine ursprüngliche Intention war. Das ist hier der Fall gewesen. Als ich fertig war, fiel mir der Titel »Temporal Infestation« (»Kurzfristiger Befall«) ein – und der erschien mir völlig passend.

Abbildung 9.36

Der kontinuierliche Linienstil ist ein herausfordernder, aber lustiger Zugang zur Illustration. Diese Sammlung linearer »Squiggle Heads« wurde für ein Kunstbuchprojekt in England erstellt, das den Namen »Human« trägt. Mir gefallen einfach die Persönlichkeiten, die ich jeweils mit nur einer einzigen Linie erschaffen konnte.

Abbildung 9.37

Wenn Sie Grafiken für eine Werbeagentur ausführen, wissen Sie nie, ob Ihre Arbeit später zum Einsatz kommen wird. Oftmals erschaffe ich etwas, was ich liebe, aber es wird niemals das Tageslicht erblicken. Das war auch der Fall bei diesem illustrativen Konzept für eine indische Teemarke. Auch wenn das Design nie verwendet wurde, gefallen mir die Komposition, Ausgewogenheit und Farbe nach wie vor sehr gut.

Abbildung 9.38

Wenn es um Tattoos geht, bin ich ein Feigling: Ich selbst habe keine. Ich mag keine Schmerzen – aber hauptsächlich geht es mir darum, dass ich mich vermutlich nicht mein ganzes Leben lang mit allen Werken meiner Kunst identifizieren kann. Dennoch liebe ich diesen Tribal-Tattoo-Stil. Er ist eine gute Mischung aus Design und einer starken Stimmung, mit der es Spaß macht zu arbeiten. Dieses Design heißt »Talon«.

Abbildung 9.39
Mein »Suicide King« hat mir immer gefallen – eine lustige, eigenartige und farbenfrohe Modifikation des klassischen Motivs in einem meiner Lieblingsstile. Die Illustration gehört zu einem Gruppen-Kunstprojekt für ein individuelles Kartenspiel.

Abbildung 9.40

Er ist einfach, ikonenhaft und trotzdem schlagkräftig – und natürlich mit so ziemlich jedem Piratenattribut ausgestattet, das man nur finden kann, aber ohne Papagei auf der Schulter. Aaaaargh! Dieses Avatar-Icon habe ich für eine Kinderspielesammlung erstellt, die von Upper Deck produziert wurde.

Index

Designated Doodle Area

Designated Doodle Area

Designated Doodle Area

Designated Doodle Area

Designated Doodle Area